U0738698

西北蓝皮书

BLUE BOOK OF
NORTHWEST

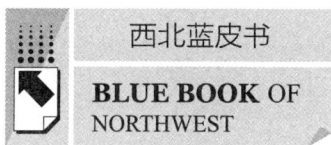

中国西北发展报告
（2019）

ANNUAL REPORT ON DEVELOPMENT OF NORTHWEST CHINA
(2019)

主 编／张 廉 段庆林 郑彦卿

社会科学文献出版社
SOCIAL SCIENCES ACADEMIC PRESS（CHINA）

图书在版编目（CIP）数据

中国西北发展报告. 2019 / 张廉，段庆林，郑彦卿
主编. -- 北京：社会科学文献出版社，2019.1
（西北蓝皮书）
ISBN 978 - 7 - 5097 - 5469 - 6

Ⅰ.①中…　Ⅱ.①张…　②段…　③郑…　Ⅲ.①区域经
济发展 - 研究报告 - 西北地区 - 2019　Ⅳ.①F127.4

中国版本图书馆 CIP 数据核字（2018）第 290587 号

西北蓝皮书

中国西北发展报告（2019）

主　　编 / 张　廉　段庆林　郑彦卿

出 版 人 / 谢寿光
项目统筹 / 邓泳红　陈　颖
责任编辑 / 陈　颖　王　煦

出　　版 / 社会科学文献出版社·皮书出版分社（010）59367127
　　　　　　地址：北京市北三环中路甲 29 号院华龙大厦　邮编：100029
　　　　　　网址：www.ssap.com.cn
发　　行 / 市场营销中心（010）59367081　59367083
印　　装 / 三河市东方印刷有限公司

规　　格 / 开　本：787mm × 1092mm　1/16
　　　　　　印　张：19.75　字　数：298 千字
版　　次 / 2019 年 1 月第 1 版　2019 年 1 月第 1 次印刷
书　　号 / ISBN 978 - 7 - 5097 - 5469 - 6
定　　价 / 128.00 元

本书如有印装质量问题，请与读者服务中心（010 - 59367028）联系

《西北蓝皮书：中国西北发展报告（2019）》编辑委员会

主编简介

张　廉　宁夏社会科学院院长，教授，法学博士，自治区第十二届党委委员，中国法学会理事，全国青联社会科学工作者联谊会理事，宁夏法学会副会长，宁夏社科联副主席，自治区党委法律顾问，国家"万人计划"首批哲学社会科学领军人才，全国宣传文化系统"四个一批"人才，享受国务院政府特殊津贴的专家，西北政法大学法学研究所兼职研究员，宁夏大学政法学院硕士生导师。2002年荣获中国十大杰出青年法学家提名奖。2015年被评为全国优秀社会科学普及专家。自20世纪80年代以来，长期从事法学教学和研究工作，出版了《中外法律思想命题研究》《中国经济法的起源与发展》《行政法学》等专著和教材20多部。在《人民日报》《光明日报》《法律科学》《政治与法律》《法学杂志》《南京大学学报》等报刊上发表论文130多篇，并有多项成果获省部级奖。

段庆林　宁夏社会科学院党组成员、副院长、研究员。兼任中国区域经济学会常务理事及少数民族地区经济专业委员会副主任，中国生态经济学学会常务理事，宁夏回族自治区空间规划评议委员会专家委员，北方民族大学硕士生导师，宁夏师范学院特聘教授。系宁夏回族自治区人民政府特殊津贴专家。研究领域涉及"一带一路"、内陆开放型经济、中国农村经济、西北区域经济、宁夏经济社会重大发展战略问题研究等。主持执笔完成各类课题数十项。出版有《中国农村家庭经济研究》《城与乡》等专著，参与主编《宁夏经济蓝皮书》《宁夏智库丛书》等数十部。在《管理世界》《经济学家》《社会学研究》《战略与管理》《中国软科学》《中国农村经济》等学术期刊公开发表论文百余篇。有10余篇论文被中国人民大学复印报刊资料有关专题全文转载，或被《中国社会科学文摘》杂志摘编。论文《中国农村社会保障的制度变迁》被选入《收入分配与社会保障》（曾湘泉、郑功成主编）一书，该书被认为是当时我国收入分配与社会保障方面的代表性研究成果。研究成果获得 10 余次省部级奖励。

郑彦卿　宁夏社会科学院科研组织处处长，主要从事宁夏地方史志的编纂和研究。先后主持编纂出版自治区人民政府办公厅下达的文化建设项目《当代宁夏史通鉴》《当代宁夏日史（一至五卷)》《当代宁夏史图鉴》《宁夏革命与建设史》《国情概览·宁夏卷》等。主持国家社科重大委托项目《宁夏全史·当代卷》，主持并完成了 4 项自治区级课题。出版专著《宁夏五千年》《当代宁夏历史纪年》等 4 部，合著《贺兰山岩画与世界遗产》第 10 部。发表学术论文 50 余篇，成果分别获省部级一、二、三等奖多次。2014 年，被自治区委组织部、宣传部和自治区教育厅等单位评为自治区高校首批思政课特聘教授。2015 年被北方民族大学、宁夏师范学院、中国矿业大学（银川学院）聘为特聘教授，被北方民族大学聘为硕士生导师。2014～2015 年连续两年被评为全国优秀社会科学普及专家。2018 年被评为自治区第二批"塞上文化名家"。

摘　要

"西北蓝皮书"是我国西北地区陕西、甘肃、宁夏、青海、新疆五省区社会科学院联合组织专家学者撰写的反映中国西北地区改革发展的综合性年度研究报告，是研究西北地区经济、政治、社会、文化、生态文明"五位一体"建设中共同面临的重大理论和实践问题的重要科研成果。

《西北蓝皮书：中国西北发展报告（2019）》由宁夏社会科学院主编，由总报告、综合篇、绿色经济篇、小康社会篇、区域特色篇五部分组成。

2018 年，是贯彻党的十九大精神的开局之年，是改革开放 40 周年，也是宁夏回族自治区成立 60 周年。总报告重点对 2018 年度西北地区经济、社会、文化、生态文明建设形势进行全面分析。综合篇分别从改革开放 40 周年西北地区综合及经济、社会、文化、生态等视角，系统总结了西北地区发展的成就和经验。

绿色经济篇分别关注了西北地区创新驱动发展战略问题，努力促进从特色产业体系向现代化产业体系的转型升级，尤其关注了西北地区煤电化产业集群的循环经济发展问题，以及西北地区资源型城市产业转型发展。注重工业园区的整合、对标、提档、升级问题，也关注了西北地区田园综合体建设模式。我们认为，西北地区必须深化供给侧结构性改革，坚持走特色创新之路和开放创新之路，加快从要素驱动向创新驱动的动能转换，促进循环经济、低碳经济、绿色经济发展，加快构建现代化经济体系。

小康社会篇关注西北深度贫困地区精准脱贫难点、实施乡村振兴战略、流动人口问题、城乡居民收入增长、实施健康中国战略等重大社会问题。我们认为，西北地区社会发展，必须把打赢脱贫攻坚战、与全国同步建成全面小康社会作为重中之重，打造共建共治共享的社会治理结构，努力增加居民收入，积极发展西北地区教育、文化、医疗、就业、社会保障等事业，使人民群众都能够分享发展成果。

区域特色篇则对陕西建设关中平原城市群、甘肃省城乡一体化水平评价、宁夏创建国家全域旅游示范区、青海以"一优两高"战略部署加快推进向生态大省生态强省转变、新疆霍尔果斯口岸发展等特色热点问题进行了研究。西北地区各省区因地制宜制定了区域发展战略，落实经济高质量发展要求，融入"一带一路"，都走出了一条符合省情区情的现代化发展道路。

《西北蓝皮书：中国西北发展报告（2019）》突出了改革开放 40 周年选题，强化了西北地区区域共性问题的深入研究，同时也保持了各具特色的省情研究优势。本书对研究中国西北区域发展问题具有重要的参考价值。

关键词：西北地区　改革开放 40 周年　高质量发展

Abstract

The "Northwestern Blue Book", a comprehensive research report on the reform and development of Northwestern China written by experts and scholars from Academies of Social Sciences of five provinces of Shaanxi, Gansu, Ningxia, Qinghai, and Xinjiang, is an important scientific research achievement to study the major theoretical and practical issues that are commonly faced in the "five-in-one" construction of economy, politics, society, culture and ecological civilization in Northwest China.

"Northwestern Blue Book: Northwest China Development Report (2019)", edited by Ningxia Academy of Social Sciences, consists of five parts: general report, comprehensive chapters: 40th Anniversary of Reform and Opening up Album、 green economy chapters、 well-off society chapters, and provincial characteristic chapters.

The year of 2018, is the first year to implement the spirit of the 19th National Congress of the Chinese Communist Party, and is also the 40th anniversary of reform and opening up and the 60th anniversary of the establishment of the Ningxia Hui Autonomous Region. The general report focuses on a comprehensive analysis of the construction of economy, society, culture and ecological civilization in the Northwest region in 2018. The comprehensive chaptersystematically summarizes the achievements and experiences of the development in Northwest China from the perspective of the comprehensivedevelopment, economy, society, culture, and ecology of the Northwest region on the 40th anniversary of reform and opening up.

The green economy chapter pays attention to the innovation-driven development strategy in the Northwest Region, and strives to promote the transformation and upgrading from the characteristic industrial systems to the modern industrial systems, especially focusing on the circular economic development of Coal-electrochemical industrial clusters and the transformation and development of resource-based cities in the Northwest. They also concern with the integration, alignment, filing, and upgrading of industrial parks, as well as the construction model of pastoral complexes in the Northwest. We believe that the Northwest Region must deepen supply-side structural reform, following the path of characteristic innovation and open innovation, accelerating the transformation of kinetic energy driven from factory-driven to innovation-driven, promoting the development of a circular, low-carbon and green economy, as well as the construction of a modern economic system.

The well-off society chapter actively focuses on the major social issues, such as the difficulties of precise poverty alleviation in the poverty-stricken areas in the Northwest, the implementation of the rural revitalization strategy, the problem of floating population, the income growth of urban and rural residents, and the implementation of the healthy China strategy. We believe that the social development of the Northwest Region must give top priority to winning the fight against poverty and building a well-off society in an all-round way simultaneously with the whole country. We must build a social governance structure based on co-construction and shared benefits, and strive to increase the income of residents. We will actively develop education, culture, medical care, employment and social security in the Northwest Region so that people can share the development fruits.

The provincial characteristic reports mainly focus on the construction of urban agglomeration in Guanzhong plain of Shaanxi province, the evaluation of urban and rural integration level in Gansu Province, the establishment of the National Tourism demonstration area in Ningxia, accelerating transformation of Qinghai Province into strong ecological province with the strategic deployment of "one superior and two high", the development of Khorgos Port and other featured hot spots. All the provinces and autonomous regions in the Northwest have formulated regional development strategies according to local conditions, implemented the requirements for high-quality economic development, and also integrated themselves into the "The Belt and Road". All of them have embarked on a modern development path which accords with the conditions of the province.

" Northwestern Blue Book: Northwest China Development Report

(2019)" highlights the theme of the 40th anniversary of reform and opening up, and also strengthens the study of regional common problems in the Northwest, while maintaining the unique provincial research advantages. This book has an important reference value for studying the development issues of Northwest China.

Keywords: Northwest region; the 40th anniversary of reform and opening up; high quality development

目　录

IV 小康社会篇

V 区域特色篇

皮书数据库阅读**使用指南**

CONTENTS

I General Report

II Comprehensive Chapters: 40th Anniversary of Reform and Opening up Album

III Green Economy Chapters

IV Well–off Society Chapters

V Provincial Characteristic Chapters

总 报 告

General Report

B.1

2018~2019年西北地区经济社会发展
形势分析与预测

荀丽丽 *

摘　要： 2018 年，在我国经济运行的外部环境发生深刻变化、中美贸
易摩擦升级、经济下行压力加大、GDP 增速创历史新低的前
提下，西北五省区的经济社会发展保持了总体平稳、稳中有
进的态势，但也面临着固定资产投资下滑、消费动能不足的
困境，西部地区发展南快北慢的不平衡格局凸显。2019 年，
西北地区发展面临着更加严峻复杂的形势，但总体仍然处于
高速发展的机遇期和窗口期、新旧动能的加速转换期。西北
五省区应坚定信心，保持定力，因地制宜，在深化改革扩大

* 荀丽丽，博士，中国社会科学院社会学研究所副研究员，宁夏社会科学院党组成员，院长助
理（挂），研究方向：发展社会学、农村社会学、环境社会学。

开放上下功夫，在改善民生和生态建设上下功夫。

关键词： 西北地区　经济运行　深化改革　形势预测

2018 年是贯彻落实党的十九大精神的开局之年，也是改革开放 40 周年，是实施"十三五"规划承上启下的关键之年。中国特色社会主义进入新时代，为适应新时代经济高质量发展的新要求，我国经济发展面临提高质量、增强效率和动能转换三重变革。就西部地区而言，2018 年是全面贯彻落实党中央、国务院关于深入实施西部大开发战略决策部署的关键节点。"十三五"时期，西部地区进入"爬坡过坎、转型升级"的关键阶段，是全面深化加快转方式调结构、全面提质增效，促进区域协调发展，推进东西双向开放、构建全方位对外开放新格局的重要战略机遇期。西北地区是打赢脱贫攻坚战、全面建成小康社会的重点难点，也蕴涵了拓展国家新的发展空间的巨大潜力。

一　2018年西北地区经济社会发展总体形势

（一）区域经济运行总体平稳，稳中有进

2018 年前三季度，全国经济下行压力加大，国内生产总值增长率为 6.7%。西北五省区中，陕西、宁夏和青海超过全国水平，同比增长率分别为 8.4%、7% 和 6.8%；甘肃和新疆则低于全国水平，同比增长率分别为 6.3% 和 5.3%。前三季度，全国国内生产总值为 650898.8 亿元，西北五省区生产总值为 36125.22 亿元，占全国经济总量的 5.52%（见图1）。

根据各省（自治区）的数据来看，前三季度，陕西省实现生产总值 16867.92 亿元，同比增长 8.4%；其中，第一产业增加值 930.44 亿元，增长 3.3%；第二产业增加值 8217.80 亿元，增长 8.8%；第三产业增加值

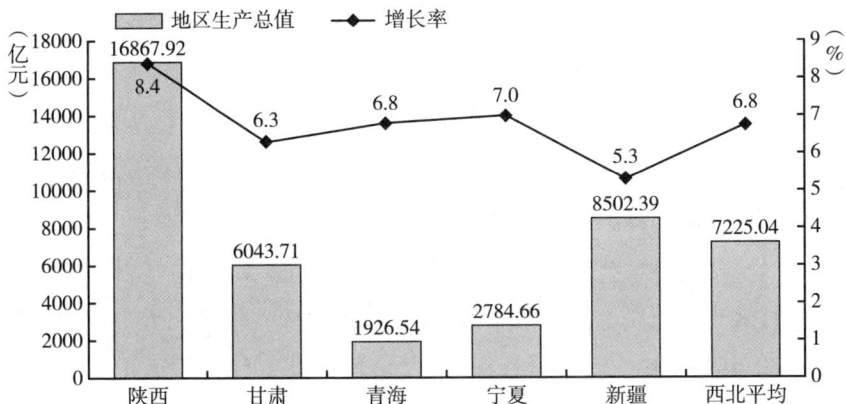

图1　2018 年 1～9 月西北五省区生产总值与增长率比较

资料来源：国家统计局，下同。

7719.68 亿元，增长 8.6%；三产贡献率分别为 5.52%、48.72% 和 45.76%。甘肃省实现生产总值6043.71 亿元，同比增长6.3%；其中，第一产业增加值695.56 亿元，增长 4.6%；第二产业增加值2116.97 亿元，增长 4.5%；第三产业增加值 3231.18 亿元，增长 8.0%；三产贡献率分别为 11.5%、35% 和 53.5%。宁夏全区实现生产总值 2784.66 亿元，同比增长 7.0%；其中，第一产业增加值185.58 亿元，增长 3.5%；第二产业增加值 1382.19 亿元，增长6.2%；第三产业增加值1216.89 亿元，增长8.4%；三产贡献率分别为 6.7%、49.6% 和 43.7%。青海省完成地区生产总值 1926.54 亿元，比上年同期增长6.8%；分产业看，第一产业增加值142.03 亿元，增长4.9%；第二产业增加值893.83 亿元，增长 7.6%；第三产业增加值 890.68 亿元，增长 6.1%；三产贡献率分别为 7.4%、46.4% 和 46.2%。新疆完成地区生产总值 8502.39 亿元，比上年同期增长 5.3%，增速较全国慢 1.4 个百分点。2018 年前三季度，从全国来看，第三产业对 GDP 的贡献率已经超过60%，西北五省区的第三产业发展水平较全国水平落后，第三产业的贡献率还低于全国水平。

从西北五省区的工业经济发展来看，2018 年前三季度，陕西省规模以上工业实现总产值同比增长 13.9%，较上年同期回落 5.9 个百分点；实现增加值增长 9.2%，较上年同期加快 1.5 个百分点。从主要行业看，规上能源工业增加值累计增长 10.3%，非能源工业增加值累计增长 8.1%。其中，煤炭开采和洗选业、农副食品加工业、烟草制造业、仪表仪器制造业、电气机械和器材制造业等传统产业增势良好，均保持两位数增长，分别增长 14.7%、13.0%、11.7%、28.1%、20.0%；石油及天然气开采业增长 9.1%。甘肃省规模以上工业增加值同比增长 6.1%，增速比上半年回升 2.5 个百分点。其中，中央企业增长 4.0%，增速提高 2.5 个百分点；省属企业增长 7.9%，增速提高 1.4 个百分点；省以下地方企业增长 9.5%，增速提高 3.1 个百分点。宁夏全区规模以上工业增加值同比增长 6.9%，增速比全国高 0.5 个百分点；分轻重工业看，重工业增加值增长 9.4%，轻工业增加值下降 9.5%；分产业看，电力行业增加值增长 12.1%、化工增长 9.4%、煤炭增长 7.8%、冶金增长 18.0%、机械增长 11.6%、有色增长 1.9%、其他工业行业增长 3.5%。青海省规模以上工业增加值比上年同期增长 6.1%；分三大门类看，制造业增加值比上年同期增长 9.4%，电力、热力、燃气及水的生产和供应业增加值增长 7.2%，采矿业增加值下降 10.8%。分轻重工业看，轻工业增加值同比增长 25.8%，重工业增加值增长 1.8%。分经济类型看，国有企业增加值同比增长 8.3%，股份制企业增加值增长 6.2%，外商及港澳台商投资企业增加值下降 1.6%。据新疆统计局公布的数据，1~11 月，新疆全区 3019 家规模以上工业企业实现主营业务收入 8655.19 亿元，比上年同期增长 19.0%；主营业务成本 6773.82 亿元，增长 15.4%；实现利润 767.77 亿元，增长 1.2 倍。重工业实现主营业务收入 7334.67 亿元，同比增长 21.7%；实现利润 680.95 亿元，同比增长 1.7 倍。轻工业实现主营业务收入 1320.52 亿元，比上年同期增长 5.7%；实现利润 86.82 亿元，同比下降 12.5%。

（二）固定资产投资下降，降幅趋于收窄

从国家统计局公布的固定资产投资（不含农户）数据来看，1~10 月，陕西省固定资产投资完成总额同比增长 10.9%，青海省固定资产投资完成总额同比增长 7%，甘肃省固定资产投资完成总额同比下降 5.1%，宁夏回族自治区固定资产投资完成总额同比下降 18.1%，新疆维吾尔自治区固定资产投资完成总额同比下降 35.7%。1～10 月，全国的固定资产投资完成总额同比增长 5.7%，西北地区中，陕西和青海两省的固定资产投资实现了增长并超越全国平均水平，而甘肃、宁夏和新疆则呈现不同幅度的下降趋势，其中新疆的下降幅度较大。但是，比较 1～9 月数据（见图 2），固定资产投资降幅都有所收窄。

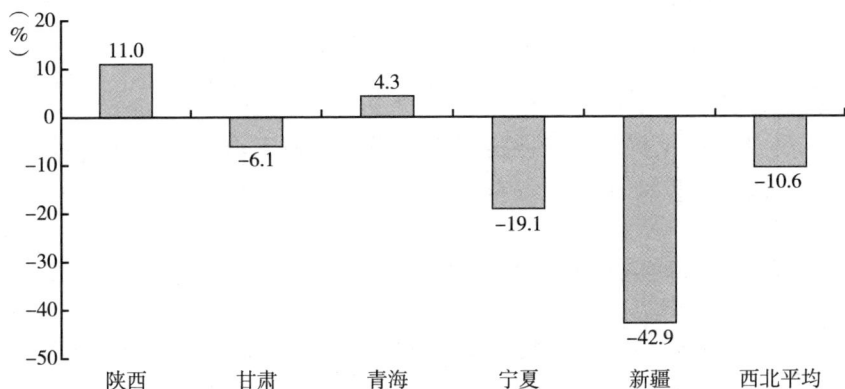

图2　2018 年 1～9 月西北五省区全社会固定资产投资增长率

从投资结构来看，固定资产投资实现增长的西北两个省份陕西和青海都表现出第三产业投资增速快、比例高，尤其民间投资增长快的特点。1～10 月，陕西省固定资产投资同比增长 10.9%，居全国第 6 位；其中，民间投资增长 23.5%，一、二产投资增长放缓，三产投资加快。第一产业投资同比增长 51.9%，第二产业投资增长 3.7%，第三产业投资增长 10.7%。青海省 1～10 月 500 万元及以上固定资产投资比上年同期增长 7.0%。其中，民间投资同比增长 8.3%。第三产业投资同比增长 3.7%，占全省固定资产投资的 67.4%，占比近七成。甘肃、宁夏和新疆三个省份的固定资产投资下滑主要受基础设施投资大幅下降和房地产投资下滑带动；此外，投资结构在加速调整。甘肃省固定资产投资同比下降5.1%，降幅比前三季度收窄1.0个百分点。全省民间投资同比增长2.6%，并连续5个月正增长，民间投资占全部投资的比重为44.4%。分投向看，项目投资下降11.8%；房地产开发投资增长18.0%。分产业看，第一产业投资同比增长22.1%；第二产业投资下降14.8%，其中工业投资下降14.7%；第三产业投资下降4.4%。1~10月，宁夏全区固定资产投资同比下降18.1%，降幅比1~9月收窄1.0个百分点。从产业看，第一产业投资下降37.0%，第二产业投资下降5.2%，第三产业投资下降23.6%，降幅比1~9月收窄1.0个百分点。从投向看，工业投资下降5.2%，基础设施投资下降22.4%，房地产开发投资下降29.4%。但是，宁夏在补短板领域的投资快速增长。前三季度，生态保护和环境治理业投资增长81.7%，工业技术改造投资增长13.4%。新疆2018年上半年固定资产投资同比下降48.9%，前三季度同比下降42.9%，1~10月同比下降35.7%，降幅持续收窄。

（三）居民收入水平稳步提高，居民消费总体平稳

从居民收入看，2018年前三季度，西北五省区的居民人均可支配收入稳步增长，增长率都在8%及以上，增速快于全国水平（6.6%）（见图3）。前三季度，西北五省区居民人均可支配收入的均值为14537.6元，较大幅度低于全国水平（21035元）。西北五省区城镇居民人均可支配收入的均值为23397.6元，农村居民人均可支配收入均值6539.7元，城乡收入比为3.58∶1；同期全国城镇居民人均可支配收入为29599元，农村居民人均可支配收入为10645元，收入比为2.78∶1。西北五省区城镇居民人均可支配收入增长率普遍高于全国水平（见图4），农村居民人均可支配收入的增长率也普遍高于全国水平，并高于城镇居民人均可支配收入的增速（见图5）。

在居民消费方面，西北五省区社会消费品零售总额稳定增长。1~10月，陕西省限额以上企业（单位）累计实现社会消费品零售总额4263.18亿元，同比增长11.0%，增速同比回落1.7个百分点；甘肃省社会消费品零售总额同比增长8.0%；青海省实现社会消费品零售总额690.45亿元，

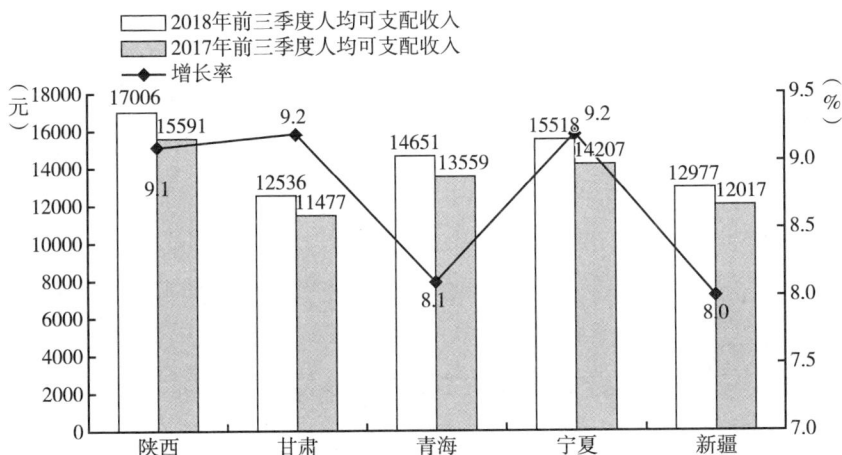

图3　西北五省区居民人均可支配收入和增长率

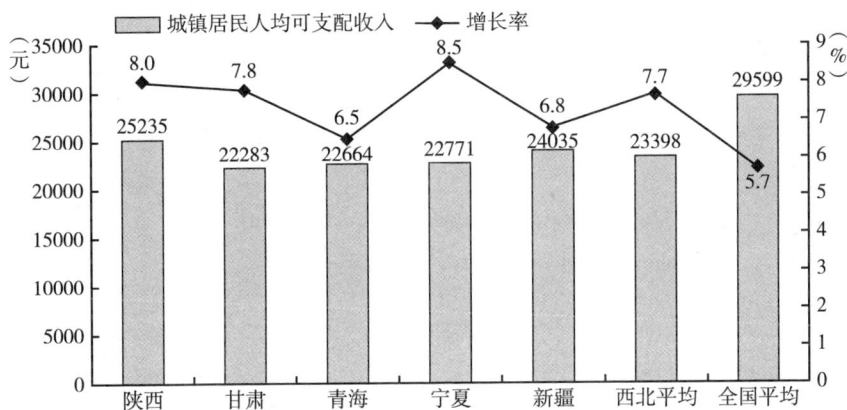

图4　2018年1~9月西北五省区城镇居民人均可支配收入与增长率比较

同比增长7.9%；宁夏全区社会消费品零售总额768.71亿元，同比增长5.4%；新疆社会消费品零售总额同比增长6.1%。2018年，我国汽车市场困境显现。经过近几年的快速增长，汽车类商品市场已渐趋饱和，国内汽车市场愈加开放透明，利润空间受到挤压。西北地区汽车类商品的增速也持续回落。以陕西和青海为例，陕西省1~10月汽车类商品累计实现零售额913.59亿元，同比增长5.4%，增速同比回落3.2个百分点，较1~9月降低1个百分

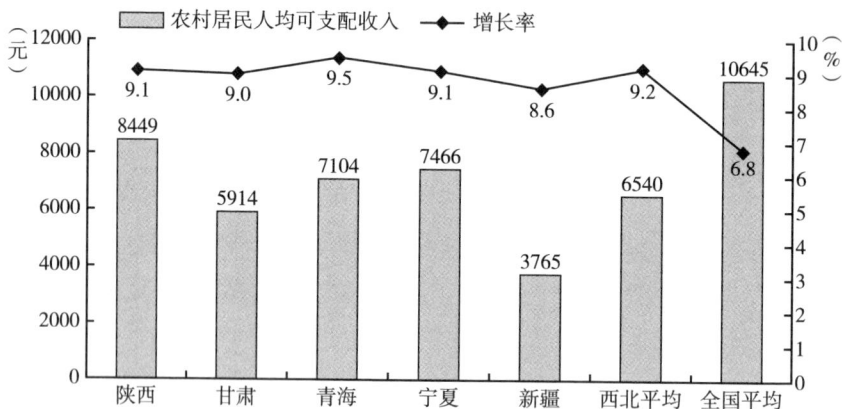

图5　2018年1~9月西北五省区农村居民人均可支配收入与增长率比较

点。1~10月青海省汽车类消费同比下降2.8%，下拉限额以上消费品零售额增速1.0个百分点，近六成的企业零售额同比下降。2018年，西北地区的居民消费价格温和增长（见图6），西北五省区居民消费价格增长率为2.2%。

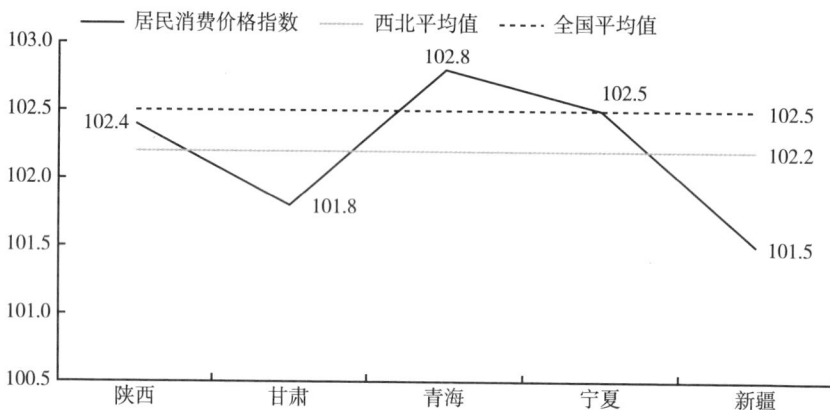

图6　2018年1~9月西北五省区居民消费价格指数与全国平均值比较

（四）进出口形势有升有降

2018年，西北地区的进出口形势有升有降。陕西省对外贸易持续向好，进口增长加快。1~10月，全省进出口总值2871.64亿元，同比增长

32.9%，较 1～9 月加快 1 个百分点。其中，出口 1732.14 亿元，增长 34.3%，回落 0.6 个百分点；进口 1139.50 亿元，增长 30.7%，加快 3.4 个百分点。甘肃全省进出口总值 332.8 亿元，同比增长 31.3%。其中，出口 120.5 亿元，增长 45.6%；进口 212.3 亿元，增长 24.3%。青海进出口总值 359.4 亿元，同比下降 3.8%；出口 242 亿元，同比增长 6.2%；进口 117.4 亿元，同比下降 19.4%。宁夏和新疆 1～10 月的进出口形势数据缺失，宁夏有 1～6 月数据，新疆有 1～4 月数据。宁夏 1～6 月进出口总值 97.8 亿元，比上年同期增长 4.4%，贸易顺差 41 亿元。新疆 1～4 月，进出口货物总额 59.08 亿美元，比上年同期下降 3.2%。其中，出口 47.78 亿美元，下降 8.1%；进口 11.30 亿美元，增长 25.1%。

（五）供给侧结构性改革持续深入，发展质量稳步提高

随着供给侧结构性改革的不断深化以及创新驱动战略的实施，西北地区积极培育和承接先进产能，战略性新兴产业和高技术制造业较快增长，产业结构持续优化升级。企业创新发展和提质增效不断取得新成效，新旧动能加速转换，发展质量稳步提高。

陕西省前三季度规模以上工业企业资产负债率为 53.6%，同比降低 1.1 个百分点；全省规模以上工业企业每百元主营业务收入中的成本为 77.92 元，比上年同期减少 1.01 元；1～9 月，反映新动能的产品，如新能源汽车、工业机器人、3D 打印设备等产量分别增长 78.2%、26.7%、104.8%。1～10 月，中高端制造业增长较快，高技术制造业、装备制造业增加值同比分别增长 11.2% 和 11.3%，分别快于规模以上工业增加值增速 1.7 个和 1.8 个百分点。2018 年以来商品房库存持续减少，10 月末，商品房待售面积同比下降 21.6%。

甘肃省前三季度规模以上工业企业主营业务收入同比增长 7.3%。利润总额 254.3 亿元，增长 69.9%。1～9 月，全省规模以上工业企业每百元主营业务收入中的成本为 85.3 元，同比降低 1.2 元。主营业务收入利润率为 4.0%，同比提高 1.5 个百分点。资产利润率为 2.8%，同比提高 1.1 个百分点。

宁夏前三季度的企业效益持续提高,企业成本和杠杆率降低。1~9月,全区规模以上工业企业实现利润总额133.7亿元,同比增长35.0%,增速比全国高20.3个百分点。规模以上工业企业主营业务收入利润率为4.39%,同比提高0.77个百分点。规模以上工业企业每百元主营业务收入中的成本为83.41元,同比减少0.05元,比全国低0.90元。9月末,规模以上工业资产负债率为67.0%,同比下降1.9个百分点。商品房库存继续减少。10月末,全区商品房待售面积922.72万平方米,同比下降12.0%,比2017年末减少113.96万平方米。其中,住宅待售面积391.91万平方米,同比下降24.1%,比2017年末减少90.34万平方米。1~10月,宁夏先进制造业增长良好,以煤制油、煤化工为主的石油煤炭及其他燃料加工业增加值同比增长24.4%、专用设备制造业增长23.8%、仪器仪表制造业增长19.6%。1~10月,全区水电、风电、太阳能等可再生能源发电量241.7亿千瓦时,同比增长23.9%,占全部发电量的比重为18.8%,比上年同期提高1.7个百分点,电力生产结构持续优化。

1~10月,青海省规模以上工业企业实现利润总额79.64亿元,比上年同期增长23.4%,增速比1~9月提高8.0个百分点。主营业务收入利润率、资产利润率分别为4.55%、1.54%,比1~9月分别提高了0.34个和0.14个百分点。从大类行业看,六成以上行业实现盈利;32个大类行业中21个行业实现盈利。其中,电力、热力生产和供应业利润增长1.4倍,医药制造业增长72.7%,煤炭开采和洗选业增长61.8%,石油和天然气开采业增长56.3%,化学原料和化学制品制造业增长51.5%。从经济类型看,1~10月,国有控股企业利润同比增长40.0%,股份制企业增长26.4%,外商及港澳台商投资企业增长67.0%;从企业规模看,大型企业利润增长55.9%,高于规模以上工业企业32.5个百分点,拉动全省利润总额增长24.3个百分点,贡献率达103.8%。

新疆的供给侧结构性改革有效推进,工业企业降成本、去库存、去杠杆成效明显。截至11月底,全区规模以上工业亏损企业925家,亏损企业数比上年同期下降4.8%;企业亏损面30.6%,比10月末降低2.9个百分点;

1～10月，亏损企业亏损额128.73亿元，下降59.2%；1～11月，全区规模以上工业企业每百元主营业务收入成本为78.26元，比上年同期降低2.40元；工业企业产成品存货周转天数11.5天，比上年同期减少1.7天；资产负债率62.7%，比上年同期减少1.9个百分点。

（六）精准扶贫持续发力，脱贫攻坚成果显著

2018年，精准扶贫进入攻坚克难的关键阶段。西北五省区包含了六盘山区、秦巴山区这样的集中连片贫困区，也包含了甘肃临夏州、新疆南疆四地州这样属于国家"三区三州"的深度贫困区。西北地区是我国打赢脱贫攻坚战的重点更是难点。第一，西北五省区在精准扶贫上坚持精准再精准的原则，落实"两不愁、三保障"的要求，切实保证现行标准下的脱贫质量。比如，新疆按照"通过转移就业扶持一批、通过发展产业扶持一批、通过土地清理再分配扶持一批、通过转为护边员扶持一批、通过实施生态补偿扶持一批、通过易地扶贫搬迁扶持一批、通过综合社会保障措施兜底一批"的要求，因地制宜、一户一策、精准到人。第二，扶贫重点工程向深度贫困区倾斜，加大深度贫困区的资金投入力度，比如，陕西省针对深度贫困区的投入在正常增幅的基础上再提高了20%；甘肃省启动实施深度贫困地区30户以上自然村道路及主巷道硬化工程。加大"四好农村路"建设。实现深度贫困村全部通光纤宽带网络，让贫困群众都能享受信息时代的便捷。在深度贫困村实施农村环境综合整治，加大农村卫生厕所新建、改建力度。第三，建立脱贫长效机制，激发贫困人口内生动力。比如，甘肃省全面推广陇南电商扶贫经验，实现"两州一县"和18个省定深度贫困县县级电商服务中心全覆盖；培训精准扶贫劳动力34万人次；实施教育精准扶贫国家级示范区建设攻坚计划，加大寄宿制学校改扩建力度，做好控辍保学工作，贫困地区义务教育巩固率达到92.8%。宁夏的扶贫小额贷款覆盖到70%以上的建档立卡贫困户。青海把发展短平快项目和培育特色产业结合起来，最大限度发挥贫困人口的内生动力。第四，东西协作扶贫在西北地区效果良好。比如宁夏的闽宁合作扶贫，通过落实协作规划，广泛动员社会力量参与，真正起到了统筹带动作用。

（七）生态文明建设有效推进

西北地区很大部分都属于禁止或限制发展的生态功能区，2018 年，在经济下行的压力下，保持定力，严守生态红线，坚持可持续发展，全面落实"绿水青山就是金山银山"的理念，具有特殊重要的意义。西北五省区坚决打好污染防治攻坚战，聚焦环境突出问题，集中抓好重点区域、重点领域、重点行业的重点工作。陕西省以秦岭的保护为重中之重，彻底整改中央环保督察指出的秦岭保护不力问题，坚决制止和惩处乱采乱排乱建等破坏生态环境行为。宁夏以六盘山、贺兰山、罗山自然保护区为重点加强生态系统建设。为提高空气质量，强化"四尘共治"，全部淘汰城市建成区 20 蒸吨以下燃煤锅炉，加快重点行业脱硫脱硝、除尘提标改造，加强工地、矿区等扬尘治理，推进秸秆综合利用。甘肃强力推进祁连山生态环境破坏问题整治，通过注销、扣除、补偿等方式全面退出矿业权。新疆出台严禁"三高"项目进新疆，严格执行能源、矿产资源开发自治区政府"一支笔"审批制度、环境保护"一票否决"制度，落实最严格的生态保护制度和空间用途管制制度、最严格的耕地保护和水资源管理制度。再者，2018 年下半年，根据党中央、国务院机构改革方案，西北五省区相继成立了生态环境厅，有利于增强各地防污治污和生态保护建设工作的系统性和协调性。各地也加大引入市场机制，完善生态补偿制度；试行生态环境质量损害赔偿制度，全面实行领导干部自然资源资产离任审计。

二 2018年西北地区发展面临的挑战与困境

2018 年，世界经济延续了 2017 年的复苏态势，但是增长速度放缓，下行风险上升。世界主要经济体表现出明显的分化。美国通过一系列政策组合促使全球资本向美国回流，而新兴经济体的资本流出加剧。世界经济格局正处在加速变革的关键点。从国内来看，我国的 1～10 月经济增长率为6.5%，创历史新低。受中美贸易摩擦加剧影响，经济下行压力加大，不确定性进一步复杂化。2018 年，西北地区的经济社会发展也面临着如下挑战和困境。

（一）经济下行压力加大，新的区域分化格局形成

2007 年西部地区的生产总值增速首次超过了东部地区。2007～2017 年的 11 年间，西部地区的经济增速一直保持了高于全国平均水平的高速增长。2018 年以来，国内宏观经济下行压力加大，西部地区的经济增速也出现了明显的下滑。同时，我们发现，西部地区内部的区域差异也呈现明显的分化趋势。主要表现为，西北地区的经济增速慢于西南地区，西北地区面临着更加严峻的经济结构转型困境。2018 年前三季度，全国国内生产总值为650898.8 亿元，西北五省区生产总值为 36125.22 亿元，占全国经济总量的5.52%；而西南地区（重庆、四川、云南、贵州、西藏）生产总值为68691.98 亿元，占全国经济总量的 10.5%，是西北地区的 1.9 倍。从固定资产投资来看，2018 年上半年，西北五省区的固定资产投资呈现负增长。西南省份固定资产投资普遍保持较高水平：贵州增长 17.1%，四川增长10.8%，云南增长 10.4%。

西北地区与西南地区发展的不平衡主要是不同区域经济的结构性特点造成的。长期以来，西北地区较大地依赖工业发展，而工业经济严重"依重依能"，重工业比例过大，资源依赖型工业比例过大，国有大中型企业比例过大，而且西北五省区产业结构具有明显的趋同性和同构性。在"去产能、去库存、去杠杆、降成本、补短板"的供给侧结构性改革中，西北地区必然要经历更严峻的考验和更长的改革阵痛期。

（二）固定资产投资乏力，带动经济下滑

2018 年，全国经济增速的放缓同西部地区的经济增速下滑明显相关，而西部经济增速的下滑主要由固定资产投资的严重下滑造成。在投资、出口、消费这三驾经济增长的马车中，西北地区的经济增长对投资拉动有较高的依赖性。西北地区固定资产投资的下滑，很大程度上是因为基础设施投资

严重下滑。基础设施投资领域的深层次矛盾已经凸显：在中低端制造业领域，竞争过于激烈导致投资进入困难期；而在中高端制造业领域，技术门槛较高，投资同样难以进入。在结构转型期，投资空间承压严重。同时，基础设施投资也面临着土地、资金等方面较强的刚性约束。再者，固定资产投资的乏力也表现在房地产投资的放缓和下滑。2018年1~10月，房地产投资中陕西省和甘肃省呈现较快增长，陕西的增长率为18.4%，甘肃的增长率为18%；青海、宁夏和新疆的房地产投资都呈现较大的下降趋势，青海下降13.7%，宁夏下降29.4%，新疆下降10.3%。

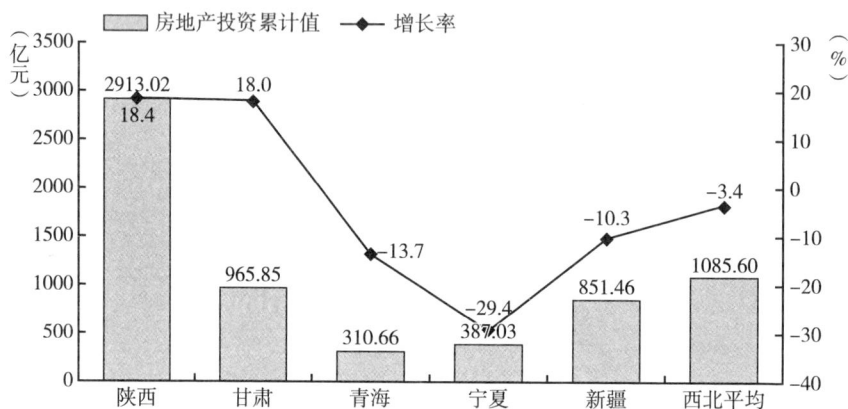

图7 2018年1~10月西北五省区房地产投资累计值及增长率比较

（三）财政压力加大

根据各省区统计局、财政部、发改委公布的数据，2018年1~10月，陕西省地方财政收入1959.78亿元，同比增长9.6%。其中，各项税收完成1549.34亿元，增长20.4%；非税收入410.45亿元，下降18.1%。财政支出4325.41亿元，增长9.1%。甘肃省一般公共预算收入710.1亿元，同比增长7.4%。其中，税收收入511.6亿元，增长12.2%。一般公共预算支出2957.7亿元，增长15.9%，其中，教育、社保等十类民生支出增长16.4%。青海省一般公共预算收入393.05亿元，同比增长11.6%。一般公共预算支出 1335.23 亿元，同比增长 9.5%；农林水支出 231.57 亿元，同比增长 32.0%；交通运输支出 133.77 亿元，同比增长 161.8%。1～10 月，宁夏全区完成一般公共预算总收入 622.71 亿元，同口径增长 6.0%。其中，地方一般公共预算收入 353.25 亿元，同口径增长 6.1%，完成年度预算的 79.0%。一般公共预算支出 1163.81 亿元，增长 2.1%，完成年度变动预算的 81.5%。新疆 1～5 月，全区一般公共预算收入累计完成 581.4 亿元，为预算的 36.1%，比上年同期增收 58.8 亿元，增长 11.3%；全区一般公共预算支出累计完成 1778.5 亿元，为预算的 44.3%，比上年同期增支 176.6 亿元，增长 11%。西北各省区的财政支出普遍依赖中央的转移支付，财政支出远远高于财政收入。从全国来看，过大的财政赤字会引发通货膨胀。

三 2019年西北地区经济社会发展形势预测及政策建议

（一）2019年西北发展形势预测

从世界经济形势来看，2018 年，世界经济格局发生了深刻变化，主要表现为以下几个特点。一是全球经济在维持温和增长，受美国一系列政策组合的扰动，2018 年 9 月以来，经济复苏的基础持续弱化，IMF 近两年来首次下调全球增速预期，预测今明两年世界经济增速均为 3.7%。二是各主流经济体出现明显分化。美国经济表现超出市场预期，贸易保护主义和单边主义抬头，并通过货币政策和高标准规则调整来引导全球资本向美国流动。新兴经济体的资本流出加剧。三是在新一轮技术和产业革命未取得实质性突破的条件下，世界经济动能趋缓；受保护主义影响，国际贸易和跨境投资都无法给全球经济增长带来积极预期。

受世界经济形势影响，我国经济运行的外部环境发生了深刻的变化。2018 年前三季度 GDP 增速回落到 6.5%，创造了历史新低，固定资产投资连续数月增速回落。1～10 月，全国完成固定资产投资（不含农户）同比增长 5.7%，增速比前三季度提高 0.3 个百分点，继 9 月增速企稳后继续回升,其中,基础设施投资增速触底回升,民间投资增速进一步加快,制造业投资增速持续回升。受中美贸易摩擦升级影响,居民消费不振,市场信心不足,9月后消费有所回稳,但不确定性依然存在;出口增速超预期反弹,但基础并不牢固。总之,2018年我国经济形势总体平稳,稳中向好,也稳中有变。一些长期积累的风险逐步暴露,经济下行压力异常严峻。2019年对于我国的经济发展具有特殊重要的意义,是决胜全面建成小康社会第一个百年奋斗目标的关键之年,也是中华人民共和国成立70周年。尽管国际环境和国内条件都发生了深刻变化,但从辩证的角度来看,我国经济仍然处在重要的战略机遇期。2019年要继续推动高质量发展,深化供给侧结构性改革,以坚定的信心和坚强的信念扎实打好"三大攻坚战"。

受国际、国内形势的影响,2018年西北地区的发展也面临着严峻的挑战和困境。西北的产业结构决定了工业经济在其发展中的重要地位,其经济增长基本上是投资拉动型,2018年,西北五省区的固定资产投资普遍下滑,这也导致了整个西北地区经济增速的下滑。居民消费基本稳定,但是也有乏力回落的态势,基础不够牢固,经济带动能力较弱。对外贸易下行压力大,出口有升有降。西北地区正处在新旧动能转换的关键机遇期,2019年西北地区的经济增速依然趋于放缓。为应对2018年西北地区基础设施建设投资下滑的态势,2018年下半年政府已经出台一系列促进基础设施建设的政策,主要针对民生领域加大"补短板"的投入,涉及脱贫攻坚、铁路、公路及水运、机场、水利、能源、农业农村、生态环保和社会民生等九大领域。政策效应在2019年将逐步显现。在西部大开发格局中,西北和西南的差距在拉大,呈现南快北慢的发展态势。但是西北地区依然是我国重要的战略回旋空间,也仍然处在高速发展的机遇期和窗口期。

(二) 西北地区未来发展的政策建议

西北地区由于自身经济结构的限制,在深入推进供给侧结构性改革的过程中也面临更多的不确定性和转型阵痛。西北地区的高质量发展是全国实现高质量发展的重要支撑,在未来经济增长格局中将发挥更大作用。2019年,面对错综复杂的国家环境以及国内经济形势下行的压力和不确定性的提高，西北地区应坚定信心，保持定力，立足高质量发展和提高内生动力，把深化改革和扩大开放当成解决问题的根本途径，扎实办好自己的事情。

1. 全面深化改革，提升内生动力

西北地区要主动担当作为，继续全面深化改革，向改革要红利。第一，要优化产业结构，逐步调整西北地区重化工产业比例过大的问题。通过优化投资结构来优化产业结构，通过补短板来调结构。第二，营造具有竞争力的软环境，深化"放管服"改革，降低制度性交易成本，破除各种壁垒，吸引多元资本投资西北，特别是推动民间资本的活跃。第三，提高固定资产投资的效益，并把有效投资引导到固定资产投资之外更广阔的范围。在技术研发、知识产权、人才培养、管理创新和品牌培育上下功夫。第四，把扩大内需放在首要位置。大力推动网络购物，刺激文化、健康、旅游等领域的新兴消费，释放西北地区的消费潜力。

2. 推进"一带一路"建设，继续扩大开放

我国在向东开放的同时也强调向西开放，即东西双向开放。西部处在向西开放的前沿地带，所有的陆路出口都在西部地区。国家要有针对性地出台政策，通过建设自由贸易试验区、内陆开放性经济试验区、国家级新区、沿边重点开发开放试验区、跨境经济合作区等开放平台，支持西北地区有效参与和融入"一带一路"建设。通过加强基础设施建设，巩固和提高西北五省区在与"一带一路"沿线国家发展对外贸易中的枢纽地位和通道优势。

3. 加强分类指导，持续改善民生

面对西部地区内部发展的南北不平衡问题，针对西北地区生态环境脆弱、人文资源丰富的特点，在区域发展战略上要加强基于区域特点的分类指导，对西北各省区的 GDP 增速和投资增长的考核上要进一步细化区域单元，避免整齐划一。西北地区要坚持以人民为中心的发展思想，在改善民生、提高巩固服务水平上持续发力，聚焦人民群众迫切关心的问题，在幼有所育、学有所教、劳有所得、病有所医、老有所养、住有所居、弱有所扶上不断精准施策，坚决打赢精准脱贫攻坚战，坚决兜住保障困难群众基本生活的底

线。通过运用"互联网＋"等新模式促进深度贫困地区享有更多优质的公共服务。

4. 强化生态红线，保障生态文明建设

西北地区是我国重要的生态安全屏障，生态环境脆弱，在高质量发展的格局之下，西北地区的发展所承受的资源环境约束要远远高于全国其他区域。特别是传统高污染高耗能的重工业产业占据了西北经济结构的重要部分，经济结构转型的阵痛也给生态环境的保护和建设传导了压力。在这一背景下，严守生态红线，完善生态保护的转移支付，健全生态补偿机制，是生态文明建设的重要保障。此外，因地制宜地建立适合西北地区的、适合生态文明发展的政府绩效考核制度迫在眉睫。

参考文献

闻璋：《西部地区经济增速连续 11 年超东部》，《中国招标》2018 年第 40 期。

闻璋：《十八大以来西部大开发重点工程总投资 3.75 万亿元》，《中国招标》2018 年第 39 期。

闻璋：《西部地区基础设施保障能力全面增强》，《中国招标》2018 年第 36 期。

余永定：《关于 2018 年宏观经济形势的几点看法》，《国际金融》2018 年第 1 期。

陕西、甘肃、青海、宁夏、新疆五省区统计局公布的统计数据。

陕西、甘肃、青海、宁夏、新疆五省区 2018 年政府工作报告及发改委公布的相关资料。

国家统计局公布的相关数据和统计公报。

综合篇：改革开放四十周年专辑

Comprehensive Chapters:
40th Anniversary of Reform and Opening up Album

B.2
改革开放40年来中国西北地区经济发展报告

罗　哲*

摘　要： 区域经济发展战略是随着改革开放的不断深化和改革实践的不断探索而逐步演化的，在改革大潮的推动下，我国区域经济协调性不断增强。改革开放以来，伴随着区域发展战略的演变和相继实施，我国西北地区经济也突飞猛进地发展，人民生活发生了翻天覆地的变化，主要表现在经济总量持续扩大，产业结构不断优化，新产业新动能加速成长，外向型经济发展壮大，人民生活水平明显提升。改革开放40年西北地

* 罗哲，甘肃省社会科学院研究员，研究方向：区域经济学与城市经济学。

区经济发展仍存在区域发展差距较大、区域内省区间产业同构、区域经济创新驱动能力有待提高、经济活力不强、区域生态与经济发展不相协调，生态破坏时有发生、区域互利共赢发展的合力不足等问题。鉴于此，西北地区未来发展要持续推进市场化改革，着力增强经济发展的创新驱动能力，落实主体功能区规划，实现经济可持续发展，以"一带一路"为重点推进开放平台建设，着力加快革命老区以及民族、边疆、贫困等地区经济发展，严格防范风险隐患。

关键词： 改革开放 40 年　中国西北地区　经济发展

一　改革开放40年来区域经济发展战略与格局的演变

区域经济发展战略是随着改革开放的不断深化和改革实践的不断探索而逐步演化的，随着经济发展不同阶段的区域问题出现而产生，以顺应当时区域发展的重点。当前，区域发展战略已走过了由不均衡到协调发展的过程，在改革大潮的推动下，我国区域经济协调性不断增强。

（一）东中西三大地带的"梯度发展战略"

从新中国成立初期到改革开放之前，我国长期受平均主义思想的影响，而在全国范围内平衡配置生产力，导致了生产要素组合低效。改革开放后，我国开始逐步摒弃均衡发展模式，总体上采取非均衡区域发展战略，即在承认地区差异客观性的基础上，主张遵循和利用不平衡发展规律，根据各地区的资源禀赋特征和发展现状，实行有差别、有选择重点的发展战略，该战略是一种以"效率优先"为基本指导思想的区域发展战略，将投资和技术大幅向东部沿海地区倾斜，在这种战略的导向下，形成了东中西三大梯度发展带。

（二）七大经济区域的"区域协调发展战略"

20 世纪 90 年代以后，学术界和决策层逐渐关注到非均衡发展的弊端，于是形成经济社会发展中效率优先、兼顾公平的目标取向，开始强调既要发展地区优势，又要采取有效措施缩小区域发展差距。因此，国家"九五"计划提出把我国划分为长江三角洲和沿江地区、东南沿海地区、环渤海地区、东北地区、中部五省地区、西南和广西地区以及西北地区等七大经济区域，各经济区要根据自身特点，重点发展适合本地区的优势产业，避免出现地区间产业结构趋同现象，进一步促进地区经济合理布局和协调发展。

（三）西部大开发、东北振兴、中部崛起、东部率先"四大区域发展战略"

党的十六届三中全会提出了"五个统筹"的要求，其中统筹区域发展中已涵盖区域协调发展战略的基本内涵。"十一五"规划提出，坚持实施推进西部大开发，振兴东北地区等老工业基地，促进中部地区崛起，鼓励东部地区率先发展的区域发展总体战略。这种调整并非回归于计划经济时期的均衡发展战略，而是体现充分发挥各地区发展优势及潜力，促进区域间统筹协调与发展互动。重点强调西部地区要通过国家支持、自身努力和区域合作，增强自我发展能力，加快改革开放步伐；东北地区要加快产业结构调整和国有企业改革改组改造，在改革开放中实现振兴；中部地区要依托现有基础，提升产业层次，推进工业化和城镇化，在发挥承东启西和产业发展优势中崛起；东部地区要率先提高自主创新能力，率先实现经济结构优化升级和增长方式转变，率先完善社会主义市场经济体制。

（四）新时代下的区域发展新格局

2014 年中央经济工作会议提出要重点实施"一带一路"、京津冀协同发展、长江经济带等三大战略，以部署和优化经济发展的空间格局。其中，

"一带一路"倡议旨在使我国适应世界格局发展的变化，强调形成对外开放新格局，是我国对外开放战略的进一步深化，"一带一路"倡议是区域经济合作理论和实践的重大创新，为完善全球经济治理提供了新思路和新方案。京津冀协同发展则是为了解决三地发展的不平衡，该战略的实施可以为优化开发区域发展提供示范和样板，对探索生态文明建设有效路径、促进人口经济资源环境相协调、实现京津冀优势互补等意义重大。长江经济带更着眼于中国东中西部合作关系，这一战略的实施，一方面可以与"新丝绸之路经济带"建设平行推进，另一方面可以与沿海经济带形成"T"字联动发展格局，为实现沿海、沿边、长江流域共同开发，东、中、西部一体发展的区域发展新格局提供契机。

二 改革开放40年以来西北地区经济发展比较

改革开放以来，伴随着区域发展战略的演变和相继实施，我国西北地区经济也突飞猛进地发展，人民生活发生了翻天覆地的变化。

（一）地区生产总值、增速与人均地区生产总值

1. 地区生产总值

1978 年，陕西、甘肃、青海、宁夏、新疆的经济总量分别为 81.07 亿元、64.73 亿元、15.54 亿元、13.00 亿元和 39.07 亿元，经济总量最高的陕西省是经济总量最低的宁夏的 6.23 倍。改革开放后，随着国家西部大开发战略、"一带一路"倡议等发展战略的支持，西北地区经济持续较快发展，与全国经济平均发展水平差距逐步缩小。2017 年，陕西、甘肃、青海、宁夏、新疆的经济总量分别为 21898.81 亿元、7677 亿元、2642.8 亿元、3453.93 亿元、10920 亿元，其中经济总量最小的青海相当于经济总量最大的陕西的 12.06%。

从地区生产总值增长的倍数来看，从 1978～2017 年，增加倍数最大的是新疆，达到 279.50 倍，增长倍数最小的为甘肃，为 118.60 倍。除甘肃和

青海外，其余三个省份的地区生产总值增长倍数均高于全国平均水平，说明甘肃和青海生产总值的增长速度较为缓慢，地区生产总值的发展状况与国内其他省份还存在一定差距。

表1　西北五省区地区生产总值比较

地区	地区生产总值（亿元）					1978～2017年地区生产总值增长倍数
	1978年	1988年	1998年	2008年	2017年	
陕　西	81.07	314.48	1458.4	7314.58	21898.81	270.12
甘　肃	64.73	191.84	887.67	3188.82	7677	118.60
青　海	15.54	54.96	220.92	1018.62	2642.8	170.06
宁　夏	13.00	50.29	245.44	1203.92	3453.93	265.69
新　疆	39.07	192.72	1106.95	4183.21	10920	279.50
全　国	3678.7	15180.4	85195.5	319515.5	827122	224.84

资料来源：《中国统计年鉴（2018）》。

2. 地区生产总值增速

从1978～2017年地区生产总值平均增速来看，西北五省区均高于全国平均值。其中，陕西省增速最快，平均增速为12.5%，其次为青海、甘肃、宁夏、新疆。按年份来看，1978～2008年，各省区地区生产总值增速呈现波动变化，除1978年外，其余年份增速最高的均为陕西省，最高达到21.0%，2008年之后，西北地区各省区生产总值增速总体放缓，且各省区

表2　西北各省区地区生产总值增长速度比较

地　区	地区生产总值增速（%）						
	1978年	1988年	1998年	2008年	2016年	2017年	平均值
陕　西	11.0	21.0	11.6	15.6	7.6	8.0	12.5
甘　肃	13.2	13.7	9.7	10.1	7.6	3.6	9.7
青　海	14.9	7.7	8.9	12.7	8.0	7.3	9.9
宁　夏	8.9	12.1	8.8	12.2	8.1	7.8	9.6
新　疆	9.8	9.6	7.5	11.0	7.6	7.6	8.9
全　国	11.7	11.3	7.3	8.9	6.7	6.9	8.8

资料来源：《中国统计年鉴（2018）》。

之间地区生产总值增长速度差异缩小。可见，改革开放初期，西北地区在各项政策的支持下，进入了一个快速发展的阶段。近年来，我国经济发展进入新常态，西北各省区经济发展速度也逐渐变缓。

3. 人均地区生产总值

经济快速增长为人民生活水平提高提供了有力支撑。2017 年，各省区人均地区生产总值均在 25000 元以上，其中陕西、青海、宁夏及新疆的人均地区生产总值突破 40000 元。人均地区生产总值最高的为陕西，达到 57266 元，人均值最低的为甘肃，为 29326 元。与全国人均地区生产总值的 59660 元相比较，西北地区人均地区生产总值均低于全国人均地区生产总值，这种差距造成了西北地区消费水平低于全国平均水平。

从人均生产总值的增长倍数来看，1978～2017 年，陕西、甘肃、青海、宁夏、新疆分别为 195.31、84.27、103.63、126.81 和 144.08，全国人均生产总值的增长倍数为 156.59，仅有陕西省人均地区生产总值的增长倍数高于全国水平，其余省份的增长倍数均较低。甘肃省人均地区生产总值由 1978 年的 348 元上升到 2017 年的 29326 元，但占全国人均地区生产总值的比重却由 91.34% 下降到 49.16%，下降了 42 个百分点，可见，甘肃的人均地区生产总值差距与全国及西北地区其余省份之间的差距在持续拉大，区域内部的差距日益明显。

表3　1978～2017 年西北地区人均地区生产总值

地 区	人均地区生产总值(元)					1978～2017 年人均地区生产总值增长倍数
	1978 年	1988 年	1998 年	2008 年	2017 年	
陕 西	293.2	1009.89	4070.33	19700	57266	195.31
甘 肃	348	905	3541	12421	29326	84.27
青 海	428	1260	4426	18421	44348	103.62
宁 夏	370	922	4607	19609	46919	126.81
新 疆	313	1347	6174	19797	45099	144.09
全 国	381	1366	6796	23708	59660	156.59

资料来源：《中国统计年鉴（2018）》。

可以看出，近40年来，尽管西北各地区经济得到快速发展，经济实力得到显著加强，但与全国相比，仍存在一定距离，且西北地区各省区之间的经济发展也不平衡。

（二）产业结构

1. 三次产业增加值变动分析

从产业发展速度来看，近40年来，西北五省区一、二、三产业增加值均呈稳步上升趋势。其中，陕西省一、二、三产业增加值均最高，新疆次之，甘肃居中，宁夏和青海较低。从增长倍数看，第一产业新疆增长倍数最大，增长121.09倍，这有赖于改革开放后，农业种植结构调整引起的种植作物多样化，以及政策导向下农民自主生产经营的积极性的提升，总之，国家政策的引导对新疆农业的发展起到了至关重要的作用。其他四省的第一产业增幅低于新疆，但是增加值均在60倍以上。40年间，西北五省区第二产业快速发展，其中增幅最大的是陕西省，其次是宁夏，分别增长了258.6倍和239.5倍。陕西省在已有工业基础上，依靠资源、人才、科研、技术等优势，形成软件、装备制造、生物医药、煤油气盐化工等一批规模化的特色产业群，由此壮大了其二产的发展力量。宁夏则依托宁东能源化工基地等载体，推进现代煤化工示范项目建设，大力发展循环经济，延伸现代产业链，使得近年来宁夏第二产业迅速发展。在此期间，新疆的第二产业增加值也有了233.9倍的增长，青海和甘肃第二产业增加值分别为基期的153.1和65.6倍，增幅较小。第三产业增幅最大的仍然是新疆，40年间增长731.3倍，其次是陕西省，增长了650.6倍，这得益于新疆和陕西丰富多样的自然文化旅游资源，宁夏增幅居中，增长484.2倍，原因是宁夏近年来金融、电信、旅游业发展迅速，使得其三产得到不断壮大。随着"一带一路"倡议的推进，甘肃省和青海省通达性不断提高，使得两省的第三产业也得到快速发展，从1978～2017年，第三产业增加值分别提高了324.6倍和294.2倍。

从区域内部发展差异来看，1978年，第一产业增加值最高的是陕西，最低的是宁夏，两者之间相差21.64亿元，1988年这一差距扩大到69.30

亿元，1998 年，区域内第一产业最大值与最小值的差距扩大为达到 248.11
亿元，2008 年为 648.15 亿元，2017 年达到 1501.04 亿元。此种差距同时也
存在于第二产业和第三产业中，且均呈逐年扩大的趋势。说明尽管西北五省
区三次产业增加值均在增长，但由于发展基础与速度存在差异，西北五省区
内部的三次产业增加值差异仍在逐步扩大。

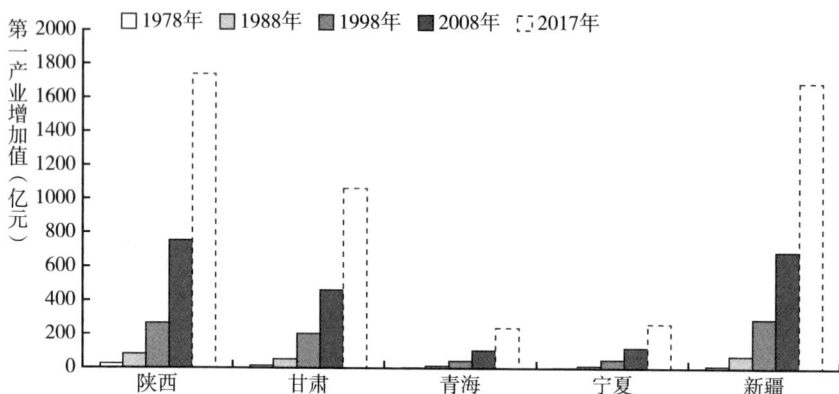

图 1　1978～2017 年西北五省区第一产业增加值变动情况

资料来源：《新中国六十年统计资料汇编》《中国统计年鉴（2018）》。

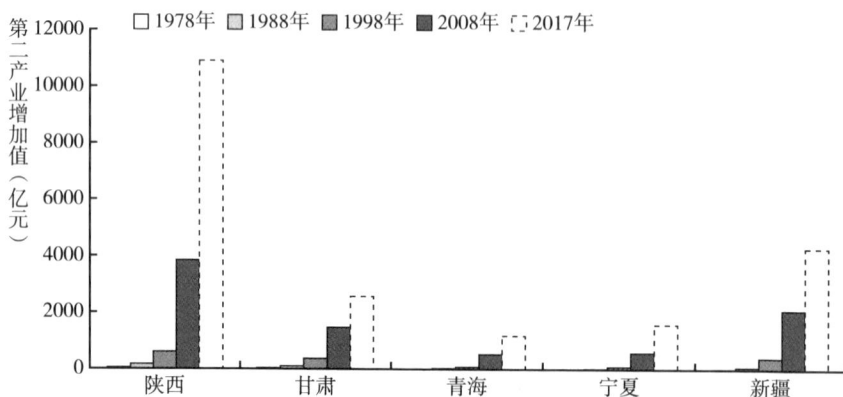

图 2　1978～2017 年西北五省区第二产业增加值变动情况

资料来源：《新中国六十年统计资料汇编》《中国统计年鉴（2018）》。

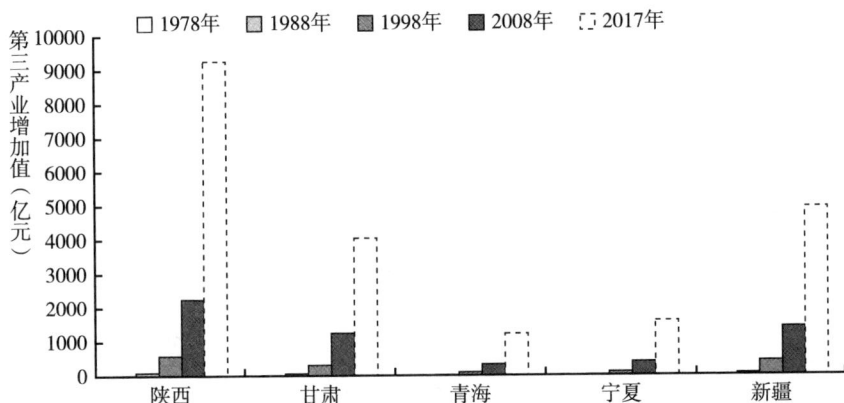

图3 1978～2017年西北五省区第三产业增加值变动情况

资料来源：《新中国六十年统计资料汇编》《中国统计年鉴（2018）》。

2. 三次产业比重变动分析

从三次产业结构比重变化看，1978～2017年，西北地区第一产业增加值比重总体呈现下降趋势，除了甘肃和新疆以外，其余三省区2017年第一产业在国内生产总值中所占的比例都降到10%以下，但这并不代表西北地区工业化达到较高发展水平，产业结构实现升级优化。农业比重较低，是由于西北地区很多地方自然条件恶劣，缺乏发展农业的基本条件。另外，西北地区农业组织化程度较低，以及农业创新能力不强也是导致农业增加值比重较低的重要原因。因此，西北地区产业结构经过多年调整，甘肃和新疆的一产比重仍然远高于全国平均水平，产业结构调整成效低，也反映出这两个地区经济发展过程中，农业处于不可动摇的基础性地位，陕西、宁夏、青海三省的产业结构调整步伐与全国较为一致。

1978～2017年，西北地区各省区第二产业增加值均表现出"先降后升再降"的态势外。其中，甘肃省第二产业所占比重降幅最大，由1978年的60.31%下降为2017年的33.38%，这是由于甘肃曾一度作为全国重要的工业基地，随着国家政策的调整，其重要性水平逐渐降低，其余省份降幅均低于10%。截至2017年，西北五省区第二产业所占比重均低于50%。五省区第三产业增加值比重虽略有波动，但总体均呈不同幅度的增加，2017年，西北各省区第三产业比重均达到40%以上，甘肃省甚至超过50%，说明西北地区产业结构不断优化。第三产业有所发展，但除甘肃外，其他省份还未达到全国平均水平。

产业结构升级与完善的一个重要标志即为第三产业所占地区生产总值中的比重不断提高。目前，发达国家三产比重大都在70%以上，我国三产比重也已达到51.6%，除甘肃外，这一比例均高于陕西、青海、宁夏、新疆，说明西北地区第三产业比重总体较低，也反映出其产业结构总体水平仍较为低下，还需进一步优化。

从全国看，1978～2017年一产和二产增加值所占比重均在下降，三产比重稳步上升，符合产业结构高级化的规律。西北地区各省区第一产业比重在下降，第二产业比重也呈不同幅度的波动下降态势，第三产业比重虽然略有波动，但总体趋势在上升，说明西北地区产业结构渐趋合理，产业结构向高级化发展，但与全国相比，仍存在明显差距。如2017年，陕西、甘肃和新疆一产增加值比重高于全国比重，陕西、青海和宁夏三个省区的二产增加值比重高于全国比重，甘肃和新疆也仅是近年来才略低于全国的第二次产业比重；不论是全国还是西北地区，第三产业增加值比重均呈上升趋势，但全国的第三产业增加值比重除甘肃外均高于西北地区的四省区。表明改革开放以来，西北五省通过努力调整产业结构调，促使产业结构朝着高级化方向发展，形成了以第一产业为基础、第二产业为主导、第三产业居重要位置的产业结构。

表4　1978～2017年西北地区三次产业增加值比重与全国的对比

单位：%

三次产业	年份	陕西	甘肃	青海	宁夏	新疆	全国
第一产业	1978	30.47	20.41	23.62	23.54	35.76	28.19
	1988	26.29	27.51	26.13	26.63	37.50	25.70
	1998	18.30	22.84	19.44	19.86	26.29	17.56
	2008	11.00	14.55	10.98	10.93	16.44	11.31
	2017	7.94	13.85	9.02	7.56	15.49	7.92

续表

三次产业	年份	陕西	甘肃	青海	宁夏	新疆	全国
第二产业	1978	51.97	60.31	49.61	50.77	46.97	47.88
	1988	44.07	42.39	42.39	39.25	34.26	43.79
	1998	41.68	42.07	38.68	38.75	35.75	46.21
	2008	56.08	46.33	55.06	52.91	49.64	48.62
	2017	49.75	33.38	44.66	45.76	39.30	40.46
第三产业	1978	17.57	19.28	26.77	25.62	17.28	23.94
	1988	29.64	30.10	31.48	34.12	28.24	30.51
	1998	40.02	35.09	41.89	41.39	37.96	36.23
	2008	32.92	39.12	33.96	36.15	33.91	40.07
	2017	42.30	52.77	46.31	46.68	45.21	51.63

资料来源：《新中国六十年统计资料汇编》《中国统计年鉴（2018）》。

3. 产业结构变动分析

从三次产业结构变动来看，近40年来，西北五省区三次产业变动不大相同。其中，青海、宁夏三次产业结构主要呈现出由"二三一"向"三二一"转化，甘肃、新疆则表现出由"二一三"向"三二一"转化的趋势，陕西则由"二一三"向"二三一"转变，虽然第三产业还未成为陕西省第一大产业部门，但其与第二产业的差距在逐步缩小。因此，西北地区产业结构变动总体呈现第一产业、第二产业比重下降，第三产业比重上升的趋势，但与全国平均水平相比较，西北地区的第一产业、第二产业比重下降幅度和三产发展速度均较为缓慢。

（三）进出口

进出口贸易是影响国家或地区国际收支的重要因素。净出口通常又称为贸易差额或者余额，指出口价值和进口价值之间的差额。当出口大于进口时，称为顺差；当净出口为负时则称为逆差。进出口贸易的成长，对于我国进一步开拓国际市场，提高经济效益具有十分重要的作用。

1. 进出口额

1978~2017年，除陕西和宁夏进出口总额呈稳步上升的态势外，其余三省区均表现为先升后降的趋势，且最大值是在 2008 年。除新疆外，各省份出口额均呈现逐步增长趋势，新疆近年来出口额出现回落；与此同时，2008～2017 年，甘肃和青海进口额有所降低，其余省份则一直呈上升趋势。

从进出口总额占全国的比重来看，2008 年西北地区最高仅达到 4.32%，说明西北地区对全国对外贸易贡献率较低，在对外贸易中未形成明显优势。因此，今后发展中，西北地区应挖掘自身优势，积极提高商品在国际贸易中的竞争力，利用边境线长、与中西亚国家毗邻等优势，积极摆脱不利地位。

表5　1978～2017 年西北地区进出口额

单位：万美元

项目	年份	陕西	甘肃	青海	宁夏	新疆
进出口总额	1978	1190	3454	1064	2962	2346
	1988	49297	16624	5384	10724	40775
	1998	205148	45574	11405	31309	153214
	2008	832867	609355	68847	188195	2221680
	2017	4021046	506087.3	65789.86	505480	2066000
出口额	1978	1190	3454	988	2271	937
	1988	36006	15205	826.2	8221	29887
	1998	117668	35261	974	28231	80789
	2008	538066	160217	26972	125868	1929925
	2017	2458307	183210.4	42581.24	366879.9	1772900
进口额	1978	0	0	76	691	1409
	1988	13291	1419	4558.3	2503	10888
	1998	87480	10313	10431	3078	72425
	2008	294801	449138	41875	62327	291755
	2017	1562739	322876.9	23208.63	138600.1	293100

资料来源：《中国统计年鉴（2018）》。

2. 净出口额

从数额来看，改革开放初期，中国净出口值一直为负，即全国的出口总额小于进口总额，保持贸易逆差。1988 年后，这一状况得到逆转，中国的净出口差额变为正值，且呈现逐渐增加的趋势，1978～2017 年，数额由的 -11.4 亿美元上升到 4253.53 亿美元。由图 4 可以看出，1978～1998 年，西北地区各省份之间的净出口额差异不大，1998年之后，差距日趋明显：新疆依靠其独特的地理位置，净出口总额遥遥领先，且表现为贸易顺差；陕西紧随其后，净出口额也为正值；宁夏居于第三位，出口额高于进口额而形成贸易顺差；青海一度表现出贸易逆差，近年来，随着"一带一路"等建设的支持，青海省逐步摆脱贸易逆差，2017年，实现净出口19372.61万美元；甘肃则在1998年后表现为贸易逆差，2008年，净出口额为 -288921万美元，2017年为 -139666.4593万美元，贸易逆差有所减少。

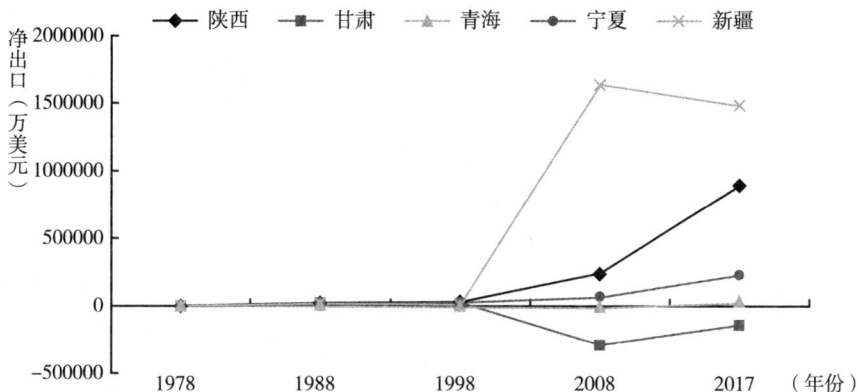

图4 1978～2017年西北地区净出口额

资料来源：《中国统计年鉴（2018）》。

（四）财政收入

由图5可知，1978～2017年西北五省区财政收入整体呈逐年上升趋势，其中陕西和新疆财政收入增幅较大，甘肃、青海和宁夏财政增长比较平稳，2017年，陕西省财政一般预算收入达2006.4亿元，居西北五省区之首，新疆为1465.5亿元，居于第二位，甘肃、宁夏、青海较低，分别为815.6亿元、715.65亿元和408.7亿元。2017年，陕西、甘肃、青海、宁夏、新疆的财政一般预算收入分别是1978年时的39.73、226.47、140.93、101.55、205.252倍，五省区财政收入整体发展势头良好，将来随着新一轮西部大开发战略和"一带一路"建设的深入实施，西北五省区财政收入将会持续稳定增长。

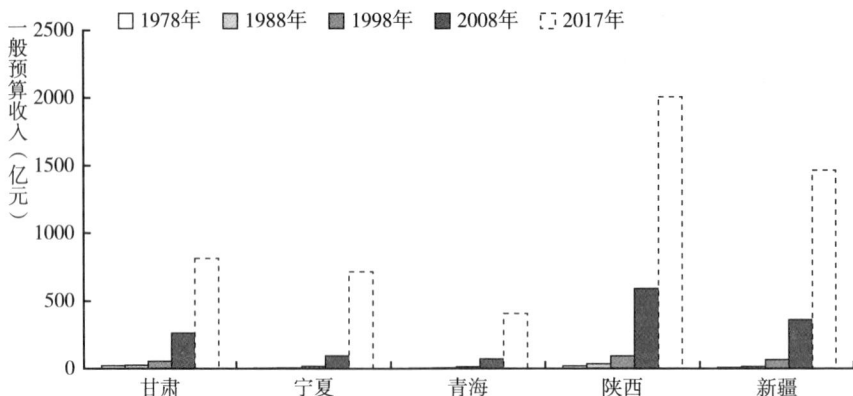

图5　1978~2017年西北地区财政收入

资料来源:《中国统计年鉴 (2018)》。

另外，改革开放初期，西北五省区之间财政收入存在一定差距，但差距较小。1978年，财政收入最高的甘肃省与最低的青海省相差17.63亿元，自1988年，陕西省成为西北五省区中财政收入最高的省份，而青海省财政收入一直是最低的，1988年，二省财政收入相差28.81亿元，1998年相差80.56亿元，仍小于100亿元，2008年，这一差距迅速扩大为519.91亿元，2017年达到1579.7亿元，说明近几十年来，西北五省区内部财政收入差距在迅速扩大。

计算表明，2010~2016年，西北五省区财政收入平均值分别为:陕西1655.95亿元，甘肃590.67亿元，青海221.58亿元，宁夏328.85亿元，新疆1072.67亿元，说明西北五省区财政收入区域差异仍然较大。同期，西北五省区财政收入平均增长速度分别为:陕西13.10%，甘肃14.46%，青海22.32%，宁夏28.72%，新疆22.44%，而全国财政收入平均增长速度为13.83%。可以看出，除陕西外，其余四省区财政收入增速均高于全国平均水平，其中，甘肃略高于全国平均增速，而青、宁、新三省区的财政收入增速远高于全国水平。

（五）城乡居民人均可支配收入

1. 城镇居民人均可支配收入

1978～2017年，陕、甘、青、宁、新五省区城镇居民人均可支配收入逐年提升，城镇居民家庭人均可支配收入分别由310元、407.53元、684.8元（1984年数据）、346.08元、319元上升到2017年的30810元、27763.4元、29169元、29472元和30775元。除1978年外，其余年份城镇居民人均可支配收入最小的均为甘肃省。五省区中最大值与最小值的比值波动变化，1978年为1.31，1988年减小为1.18，1998年略有增加，为1.24，2008年回落为1.18，2017年降低至1.11。说明近年来，西北地区内部区域之间的差异有减小趋势，但差异性仍然不容忽视。

表6　1978～2017年西北地区城乡居民人均可支配收入

项目	年份	陕西	甘肃	青海	宁夏	新疆
城镇居民家庭人均可支配收入（元）	1978	310	407.53		346.08	319
	1988	1040	978.92	1153.8	1084.32	1067.65
	1998	4220	4009.61	4240.08	4112.41	5000.79
	2008	12858	10969.41	11648.3	12931.5	11432
	2017	30810	27763.4	29169	29472	30775
农村居民家庭人均可支配收入（元）	1978	134	100.93		115.9	119
	1988	404.14	345.14	492.82	480.22	496.49
	1998	1405.59	1393.05	1426	1756.14	1600.14
	2008	3136.46	2723.8	3061.24	3681.4	3503
	2017	10265	8076.1	9462	10738	11045

注：1978～2008年农村数据采用农村居民家庭人均纯收入。

资料来源：《中国统计年鉴（2018）》。

相对全国平均水平来说，1978～2017年西北五省区城镇居民人均可支配收入一直处于滞后状态：1978年，西北五省区中，甘肃和宁夏城镇居民人均可支配收入407.53元和346.08元，高于全国平均值343.4元。此后，西北五省区城镇居民人均可支配收入均低于全国水平，这也在一定程度上反应了五省区经济较其他省份差距较大。

2. 农村居民人均可支配收入

1978～2017 年，西北五省区农村居民人均可支配收入逐年增加，但与全国平均水平仍有一定差距，并且差距呈现逐渐扩大的趋势。从增幅来看，2017 年，陕甘青宁新五省区的农村居民人均可支配收入分别是 1988 年的 25.40 倍、23.40 倍、19.20 倍、22.36 倍和 22.25 倍，但全国则变化 24.64 倍，虽然五省区均有很大的提升，但除陕西省外，其他省份的变化倍数均低于全国平均水平。

2017 年，西北五省区城镇居民人均可支配收入是同省区农村的 2.7 倍以上，陕甘青三省更是达到了 3 倍以上，而全国城镇居民人均可支配收入也是农村的 2.71 倍，说明西北地区城镇与农村居民人均可支配收入非常不平衡，差距较大。

改革开放以来，西北地区国民经济快速增长，综合实力逐年增强。产业结构不断优化，新产业新动能加速成长。同时，固定资产投资规模持续扩大，外向型经济快速发展，特色产业发展势头良好，城乡居民收入不断增加，人民生活水平逐步提高。但同时，西北五省区相较全国还有一定差距，因此西北地区各省份要根据自身要素禀赋差异，发展本地区的优势产业，不断增加科技创新投入，革新产业链条，加大吸引外部投资力量，以缩小与其他省份的发展差距。同时，也要加大对农村发展的支持力度，促进城乡经济协调稳定的发展。

三　改革开放40年西北地区经济发展的问题

（一）区域发展差距仍然较大

虽然，改革开放以来，西北地区的经济发展水平不断提高，但由于自然条件差，经济发展基础薄弱，自我发展能力不强，西北地区经济发展水平仍落后于全国平均水平。1978 年、1988 年、1998 年、2008 年及 2017 年，西北五省区 GDP 总量分别为 213.41 亿元、804.29 亿元、3919.38 亿元、16909.15 亿元和 46592.54 亿元，占全国 GDP 的比重分别为 5.80%、5.30%、4.60%、5.29% 和 5.63%。同期，西北地区人均国内生产总值仅相当于全国平均水平的 91.98%、79.71%、67.15%、75.88% 和 66.25%；而西北各省区进出口总额占全国进出口总额的比重更是不足 1%，远低于全国平均水平。

横向来看，2017 年，西北五省区 GDP 在全国的排名总体靠后，其中，GDP 总量最大的陕西仅排名全国 15 位，新疆居于第 26 位，甘肃、宁夏、青海分列 27、29、30 位，居于全国倒数。并且五省区 GDP 总量为 46592.54 亿元，仅相当于第一位广东省的 51.84%。总之，西北地区与发达地区差距仍十分显著，西北地区内部差异也比较明显。

（二）区域内省区间产业同构

西北五省区工业产值较高的行业具有很大的相似性，这些产业多为以石油、天然气、煤炭等资源为基础的资源密集型产业，包括纺织业、金属制品业、石油加工炼焦及核燃料加工业、石油和天然气开采业等，西北地区产业趋同现象明显。这主要是由于西北各省区资源禀赋相似，同时区域分工模糊也阻碍了区域专业化的形成，区域产业结构趋同严重。

对西北五省区而言，地缘上的临近性加上产业结构的趋同性，使得西北五省区的产业结构布局存在一定的局限，往往易形成各自为政的"诸侯经济"，不利于资源能源的有效供给和消费，也不利于区域产业的分工协作和合理布局。因此，西北五省区可依据各省区发展条件、方式、程度等方面的差异，制定产业关联合作发展战略。即在开放经济条件下，充分利用不同地区的比较优势，因地制宜调整三次产业结构以及主导产业方向，建立区域协调的，符合五省区特色优势的合理的产业结构，这是未来西北地区产业发展的重要举措之一。

（三）区域经济创新驱动能力有待提高

近年来，西北地区紧抓"一带一路"及西部大开发等机遇，主动适应和引领经济发展新常态，实施创新驱动发展战略，积极构建"大众创业、万众创新"支撑平台，区域创新能力建设步伐加快，各省区科技创新取得了一定的成绩，但主要创新主体仍然是科研单位、高等院校、企业等，而民众科技创新能力还不强，人才、资本、技术、知识自由流动的动能较差，民众创业、创新的聪明才智没有被充分调动起来，区域经济发展的巨大智力动能还未形成，全社会创新活力和创造效率较低。西北地区经济欠发达、生态环境脆弱、收入水平低等因素导致创新基础设施和市场环境较差、人才流失，存在创新激励不到位等问题。虽然西北地区在个别领域科技水平较强，但其对经济发展率低。另外，政府相关部门对"双创"工作缺乏有机统一的领导，经济增长主要还是投资拉动。

（四）经济活力尚不够强

近年来，国内外宏观经济下行压力不断加大，产能过剩形势严峻，加之能源、原材料和劳动力价格不断上涨，市场需求不足等，使得经济发展活力不足。首先，西北地区非公有制经济发展较弱。非公有制经济是改革开放以来全国经济建设取得巨大成就的重要推动力，为经济社会发展做出了重要贡献。然而西北地区非公有制经济整体实力不强，综合竞争力不高，与全国和经济发达地区相比，差距较大。另外，非公有制企业主要聚集在劳动密集型产业中，结构严重不合理，产业化程度较低。其次，西北地区资本市场发展较弱。虽然各级地方政府推出了一系列提升经济活力的投融资政策，但由于资本市场的服务范围和内涵较小，扶持力度远远不足，企业等实体经济融资难的问题依然存在。

（五）经济发展中生态破坏时有发生

生态环境的建设已经成为当前重要的民生问题，影响着我国的可持续发展和经济稳定。西北地区地处欧亚大陆腹地，其自然环境的基本特征是干旱少雨，水资源匮乏，植被稀疏，沙漠广布，生态环境十分脆弱，而西北地区在中央的生态战略布局中具有举足轻重的地位，承担重要的生态功能。但是，在资源开发、经济发展中引起的生态破坏事件时有发生，主要表现在水土流失日益严重、土地沙漠化加剧、土壤次生盐渍化日益蔓延等方面。西北地区生态环境问题成为制约经济发展的瓶颈，因此，必须妥善处理二者关系，才能实现生态经济可持续发展。

（六）区域互利共赢发展的合力不足

近年来，在"一带一路"倡议及西部大开发战略的引导下，西北地区内部各省份之间的联系日益加强，但区域间的合作壁垒尚未完全打破，矛盾与冲突仍然存在，固守自身利益，区域间产业发展缺乏有效分工。另外，各地区并未充分挖掘和发挥自己区域的特色优势，因此，协同开发，错位发展、优势互补、互利共赢的发展格局尚未形成，也未形成强大的区域经济发展综合竞争力。在经济全球化和区域一体化发展的大背景下，西北地区的协同发展，形成互利共赢的发展格局将成为该区域提升其竞争优势的重要手段和务实选择。

四 新时代下中国西北地区经济发展对策

党的十八届三中全会开启全面深化改革的新征程以来，我国区域经济发展进入新的活跃时期，呈现出一些引人注目的新动向。中国西北区域经济发展也出现了新的动态、走势和格局，在此形势下，我国西北地区未来发展要坚持做到以下几个方面。

（一）持续推进市场化改革

实践证明，市场配置资源是最有效率的形式。要促进区域经济的发展，必须要充分发挥市场在资源配置中的决定性作用，其核心是处理好政府与市场的关系，遵循价值规律归还市场的主体地位，宏观调控弥补市场调节的缺陷，减少甚至退出政府对资源的直接配置，推动资源配置依据市场规则、市场价格、市场竞争实现效益最大化和效率最优化。

（二）着力增强经济发展的创新驱动能力

着力增强西北地区经济发展的创新驱动能力，要不断培育壮大区域创新主体，顺应新时代数字化、信息化、智能化和网络化下新行业、新业态、新技术、新模式、新产品加速成长的新趋势，加速信息技术与现有产业的融合发展，加快各领域的科技创新，加快经济动力由依靠要素投入增加，向主要依靠科技进步、人力资本提升、管理创新等转型，使创新驱动真正成为西北地区经济发展的战略支撑，成为提升经济核心竞争力的关键因素，成为区域经济提质增效的关键所在，成为破解经济深层次矛盾和问题的钥匙，增强传统经济的增长动力，打造新兴经济增长的引擎，加速经济转型升级。

（三）落实主体功能区规划，实现经济可持续发展

西北地区有很多区域属于禁止开发区或限制开发区，要切实发挥主体功能区作为国土空间开发保护基础制度的作用，严守生态保护红线，加强区域空间的用途管制和开发保护，严格按照国家和西北省区主体功能区定位实施经济开发，优化城镇发展格局、产业发展格局、人口分布格局和生态安全格局等，创造良好的人居环境。加快形成合理的生态补偿运行机制，形成符合区域主体功能定位的导向机制，建立充分反映资源消耗、环境损害和生态效益的生态文明绩效评价考核和责任追究制度。

而要使得生态文明建设与经济建设协调发展，就必须推进绿色发展，形成集约、高效、持续、健康的社会－经济－自然生态系统，提升区域统筹发展能力，缓解经济社会发展与资源环境保护之间的矛盾，大力发展循环经济、生态经济、低碳经济，筑牢国家生态安全屏障的底线，实现经济发展和生态发展和谐共赢。

（四）以"一带一路"为重点推进开放发展

积极拓宽发展视野，紧抓"一带一路"重大机遇，不断拓展开放的广度和深度，优化对外开放软硬环境，促进招商引资提质增效，促进西北地区

在改革开放中增强动力、激发活力、加快发展；把握当前经济发展中的契机和平台，发挥西北地区在地缘、通道、沿边及陆路口岸等方面的优势，加强对外经济贸易往来、人文交流合作、旅游产业开发、产业互补发展等，在互利共赢和优势互补中加快开发开放步伐，实现西北地区经济开放度的跨越式发展。

（五）着力加快革命老区、民族地区、边疆地区、贫困地区经济发展

西北地区生态环境脆弱、发展基础薄弱，城乡基础设施欠账较多，特别在陕北、宁南、陇东、青南高寒地区、秦巴山区和南疆等地，交通通道、邮电信息通讯、控制性水利设施等的滞后，严重制约了区域经济的发展，成为严重制约经济社会发展的最薄弱领域、最突出短板和最大瓶颈。要实现西北地区经济转型跨越发展，就必须坚持统筹规划、合理布局、适度超前、综合配套，加大政策支持力度和财政投入，推动各类资源要素向"短板"地区流动，创新投融资体制，加大基础设施投资建设力度，提高基础设施现代化水平和承载能力，确保该类区域社会公共服务能力有所提升，人民收入水平稳步提高，生活质量得到明显改善，物质和精神生活日益丰富，人民幸福感普遍增强，从而使这类地区的自我发展能力不断提高，为西北地区经济发展提供有力保障。

（六）严格防范风险隐患

现阶段，我国地方债务规模比较大，并有继续膨胀的趋势，地方政府偿债压力过大、债务结构不合理，加之债务管理混乱，因此存在较大的风险隐患，在此背景下，地方政府实际偿债能力备受关注。西北地区政府财政收入较低，更应将地方债务纳入严格的监督之下，使地方债务问题处于可控状态，不致引发地方债务风险。在短期内，可通过引进社会资本、发行证券等筹集资金，要有效解决该问题，必须推进行政管理、财政和金融体制改革，不断加强中央对地方政府举债管理约束、建立债务风险预警机制等。

参考文献

刘进军、罗哲：《西北地区经济转型跨越发展的实证分析》，《甘肃行政学院学报》2017 年第 5 期。

郝全洪：《推动高质量发展必须处理好政府和市场的关系》，《经济日报》2018 年 10 月 18 日。

《IMI 宏观经济月度分析报告》（第 8 期），《IMI 研究动态》2018 年 3 月 1 日。

赵丽华、赵旭亮：《习近平新时代经济思想体系探析》，《观察与思考》2018 年 7 月 15 日。

魏礼群：《党的十八大以来中国社会治理的新进展》，《社会治理》2017 年 7 月 15 日。

江必新：《以党的十九大精神为指导　加强和创新社会治理》，《国家行政学院学报》2018 年 1 月 22 日。

陈鹏：《党的十八大以来的社会治理体制创新》，《社会治理》2018 年 3 月 15 日。

覃国慈：《改革开放 40 年来民生领域的巨变》，《学习月刊》2018 年 6 月 20 日。

杨海蓉：《新时代中国社会保障面临的挑战与路径选择》，《劳动保障世界》2018 年 2 月 20 日。

B.3
改革开放40年来
中国西北地区社会发展报告

陈玮　张生寅*

摘　要：　改革开放以来，西北地区社会转型加速，在经历改革开放初
　　　　　期社会调整与变化、全面改革时期的社会变革、社会主义市
　　　　　场经济转轨时期的社会变革、和谐社会建设时期社会管理创新
　　　　　及十八大以来的社会治理创新后，社会建设取得了显著成效，
　　　　　但也面临区域差距持续扩大、人口老龄化显现、公共服务建设
　　　　　相对滞后、社会治理方式单一、社会稳定压力加大等问题与困
　　　　　难。积极加强社会治理制度建设、全面完善基本公共服务体
　　　　　系、有效发挥社会组织积极作用、大力加强社区治理体系建
　　　　　设、加快社会心理服务体系建设、积极借助大数据提升社会治
　　　　　理能力，是当前和今后有效破解社会建设难题的重要举措。

关键词：　西北地区　社会转型　社会建设

改革开放以来，中国社会实现了伟大的历史性转折，西北地区社会发展
也进入了加速转型期，传统的社会结构体系日益分化，社会运行机制出现转
轨，市场机制在社会资源配置过程中所发挥的作用越来越大，社会利益得到

* 陈玮，法学博士，青海省社会科学院党组书记、院长、教授，研究方向：藏学、民族宗教学；
张生寅，历史学硕士，青海省社会科学院文史研究所所长、研究员，研究方向：青海区域历
史。

重新调整，整个社会形成了新的规范整合体系和更为复杂的社会结构网络，社会转型速度之快、领域之广、影响之深前所未有。回顾总结改革开放 40 年来西北社会发展的历程，总结社会建设和发展规律，客观认识西北地区社会发展面临的困难、问题，探讨促进西北地区社会发展的对策建议，对于推动西北地区同步全面建成小康社会具有重要意义。

一　改革开放以来西北地区社会发展概况

为全面深入把握改革开放 40 年来西北地区社会发展变迁的总体面貌和阶段性特征，本报告参考相关研究，将改革开放 40 年来西北地区社会发展变迁的历程分作四个阶段进行阐述。

（一）改革开放初期的社会调整与变化（1978～1982）

这一时期，由于全国实现了思想路线的拨乱反正，确立了以经济建设为中心的指导方针，实行了对内改革和对外开放，社会关系得到全面调整，以往一些行之有效的社会政策陆续恢复，农村改革和城市改革相继展开，社会由一元转向多元，社会思潮也异常活跃，人民的物质生活逐步得到改善。在此背景下，西北地区的社会关系、社会结构、社会生活等均发生了很大的调整与变化。

社会关系方面，西北各省区开始纠正"左"倾错误的影响，平反冤假错案，落实党的各项政策。如：陕西省着手在全省范围内深入开展"揭批查"补课和拨乱反正工作，"文革"中发生的 2300 多起重大事件基本查清，一系列历史遗留问题得到解决；[1] 甘肃省在"文革"结束后需要立案复查的就高达 30 多万人，省委于 1977 年 7 月初成立了清理积案领导小组开始审理积案；[2] 青海省以昭雪王昭冤案为突破口，拉开全省平反冤假错案的序幕，

① 赵炳章、何金铭主编《陕西通史·中华人民共和国卷》，陕西师范大学出版社，1997，第 220 页。
② 刘光华主编《甘肃通史·当代卷》，甘肃人民出版社，2013，第 267～268 页。

到 1982 年平反冤假错案工作基本结束。民族宗教政策调整落实工作也全面展开，在恢复宗教活动场所、恢复民族宗教工作机构等方面取得了一定进展。经过拨乱反正和落实政策，西北地区的社会关系得到全面调整。

社会结构方面，随着各项改革事业逐步推开，改革开放前西北社会仅有两个阶级（工人阶级、农民阶级）、一个阶层（知识分子阶层）的单一社会结构逐渐被打破。在广大农村牧区，由于推行家庭联产承包责任制和草畜双承包责任制，生产经营方式开始多样化，加之政社合一的体制被打破，农牧民社员身份消失，有了独立自主的经营权，家庭开始回归其原有的本位，成为生产生活的主体，同时开始出现了一些以某项专业的生产和经营为主的专业户。在广大城市，随着国有企业改革、发展多种经济形式、搞活流通领域，以及大力发展个体、集体经济，鼓励自谋出路等改革措施的推行，此前僵化的社会结构也被逐渐打破，居民的职业分化成为可能，并出现了一些以个人或家庭成员为主体的生产经营者，被称为个体户。在社会结构发生变化的过程中，社会人口结构也随着计划生育政策的实施发生了一些变化：人口自然增长率虽高于全国平均水平，但基本处于持续稳定的下降过程中；家庭规模变小、扩大式家庭逐渐被核心家庭取代、家庭生命周期缩短、家庭亲属网络缩减成为这一时期家庭结构变化的基本特征；农村人口开始向城市转移，各省区扶贫移民政策的实施使区域内的人口迁移较为频繁。

社会生活方面，以家庭承包经营为主要内容的农村改革激发了广大农民的生产积极性，农副产品逐渐丰富。同时，随着产业结构调整和城市中以扩大企业自主权为主要内容的改革的推进，越来越多的日用工业品被生产出来。在此背景下，20 世纪 80 年代初期，很多商品开始敞开供应，各族群众开始告别短缺的日常生活。在婚姻家庭生活方面，公社体制下的家庭经济分配模式逐渐解体，分家的趋势加速，许多小家庭已经开始自主安排生产生活活动。婚姻家庭褪去了政治的色彩，开始回归原有的情爱本位，恋爱婚姻的物质化倾向越来越明显。精神生活方面，随着各种思想禁锢的逐渐破除，人们的精神生活有了新的变化：恢复高考带来了人们对文化知识的尊重，文凭热、读书热、文化热也相伴而生；文艺界在思想解放大潮的冲击下开始活跃起来，对理想与现实的反思逐渐增多。社会心理方面，多样化社会思潮出现，"只争朝夕""把逝去的十年光阴夺回来"，是当时走上正常生活的人们普遍的社会心理，学校的青年学子们求知若渴，各条战线的工作者争分夺秒工作成为当时较为普遍的社会现象。

（二）全面改革时期的社会变革（1982～1991）

1982年，随着中共十二大的召开，改革开放在全国全面展开。西北大地和全国其他地区一样，社会建设成就突出，社会面貌发生巨大变化。

社会结构方面，随着改革的全面深入发生了很大变化。1983年以来，政社分开工作在西北地区全面开展起来。村民自治也有序推开，西北广大农牧区进行了各种形式的民主实践和试点，海选、村民代表会议和村务公开等丰富和拓展了村民自治的内容。随着户籍迁移政策、"农转非"政策的调整和集镇"自理口粮"、暂住证、居民身份证等制度的实行，户籍制度逐渐松动。1985年之后，随着农村户籍和统购统销等制度的改革，西北各民族群众也开始走出固有的生存空间与外部世界交流，内地的大量人员开始进入西北地区做工经商，西北地区的大量农牧民则开始向东部沿海地区流动，出现民工潮，西北各省区之间、各民族之间、各民族与外部世界的双向交流空前频繁，西北社会出现了内源性的变化。

社会生活方面，由于经济的发展，农村居民人均纯收入有了大幅提升，民众生活得到极大改善，温饱问题初步得到解决。由于实施"菜篮子"工程并实行市长负责制，民众的生活消费得到很大提升。消费结构上，城市居民的食品消费出现了从"主食型"向"副食型"转化，农村居民仍以主食为主，但副食比重逐步上升。随着思想解放，婚恋自由深入人心，婚姻自主性提高，各种婚姻爱情观念并存和兼容，男女平等观念逐渐增强。为缓解城市住房紧张状况，各省区开始探索住房制度改革，允许城乡居民自建住房。

社会政策方面，许多改革措施不断推出。计划生育政策得到严格落实的同时进一步向人性化方向调整，"晚婚、晚育、少生、优生、优育"成为主题，对少数民族要求则适当放宽，有效控制了人口的增长，人口素质得到提高，居民的生育观念也发生了变化。随着环境保护被确定为基本国策，西北地区的环境保护工作得到加强。劳动人事制度方面，开始实行各种形式的合同制和责任制，铁饭碗和大锅饭逐渐被打破。干部离退休制度建立，长期存在的领导干部职务终身制退出历史舞台。社会治安综合治理得到加强，刑事案件的发案率大幅度减少，人民群众的安全感大大增强。

此外，各项社会事业蓬勃发展。教育事业方面，实行九年义务教育，实行基础教育由地方负责、分级管理的原则，调整中等教育结构，高等教育实行中央、省（自治区、直辖市）、中心城市三级办学的体制。教育事业发展虽落后于沿海地区，但横向比有了很大发展。扶贫事业方面，除国家继续加大对西北老、少、边、穷地区的政策和资金支持外，一些发达地区和城市对西北地区进行了对口支援。"三西"地区（甘肃定西、河西地区和宁夏西海固地区）农业建设计划是这一时期国家在西北地区开展的一项大型扶贫工程。民族事业方面，民族自治权得到很好落实。

（三）社会主义市场经济转轨时期的社会变革（1992~2002）

以1992年邓小平南方谈话和中共十四大为标志，中国改革开放和社会主义建设进入了新的发展阶段，社会建设的探索也进入了一个新的阶段。这一时期西北地区的经济社会改革也引发了一系列的社会变迁。

社会结构方面，从人口结构、婚姻家庭类型到社会组织，都发生了很大变化。从人口结构看，人口的高出生率得到控制并持续稳步下降。如陕西省的人口自然增长率从1992年的12.28‰下降到2002年的4.12‰，甘肃从12.73‰下降到6.71‰，宁夏从14.75‰下降到11.56‰，青海从14.4‰下降到11.7‰，新疆从14.96‰下降到10.87‰，陕西、甘肃人口自然增长率甚至下降到了10‰以下。[1] 家庭规模继续变小，据2000年第五次人口普查

---

[1] 参见国家统计局编《中国统计年鉴（2003）》，中国统计出版社，2003；国家统计局编《中国统计年鉴（2013）》，中国统计出版社，2013。

数据，西北五省区家庭户人口为 22881145 人，平均每个家庭户的人口为 3.75 人。① 人口的老龄化进程加快，人口结构开始向老年型转变。如 2000 年陕、甘、青、宁、新五省区 65 岁以上人口占总人口的比重分别为 6.15%、5.2%、4.56%、4.47%、4.67%，② 比 1992 年有所增加。新的社会阶层呈现出快速发展态势，许多人开始在不同所有制、不同行业和不同地域之间频繁流动。

社会建设方面，开始构建与社会主义市场经济相适应的社会保障体系，养老保险、医疗卫生保险、失业保险、最低生活保障等制度逐步建立。安全生产管理和社会治安综合治理工作得到不断加强，环境保护事业较快发展。居民收入不断增加，收入来源多元化，居民生活消费支出相应增加，消费结构开始由温饱型向小康型发展。

社会心理方面，伴随着经济的快速发展和社会的迅速变迁，出现了新的动向。1992 年邓小平南方谈话明确回答了长期困扰和束缚人们思想的许多重大认识问题，把改革开放和现代化建设推进到又一个新阶段。在价值观取向上，人们开始从注重理想向强调实际的方向发展，从注重义务向强调利益方向演变，从注重集体向强调个体的方向转化。③ 在社会心态上，从封闭走向开放，从情感化走向理性化，从单一走向多样化。

（四）和谐社会建设时期的社会管理创新（2002～2012）

2002 年以来，中国共产党提出构建社会主义和谐社会的重要任务，将社会建设摆到与政治、经济和文化同等重要的位置。与此同时，随着国家西部大开发战略的实施，西北地区经济社会发展的进程加速，社会建设呈现全面发展的态势。

随着西部大开发战略的实施，西北五省区的社会保障、教育体制改革、医药卫生体制改革、扶贫开发、生态保护等社会建设事业在国家的大力支持

---

① 参见《中国 2000 年人口普查资料》，国家统计局网站，http://www.stats.gov.cn/。
② 参见《中国 2000 年人口普查资料》，国家统计局网站，http://www.stats.gov.cn/。
③ 沈杰：《中国社会心理嬗变：1992～2002》，《中国青年政治学院学报》2003 年第 1 期。

下得到快速发展。社会保障方面，社会保障体系建设走上了城乡统筹、覆盖全社会的快车道，初步建立了以社会保险、社会救助、社会福利为基础，以基本医疗、基本养老、最低生活保障制度为重点，以慈善事业、商业保险为补充的社会保障体系。教育发展方面，免费义务教育、"两免一补"、贫困生资助等一系列惠民强教的政策陆续实施，教育投入大幅增加，办学条件显著改善，教师队伍建设进一步加强，师资水平明显提高，"两基"攻坚实现重大突破。医疗卫生方面，"新医改"快速推进，基本药物制度、基层医疗卫生机构、公立医院等改革不断深化，看病难、看病贵问题得到有效缓解。扶贫开发方面，扶贫重点工作稳步推进，农村贫困人口大幅度减少，贫困发生率大幅度下降。生态保护方面，加强生态环境保护和建设成为实施西部大开发的重要切入点，实施了退耕还林、退牧还草、"三北"防护林体系建设、天然林保护、三江源生态保护与建设一期等重大生态工程，长江上游、黄河上中游、青海湖等重点流域生态环境明显改善，加强了我国西部生态安全屏障。

社会生活方面，各省区坚持民生优先，逐步推进分配领域各项改革，通过支持扩大就业、加大"三农"支持力度、提高劳动工资最低标准、提高退休工资等措施，不断提高居民收入水平。2012 年，陕西、甘肃、青海、宁夏、新疆五省区城镇居民人均可支配收入与 2002 年相比，分别增长了 3.2 倍、2.8 倍、2.8 倍、3.2 倍、2.6 倍；五省区农村居民人均纯收入与 2002 年相比，分别增长了 3.6 倍、2.8 倍、3.2 倍、3.2 倍、3.4 倍。[①] 随着收入水平的提高，居民消费也快速跟进，城乡居民恩格尔系数不断下降，生活质量明显改善。与此同时，随着广播电视村村通工程、中央广播电视无线覆盖工程、西新工程的推进和送书下乡、农村电影放映等文化工程的实施，西北地区的广播综合覆盖率和电视覆盖率大幅提高，基本实现了县有文化馆和图书馆、乡镇有综合文化站的目标，基层文化生活场所明显增多，极大丰

---

① 根据国家统计局所编《中国统计年鉴（2003）》（中国统计出版社2003年版）和《中国统计年鉴（2013）》（中国统计出版社2013年版）计算而来。

富了广大人民群众的精神文化生活。

社会结构方面，从人口年龄结构的演变趋势上看，在人口出生率、总和生育率下降的同时，家庭人口规模不断缩小，人口抚养比总体在减少。据马忠才、郝苏民对西北民族人口的纵向变动与横向差异分析，发现 2000~2010 年的十年间，从人口结构的角度看，西北少数民族人口的老龄化趋势初显，加之少儿人口比重高，导致总抚养比过大。从人口质量看，一些民族的文盲率还比较高，有些民族的农业人口比重偏高，超过 80%。① 这一时期人口流动的大趋势仍是从农村流向城市、从本区域流向东南沿海地区。此外，还有大量的工程移民和生态移民。如青海三江源地区为保护生态环境实施生态移民工程后，2004~2010 年从三江源区搬迁的牧民有 10773 户、55773 人；"陕南地区移民搬迁安置"和"陕北白于山区扶贫移民搬迁"工程，分别涉及搬迁居民 240 万人和 39.2 万人。

社会管理方面，创新社会管理和不断提高构建社会主义和谐社会的能力成为重点。各省区围绕服务民生和社会矛盾化解、社会治安整治、"两新组织"服务管理、互联网管理等工作，积极探索建立新的社会管理体制和运行机制。随着城市住房改革的深化，居民产生了社区意识，在一些新建的城镇小区中，物业管理组织迅速发展起来，"行政—社区"模式成为一种与市场经济相适应的管理模式。此外，随着西部大开发的进一步深入，西北民族地区社会治安形势日益复杂，维稳任务日趋严峻，各种矛盾引发的影响社会稳定的事件多发，西北民族地区的经济社会转型进入了一个新的阶段。

社会心理方面，伴随着社会快速转型，各种新思想、新观念、新风俗、新习惯层出不穷。由于市场化改革和"单位人"向"社会人"的转变，人们的竞争意识越来越浓厚，社会和谐成为普遍追求。在西北广大牧业区，随着市场经济对草原游牧经营的冲击，少数民族群众的财富观念有了极大的转

---

① 马忠才、郝苏民：《西北民族人口的纵向变动与族际差异（2000~2010）——人口变迁与社会治理创新研究》，《青海民族研究》2015 年第 2 期。

变，商品意识逐渐发展起来，财富积累观念逐步增强。随着西北地区与内陆一体化进程加快，不同民族之间的双向交流互动日益频繁，强化了国家与民族认同的社会基础，有助于从长远角度维护国家的统一和社会稳定。

（五）十八大以来的社会治理创新（2012～）

党的十八大以来，中国社会领域的改革创新实现了从"社会管理"到"社会治理"的新飞跃，并突出体现了以公平正义为核心价值的取向。在此背景下，西北各省区积极进行以社会管理、社会治理为重要内容的社会建设方略创新与实践，不断赋予其更加丰富的内涵。

社会治理基础性制度改革创新方面，为了促进社会公平正义，更好满足人民需求，在国家一系列重大决策部署和制度安排的推动下，各省区在教育、卫生、人口、社会保障、生态环保等领域的基础性制度改革方面取得很大突破，使更多的人从改革发展成果中受益。在教育领域，大力促进教育公平制度建设，推动义务教育均衡发展，逐步推进中等职业教育免除学杂费，健全家庭经济困难学生资助体系，逐步缩小区域、城乡、校际差距。在医疗卫生领域，突出建立以提高人民健康水平为核心的现代医疗卫生体系，积极完善大病保险和医疗救助制度，基本实现医疗保障制度全民覆盖。深化医药卫生体制改革，实行医疗、医保、医药联动，推进医药分开，实行分级治疗。全面推进公立医院改革，优化医疗卫生机构布局，有效破除公立医院以药养医机制。如宁夏自2014年5月起试行"先看病后付费"的诊疗服务模式，利用基本医疗保险基金购买商业保险的方式，建立城乡居民大病保险制度。在人口发展方面，完善计划生育制度，按照国家部署全面实施"二孩"政策。积极开展应对人口老龄化行动，加快构建以生育政策、就业制度、养老服务、社保体系等为支撑的人口老龄化应对体系，不断健全养老服务体系和老年服务产业发展。在社会保障方面，各省区的机关事业单位开始建立起与企业相同的基本养老保险制度，"养老金双轨制"开始破冰并进入并轨阶段。生态环保领域，各省区更加重视环境保护与治理，着力推进解决影响人民群众身心健康和社会稳定的环境问题，建设美丽城市、美丽乡村，改善生活环境质量，消除社会风险隐患。此外，通过中央环保督察，有效提升了各省区党委政府的环保责任，推动解决了一大批环境问题，推动各省区建立了环保长效机制。

社会结构方面，随着新一轮户籍制度改革正式启动，各省区建立了城乡统一的户口登记制度，取消了农业户口与非农业户口的区分并统一登记为居民户口，户口开始由"生计身份"的象征逐渐转变为"居住地域"的标识。全面放宽落户门槛，全面实行居住证制度，稳步推进城镇基本公共服务，城镇常住人口实现市民化。农村社会的职业结构与经济收入结构不再以村庄范围为限，大量农村劳动力常年外流，留下来的是老人、孙子辈和暂时找不到谋生途径的人，农村日趋空心化与陌生化。各类社会组织在政策的支持下逐步发展壮大，社会建设力量不断增强。截至2016年底，西北五省区各类社会组织总数达到62481个，相比2012年的42527个增加了46.9%，占全国总数的8.9%。① 社会组织中党的领导切实加强，行业协会商会与行政机关彻底脱钩，各类社会组织在增加公共服务供给、参与政府决策、缓解就业和促进社会和谐等方面的作用开始凸显。此外，志愿服务的理念和行动传播大大加速，志愿者队伍逐步成长为社会治理中的重要力量，在扶贫开发、灾害救援、无偿支教等方面不断发挥更加重要的作用，并且向着专业化和品牌化趋势发展。

社会生活方面，城乡居民收入保持了高速稳定增长态势，尤其是农村居民收入增速更加突出，不仅高于城镇居民收入增速，也高于全国平均水平。如2016年，陕西、甘肃、青海、宁夏、新疆五省区城镇居民人均可支配收入与2012年相比，分别增长了37%、50%、52%、37%、59%；五省区农村居民人均纯收入与2012年相比，分别增长了63%、65%、62%、59%、59%。② 在收入高速稳定增长的同时，由于各省区在居民用水、用电、用气条件和危旧房屋改造等民生项目上不断加大投入力度，城乡居民的生活条件

① 参见国家统计局编《中国统计年鉴（2017）》，中国统计出版社，2017。
② 根据国家统计局所编《中国统计年鉴（2013）》（中国统计出版社2013年版）、《中国统计年鉴（2017）》（中国统计出版社2017年版）计算而来。

明显改善，城乡居民消费支出增速均高于收入增速，城乡居民消费能力进一步增强。随着大量现代信息技术的运用，各省区的社会信息化水平不断提高，大量政务网站、微博、微信的建立，增强了政府部门之间的资源共享和协调互动能力，增进了政府与公众之间的沟通互动，人们足不出户就可以在网上进行便捷的政策查询、证件办理、转账缴费等。此外，随着统一社会信用代码制度和守信联合激励及失信联合惩戒机制的初步构建，社会信用越来越成为一种重要的社会关系，并潜移默化地影响着西北各族人民的社会生活。

此外，西北各省区作为多民族、多宗教、多元文化并存的地区，社会稳定和谐是发展的基础。党的十八大以来，各省区围绕平安社会建设，积极推进公共安全体系建设，在食品药品安全、安全生产、防灾减灾、社会治安防控和网络安全等方面推出了一系列改革举措，更加注重运用法律规范、道德教化、心理疏导等方式手段，有效编织全方位、立体化的公共安全网。进一步落实社会治安综合治理责任，在强化维稳力量、严厉打击暴力恐怖活动、遏制宗教极端思想渗透等方面做了大量卓有成效的工作，社会大局保持稳定，人民安全感日益提高。全力推进民族团结进步创建，加大对人口较少民族的支持力度，促进各民族共同发展，在共建共享中凝聚了推动发展的强大合力，巩固和发展了民族团结、宗教和顺的良好局面。

二　西北地区社会发展面临的困难与问题

改革开放40年来，西北地区的社会发展面貌虽然发生了翻天覆地的巨大变化，成就喜人，但在当前及今后的发展中也面临许多现实困难与问题。

（一）区域差距持续扩大，不利于社会稳定

改革开放以来，国家实行的由点到面、由沿海到内陆的梯度式发展战略，使得东、中、西部地区在现代化和对外开放程度上起点不一，区域经济社会发展不平衡，总体呈现"东强西弱、海强边弱"的局面。进入21世纪以来，国家虽实施了西部大开发、对口支援西部地区等措施，推动西北地区

从"神经末梢"向"前沿阵地"转变，促进了经济社会的快速发展，但东部沿海地区凭借区位、人才、资本、技术等优势，在经济社会发展上仍然遥遥领先于西北地区，东西部省区在社会建设方面的差距依然较大。此外，西北地区各省区的资源禀赋、民族成分、发展情况迥异，其经济社会发展也呈现出不同的态势。这些经济社会发展过程中产生的区域差距，极易导致民众的心理失衡，使社会弱势、边缘群体容易产生被剥夺感，增加了社会不稳定变量，在一定程度上对西北地区的社会稳定与发展提出了严峻挑战。

（二）人口老龄化显现，后续发展面临巨大压力

近年来，西北地区因人口生育率降低和人均寿命延长导致的总人口中因年轻人口数量减少、年长人口数量增加而导致的老年人口比例相应增长的态势十分明显，将对社会保险、劳动力资源和家庭养老负担等产生很大影响，制约人口质量的持续提升，导致人民生活水平上升缓慢甚至出现下降，增加区域经济发展压力。从人口性别比来看，西北各省区人口呈现男多女少的状况，将在未来一段时期内导致大批男性找不到配偶，造成"婚姻挤压"，对婚姻市场产生消极影响，十分不利于社会和谐发展。从人口质量来看，各省区人口的质量还不够理想，特别是一些少数民族人口的整体学历偏低，文盲率偏高，亟待改善和提高。

（三）公共服务建设滞后，均等化目标短期内难以实现

近年来，西北各省区在教育、医疗卫生、社会保障、食品药品安全等民生领域的投入不断加大，基本公共服务建设取得了一定成效。但由于历史条件和现实基础等多方面原因，西北地区的公共服务建设仍然存在投入严重不足、发展不平衡、覆盖范围不广等问题，难以满足广大居民的生活需求。由于城乡二元体制下存在公共服务的选择性投入，城乡、行业、区域及人群间的基本公共服务内容、水平仍不够平衡，城乡间、不同群体（机关事业单位与企业等）间的社会保障待遇差距依然较大，随着全社会民主意识、公平意识和法治意识的不断提高，一些民众的不平衡心理也越来越强烈，进而

影响社会和谐与稳定。此外，外来流动人口管理中存在公共服务难享受、社会保障水平低等问题，外来流动人口难以融入当地社会，迫切需要创新管理理念和方式。

（四）社会治理方式单一，基层社会治理活力不足

目前，西北地区的社会治理方式仍带有较为明显的计划经济体制的痕迹和色彩，主要表现在：在参与主体上，各级政府包揽了过多的社会治理工作，社会组织等社会力量参与较少；在管理方式上，强调自上而下的单向管制，较多采用行政性手段和强制性手段解决社会矛盾和问题，重管制控制，轻法治规范、道德管理和协商服务，刚性较强、柔性不足；在管理环节上，往往重事后处理，轻源头预防与治理，常处于被动应付的局面。此外，基层社会治理体系不健全，社区居委会行政化、机关化现象严重，社区的自治职能得不到有效发挥。而基层社会组织数量少、规模小、质量低，难以在基层社会治理中发挥积极作用，基层社会治理力量和活力不足的问题比较突出。

（五）社会稳定压力加大，维稳形势不容乐观

西北地区自古以来就是多民族、多宗教、多元文化并存融汇发展之地，在多民族文化交流交融的过程中，形成了丰富多样、独具特色的地域民族文化。而国内外分裂势力往往通过夸大该地区现实民族差异、文化差异，借机制造文化对立，以此达到制造民族隔阂、破坏国家统一的目的，加之部分地区宗教极端思想渗透蔓延，暴恐活动高发频发，严重影响了民族关系和社会稳定。而西北民族地区周边新的政治博弈格局，极易加剧传统因素对西北地区社会稳定的冲击，形成新的社会不稳定变量，阻碍地区经济社会发展。[①] 同时，在西北边疆以及少数民族群众居住相对集中的地区，基础设施建设滞后，贫困人口比重高，整体文化素质偏低，宗教意识及氛围比较浓厚，而

---

① 张军：《"一带一路"：治理西北民族地区社会稳定的机遇、挑战及应对》，《西北民族大学学报》2016 年第 5 期。

"极端主义往往能够在贫困人口中找到市场，贫困人口较之富裕人口往往更易被极端主义所动员，并且容易走向暴力"①，从而引发社会的动荡和不稳定。加之西北地区社会转型在国家整体转型过程中处于边缘地带，自身消解社会冲突与矛盾的能力往往受限，容易造成矛盾累积与叠加，影响社会经济持续稳定健康发展。

三 推进西北地区社会发展的思考与建议

（一）积极加强社会治理制度建设

十九大报告提出，加强社会治理制度建设，完善党委领导、政府负责、社会协同、公众参与、法治保障的社会治理体制，提高社会治理社会化、法治化、智能化、专业化水平②。就西北地区的社会治理建设而言：一是要进一步优化社会治理主体的格局，从单纯重视党委政府作用向党委政府与社会多元主体共建共治共享转变，既要有效发挥各级党委政府的主导作用，又要积极鼓励支持社会组织、企事业、基层单位和公民个人等积极参与社会治理，形成社会治理的整体合力；二是要进一步加快政府职能转变，建设"有限政府""服务政府""创新政府"和"效能政府"，推动政府职能向创造良好发展环境、提供优质公共服务、维护社会公平正义的转变，建设人民满意政府。

（二）全面完善基本公共服务体系

当前，全面完善西北地区基本公共服务体系，亟须解决基本公共服务供给不足和发展不平衡的问题。一是要持续加大各级财政对基本公共服务的投入力度，特别是要进一步强化省级财政有效调节省内基本公共服务财力差距

---

① 郑永年：《中国的海洋地缘政治与陆地地缘政治》，《外交评论》2014 年第 1 期。
② 习近平：《决胜全面建成小康社会夺取新时代中国特色社会主义伟大胜利——在中国共产党第十九次全国代表大会上的报告》，人民出版社，2017 年 10 月，第 49 页。

的功能和县级财政提供基本公共服务保障的能力，切实增强各级财政对基本公共服务的保障能力。二是要进一步推进基本公共服务提供主体和方式的多元化、社会化。在坚持政府负责的基础上，充分发挥市场配置社会治理资源的作用，逐步改进和优化政府提供公共服务的方式，加快建立"政府主导、社会参与、公办民办并举"的基本公共服务供给模式。三是要加快构建城乡一体化的基本公共服务制度。目前，最为紧迫的是要进一步加大对农村基本公共服务能力建设的支持力度，推动公共资源更多地向农村、贫困地区和社会弱势群体倾斜，从而真正实现城乡基本公共服务的均衡发展。

（三）有效发挥社会组织积极作用

加快西北地区社会治理创新，打造共建共治共享的社会治理格局，必须有效发挥各类社会组织的积极作用，加快形成政社分开、权责明确、依法自治的现代社会组织体制。具体而言：一是要以壮士断腕的勇气和魄力，全面推进各类社会组织的"去行政化""去垄断化"改革，使行业协会、商会等各类社会组织与行政机关真正脱钩，进一步明确定位、依法自治，在社会治理中发挥重要作用。二是加快改革社会组织管理制度，进一步完善扶持社会组织发展政策措施，依法做好社会组织登记审查，严格社会组织管理和监督，加强社会组织自身建设，促进社会组织健康有序发展。二是要积极健全基层群众自治机制，丰富自治内容和形式，有序扩大群众参与基层社会治理的范围和途径，通过民事民议、民事民办、民事民管，实现政府治理与基层群众自治的有效衔接和良性互动，进一步增强基层社会治理的共建共治共享水平。

（四）大力加强社区治理体系建设

习近平总书记强调指出，社会治理的重心必须落到城乡社区，社区服务和管理能力强了，社会治理的基础就实了。[①] 西北各省区应积极健全和完善

---

① 《习近平在参加上海代表团审议时强调推进中国上海自由贸易试验区建设，加强和创新特大城市社会治理》，新华社，2014 年 3 月 5 日。

城乡社区治理体系，在充分发挥基层党组织领导核心作用和基层政府主导作用的同时，更加注重发挥各类基层群众性自治组织的积极作用，使城乡社区治理能力显著提升，城乡社区公共服务、公共管理、公共安全得到有效保障，社会治理的基层基础更加牢固。此外，应以网格化管理、社会化服务为方向，把人力、财力、物力更多投到基层，健全基层综合服务管理平台，健全新型社区管理和服务体制，推动社会治理重心向基层下移，推进我国基层治理体系和治理能力的现代化。

（五）充分重视社会心理服务体系建设

加强社会心理服务体系建设，有利于培育自尊自信、理性平和、积极向上的社会心态，进而促进社会心态稳定和人际和谐。当前，西北各省区加强社会心理服务体系建设，一是要加快构建以社区、村居为载体的心理咨询服务体系，从化解家庭矛盾、邻里纠纷入手，进一步化解基层社会风险。二是逐步建立心理随访制度，为社会成员建立心理档案，增强心理关爱的针对性和有效性，健全对社会弱势群体和留守老人、留守儿童、空巢老人、空巢青年、空巢儿童的心理关爱，以亲情、乡情、人情搭建心理关爱架构，防止个体心理问题引发社会问题。三是建构符合西北民族地区地域和人文特点的社会预警机制，建立和疏通群众的情绪宣泄渠道，最终实现西北地区社会稳定和谐健康发展。

（六）积极借助大数据提升社会治理能力

当前，大数据正快速渗透到社会生活的诸多领域，社会服务向"线上"转移已是大势所趋。积极借助大数据技术有效提升西北各省区的社会治理能力，已是十分迫切的创新机遇和时代要求。要充分发挥大数据、云分析计算、物联网等新兴前沿技术的作用，进一步优化和升级现有的电子政务运行模式，不断建立和完善公众参与社会治理的线上平台和渠道，加强网上舆情引导和社会互动，进一步提升政府治理能力建设，为打造共建共治共享社会治理体系贡献力量。

参考文献

赵宗福、孙发平、苏海红、鲁顺元主编《中国西北发展报告（2015）》，社会科学文献出版社，2014。

任宗哲、白宽犁、王健康主编《中国西北发展报告（2017）》，社会科学文献出版社，2017。

李文：《中华人民共和国社会史（1949～2012）》，当代中国出版社，2016。

魏礼群：《积极推进社会治理体制创新》，《行政管理改革》2014年第8期。

向春玲：《加强和创新社会治理的新思路与新举措》，《治理现代化研究》2018年第3期。

王国华、骆毅：《论"互联网＋"下的社会治理转型》，《人民论坛·学术前沿》2015年第10期。

范如国：《加强新时代城乡社区治理体系建设》，《国家治理》2018第35期。

B.4
改革开放40年来
中国西北地区文化发展报告

刘芦梅　周　丽＊

摘　要：　本文立足于西北地区文化发展整体状况，从西北地区文化发展的基本特点着手，概括西北地区文化发展的特性：西北地区历来是多种文化并存的区域，丰富了中华文化的内涵；改革开放四十年来，在这片土地上各民族文化交流交融，形成了你中有我，我中有你的文化态势。对改革开放40年来西北地区文化发展主要成就进行宏观梳理。本文认为，改革开放40年来，西北地区培育和践行社会主义核心价值观深入推进、公共文化服务体系不断完善、文化遗产保护成果丰厚、文学艺术繁荣发展、对外人文交流日趋活跃。总结了西北地区文化发展中存在的问题，如"五个认同"中特别是对中华文化的认同有待提高、哲学社会科学重大理论、现实问题研究碎片化；文化领域人才流失严重、公共文化服务体系建设仍有短板、非物质文化遗产保护传承压力较大、文化产业发展整体水平低、对外文化交流欠缺。提出必须加强党的意识形态工作的领导、探索更为有效的措施提高"五个认同"教育的实效性、加强西北地区文化人才的培养和引进、提高文化产业发展质量、加强西北地区文化对外交流等。

＊　刘芦梅，硕士，新疆社会科学院科研处处长、副研究员，研究方向：党建、民族地区基层组织建设；周丽，硕士研究生，新疆社会科学院哲学研究所副研究员，研究方向：社会主义文化建设。

关键词： 改革开放40年 西北地区 文化发展

党的十九大报告指出，没有高度的文化自信，没有文化的繁荣兴盛，就没有中华民族伟大复兴。改革开放40年来，在中国共产党坚强领导下，西北地区坚持解放思想，实事求是，培育和弘扬社会主义核心价值观，提高公共文化服务水平，繁荣文艺创作，发展文化产业，活跃对外文化交流，显著提升了文化软实力。新时代，西北地区需要直面一系列困难和问题，努力推动中国特色社会主义文化繁荣兴盛，为决胜全面建成小康社会、实现中华民族伟大复兴凝聚起强大精神力量。

一 西北地区文化发展的基本特点

本报告所指的西北地区是指陕西、甘肃、宁夏、青海、新疆五个区域，习惯称为西北五省区。西北地区是我国集民族地区、边疆地区、生态脆弱地区、基础设施建设相对落后、深度贫困地区于一体，自然条件恶劣，贫困程度深，脱贫难度大的地区。因此，由于历史的、地理的因素，西北地区文化与其他地区文化有着诸多共性——是中华文化的重要组成部分；同时存在着较大的区别，凸显出其特有的地域性、多元性和原生态性。

（一）西北地区历来是多种文化并存区域，丰富了中华文化内涵

自古以来，中华文化因环境多样性而呈现丰富多元状态。各民族文化在中华大地上交流交融，形成气象恢宏的中华文化。各民族文化都是中华民族共有精神财富，为中华文化的发展与进步做出了贡献。西北地区历史演进的特点，造就了西北地区各民族在分布上交错杂居，经济上相互依存，文化上兼收并蓄的基本特征。可以说，我国西北地区由于历史的、地理的原因，是一个多民族迁徙融合发展的区域，农耕文化和游牧文化、中原文化和边疆文

化、民族文化和宗教文化等在这里交流交融，在长期的历史变迁中孕育了灿烂的西北文化，丰富了中华文化内涵。①

（二）各民族文化交流交融，形成你中有我、我中有你的文化多样性态势

中华文化是凝聚各民族的精神纽带。在长期的生产生活中，各民族文化交流交融贯穿着中华文化形成与发展的全过程。西北地区世代居住着汉、藏、回、维吾尔、蒙古等民族，有着丰富的民族文化。从唐都长安（今陕西西安），途经甘肃、青海，至西藏拉萨的唐蕃古道全长3000余公里，是唐代以来中原通往青海、西藏乃至尼泊尔、印度等国的必经之路。西汉中叶，中原汉文化对青海羌族文化产生了巨大影响，到东汉末年，羌族文化基本上与中原文化融合。元、明以来，回族人口逐渐在宁夏南部固原地区聚居。今天，其生活中仍包含着中原文化元素。新疆地区受中原文化影响，蚕桑技术与丝绸制造取得了相当大的成就。最初形成于漠北时期的回鹘文化，深受我国北方游牧文化、中原文化以及佛教、摩尼教等影响。西北地区各民族在语言、饮食、建筑、服饰、音乐、舞蹈、绘画等社会生活和文化艺术各方面相互影响，吸收融合，"你中有我，我中有你"始终是各民族文化的共同特点。

（三）社会主要矛盾的转变为西北文化发展提供了大发展的宝贵机遇

1978年是不平凡的一年。1978年5月，特约评论员文章《实践是检验真理的唯一标准》在《光明日报》发表，引发了关于真理标准问题的大讨论，从理论上否定了"两个凡是"。载入史册的党的十一届三中全会成为新中国历史上最重要的里程碑之一。改革开放40年来，中国共产党坚持以经济建设为中心，大力发展社会生产力，基本解决了人民日益增长的物质文化

---

① 《新疆的文化保护与发展》白皮书，2018年11月15日国务院新闻办发布。

需要同落后的社会生产力之间的矛盾。新时代，中国社会主要矛盾已经转化，表现为人民日益增长的美好生活需要和不平衡不充分的发展之间的矛盾。生活水平的提高，各族人民对美好生活的向往，必然带来各族人民精神文化需求的进一步提高，进而对西北地区文化建设提出更高要求。因此，改革开放 40 年同时也是西北地区文化大发展时期，是精神面貌前所未有的充实、科学素养节节攀升的时期。

二 改革开放40年来西北地区文化发展的主要成就

改革开放以来，西北五省区努力建设中国特色社会主义文化，取得了一系列成就。

（一）社会主义核心价值观获得积极培育和践行

富强、民主、文明、和谐、自由、平等、公正、法治、爱国、敬业、诚信、友善是社会主义核心价值观的基本内容。西北地区积极探索培育和践行社会主义核心价值观的有效路径。陕西省广泛开展"厚德陕西"道德建设。通过实施"立德""尚德""尊德""载德""润德""弘德"六大工程，大力培育良好的社会道德风尚，着力营造和谐优美的发展环境。甘肃省通过实施"诚信甘肃"建设行动、"陇原雷锋"城乡志愿服务行动、群众性精神文明创建行动、"书香陇原"全民读书行动、"凝心聚力谋发展、团结奋进促跨越"社会宣传行动、"阳光甘肃"全民健心行动等，广泛开展涵养社会主义核心价值观的实践活动。青海省把培育和践行社会主义核心价值观纳入经常性宣传教育中。强化理论、舆论和网络引导，用社会主义核心价值观引领社会思潮、凝聚社会共识；发挥新闻媒体传播社会主义核心价值观的主渠道作用；不断增强网上传播社会主义核心价值观的影响力。宁夏全区先后组织开展"讲文明、树新风""珍爱生命·文明出行"等活动，引导群众树立文明意识，让社会主义核心价值观真正内化为人们的价值观念，外化为人们的日常行为。新疆维吾尔自治区起草《社会主义核心价值观融入法律实施意见》，制定培育和践行社会主义核心价值观系列指导性意见，并取得骄人成绩：新疆乌鲁木齐、昌吉等5个城市荣获全国文明城市称号，在西北五省区处于领先地位；"时代楷模""最美人物"层出不穷；"民族团结一家亲"活动让万户千家心连心。

（二）公共文化服务体系不断完善

在国家有力支持下，西北地区已基本建成省（自治区）、地（州、市）、县（市、区）、乡镇（街道）、村（社区）五级公共文化服务体系。

现阶段，陕西实现公共文化设施有效覆盖。甘肃以落实《公共文化服务保障法》为核心，加强领导，统筹保障，协调推进现代公共文化服务体系建设。青海通过实施公共文化服务体系示范区创建、公共文化设施免费开放、数字图书馆推广等一系列文化惠民工程，使文化的触角延伸到每一个自然村。宁夏实现文化信息资源共享和公共电子阅览覆盖城乡，农家书屋覆盖所有行政村。新疆文化馆、图书馆、博物馆、乡镇（街道）文化站等公共文化设施免费向社会开放，基本实现户户通广播电视，农村电影放映实现行政村全覆盖。

（三）文化遗产保护和传承富有实效

改革开放以来，在国家大力支持下，西北地区文化遗产保护传承成就令人瞩目。

现阶段，陕西完成全国第三次不可移动文物普查和第一次全国国有可移动文物普查工作，全面摸清家底；非物质文化遗产名录体系逐步完善，呈现为国家、省、市、县（区、市）四级梯次结构，一大批具有突出的历史、文学、艺术和科学价值的非物质文化遗产项目得到有效保护。甘肃"历史再现"工程博物馆总数达490个，市州、县区国有博物馆实现全覆盖；每年都有新的非遗项目进入国家或省级代表性名录，一批又一批非遗传承人从民间逐渐走上前台。中央和新疆地方政府投入资金对高昌故城、北庭故城遗址、喀什艾提尕尔清真寺等文物古迹进行修缮保护，抢救性保护修复3000

余件珍贵文物；新疆维吾尔木卡姆艺术、柯尔克孜史诗《玛纳斯》、维吾尔族麦西热甫分别列入联合国教科文组织"人类非物质文化遗产代表作名录"和"急需保护的非物质文化遗产名录"；努力推动非遗项目进入市场，实现文化资源优势转化为产业优势。

（四）文学艺术繁荣发展

改革开放以来，西北地区文艺工作者坚持以人民为中心的创作导向，一个个文学艺术佳作生动体现了中华文化魅力。

陕西省的话剧《麻醉师》、歌剧《大汉苏武》、电影《百鸟朝凤》、动画电影《冲锋号》、电视剧《聂荣臻》、歌曲《丝路放歌》、报告文学《百年钟声——香港深思录》等作品荣获"五个一工程"奖。优秀影视剧目《大秦帝国之崛起》《历史永远铭记》《那年花开月正圆》《白鹿原》荣获飞天奖。原创交响乐《大秦岭》登上国家大剧院舞台。图书《带灯》荣获《当代》长篇小说年度奖最佳长篇小说；《先前的风气》《整理石头》荣获鲁迅文学奖；《装台》《中国动力》等作品先后入选年度中国好书。

舞剧《丝路花雨》《大梦敦煌》已成为甘肃文化名片。《河西走廊》《黄土大塬》《凉州会盟》《敦煌伎乐天》等展示甘肃丰厚历史文化的纪录片频频登陆央视，迈出了纪录片大省建设铿锵有力的步伐。《娜夜诗选》、叶舟的短篇小说《我的帐篷里有平安》获鲁迅文学奖；弋舟中篇小说《所有路的尽头》获郁达夫小说奖；胡杨、刘政的散文集《大地上的敦煌》《泥阳笔记》获冰心散文奖。陇剧《官鹅情歌》《苦乐村官》、秦剧《百合花开》、电影《甘南情歌》等获"五个一工程"奖。青海省创演歌舞《风从青海来》、京剧《七个月零四天》、民族话剧《草原之子》、交响乐《青海花儿红》、杂技《高原精灵》、少儿京剧《藏羚羊》等一批艺术精品。《守望三江源》《马背上的经幡》《玉树生死书》等134种图书荣获中华优秀出版物图书提名奖、"五个一工程"奖等。《藏羚羊》《美丽的青海湖》等10种音像电子出版物获中国电视金鹰奖、中国西部（国际）电影艺术节最佳摄影奖等奖项①。

宁夏回族自治区创作的纪录片《神秘的西夏》《贺兰山》在央视热播，《神秘的西夏》被评为 2015 年中国电视纪录片十优作品。在全区优秀文艺作品中，有 2 部剧目摘得"文华大奖"和"文华剧目奖"。

在新疆，各族文艺工作者创作的小说《天山深处的"大兵"》、油画作品《来自高原的祈福——5·19 国家记忆》、摄影作品《风雪人生》、话剧《大巴扎》、音乐剧《冰山上的来客》、音乐杂技剧《你好，阿凡提》、电影《大河》《鲜花》《真爱》《生死罗布泊》《塔克拉玛干的鼓声》等作品获得鲁迅文学奖、中国电影华表奖等国家级奖项。②

（五）文化产业发展势头强劲

中国文化产业发端的标志，是 1979 年广州东方宾馆开设的国内第一家音乐茶座。2002 年，党的十六大报告厘清文化事业和文化产业的关系。进入新时代，中国文化产业稳步向国民经济支柱性产业迈进。在这一历史进程中，西北地区文化产业蓬勃发展，市场竞争力不断增强。

陕西出台一系列创新举措和前所未有的优惠政策，全省文化产业增加值持续保持较高增速，成为国民经济新的增长点。文化企业竞争力明显增强，西安曲江文化产业投资（集团）有限公司连续 6 年荣膺"全国文化企业 30 强"。重点项目和园区建设亮点突出。特色文化品牌不断彰显，贾平凹、高建群、莫伸、冯积岐等"文学陕军"社会影响力进一步提升；兵马俑、法门寺、华清池、袁家村、白鹿原以及歌舞剧《延安保育院》《延安颂》《长恨歌》等文化旅游品牌影响力不断攀升。

"一带一路"倡议实施、华夏文明传承创新区建设为甘肃发展文化产业带来千载难逢的机遇。敦煌研究院、省博物馆文创公司、读者生活馆获得国家专项资金支持。敦煌莫高窟智慧旅游、省图书馆公共文化数字支撑平台、

---

① 青海省文化和新闻出版厅、青海省版权局：《青海省"十三五"文化发展规划》，2016 年 12 月 16 日，http://www.qhwh.gov.cn/system/2016/12/16/010244672.shtml。

② 《新疆的文化保护与发展》白皮书，2018 年 11 月 15 日国务院新闻办发布。

省博物馆"互联网＋中华文明"建设初见成效。兰州创意文化产业园获得首批十大国家级文化产业示范园区创建资格，入园企业达到153家，年产值实现9.7亿元，上缴利税5000多万元，示范园区产业助推器和孵化器的作用明显增强。

目前，青海已经形成以工艺美术行业为龙头，文化旅游、新闻出版、演艺娱乐共同推进的文化产业发展格局。藏文化艺术、藏毯、金银首饰、昆仑玉雕成为全省工艺美术四大支柱。各类特色园区和基地成为引领全省特色文化产业发展的重要支撑。文化与旅游融合态势凸显，全省86个3A级以上景区中，有34个景区引进"非遗"项目及民间艺人的产品展示和销售。初步形成特色文化品牌群，"藏羊"藏毯、"布哈拉"民族服饰、"热贡"唐卡等成为青海文化产业发展的知名品牌。

目前，新疆有文化企业1万余家，已形成门类较为齐全的文化产业发展体系。截至2017年，有国家级文化产业示范基地6家，自治区级文化产业示范基地109家，获得国家认定的动漫企业11家，建成各类文化产业园区20家。一心悦读文化科技有限公司、新疆兆日集团有限公司、乌鲁木齐霖森早晨品牌设计有限公司等骨干文化企业出品的大型人文地理纪录片《新疆味道》、大型室内实景民族歌舞秀《千回西域》、天润乳业品牌形象设计等文化精品，塑造了"沙漠连着绿洲，河流穿越山脉，血脉连着梦想，生生不息"的美好新疆形象，赢得国内外高度赞誉。

（六）对外人文交流日趋活跃

改革开放以来，在国家支持下，西北五省区着力加强对外人文交流，向世界展现了真实、立体、魅力四射的中国西北。

依托文化部海外"欢乐春节"品牌，陕西省组织"国风·秦韵"传统文化系列展演活动，赴数十个国家和地区开展形式多样的文化交流活动，彰显中华文化魅力。在沙特承办"中国文化周"活动、承办文化部"青年汉学家研修班"、在新加坡举办"陕西文化周暨西安鼓乐专场音乐会"、在哈萨克斯坦陕西村成立"陕西文化之家"艺术中心。首次将国家级非遗——

秦腔推向丹麦国际歌剧节舞台。甘肃省先后赴德国等举办"欢乐春节"展演活动；在俄罗斯举办"甘肃文化周"系列活动；参加阿斯塔纳世博会和"2017 中哈旅游年"文艺演出等。青海省组织文化企业分赴韩国、法国、越南、马耳他、瑞典、德国、意大利等丝绸之路沿线国家开展文化交流活动，集中展示民族民间文化产品。宁夏回族自治区通过举办演出、展览、讲座、培训等形式，吸引海外学者、艺术家、青年学生来宁采风创作，并与俄罗斯、斯里兰卡等中国驻外文化中心建立合作关系。"文化中国·神奇宁夏""欢乐春节·神奇宁夏""中国风·欢乐颂"宁夏风情等一系列文化活动赴美国、欧盟等国家展演获得好评。

中国新疆国际民族舞蹈节、中国——亚欧博览会"中外文化展示周"等成为具有一定国际影响力的文化交流品牌。新疆在科技、教育、医疗、体育等领域全面提升与丝绸之路经济带沿线国家的人文交流。同时，新疆的广播电视节目落地周边国家、电影佳作在中亚国家颇受欢迎。

三 西北地区文化发展进程中存在的问题和困难

新时代，西北地区在发展中国特色社会主义文化进程中，仍存在一系列困难和问题。

（一）"五个认同"特别是对中华文化的认同有待提高

西北地区"五个认同"教育普遍缺乏综合统筹和顶层设计。部分群众对"五个认同"知晓率较高，但对"五个认同"具体内容不甚了解。"五个认同"教育相关产品没有跟上；教育方式方法单一，不接地气，缺乏吸引力。

一段时间以来，部分干部对中国发展史与本地区历史发展、民族文化、宗教演变等的学习理解不深。西北某些省（区）对中华文化的学习宣传呈现零散、碎片化状态，没有形成学习教育宣传践行体系。这使得各民族文化是中华文化重要组成部分的理念在西北地区未能深入人心。

（二）哲学社会科学重大理论、现实问题研究碎片化，西北地区单打独斗

西北地区社情有很大的相似性和关联性，除省（区）级社会科学院外，每个省（区）内五路大军单打独斗，没有形成智库间联合攻关，造成研究资源、国家财政资金等在一定程度上的浪费，严重影响对西北地区哲学社会科学重大理论、现实问题研究的质量，难以做出可供中央借鉴的高质量的决策咨询报告。

（三）文化领域人才流失严重

近年来，北上广深等发达地区以优越的住房、高薪、落户等条件吸引全球优秀人才。西北地区长期发展滞后，加之生态环境脆弱、社会稳定等因素的影响，引进高端文化人才、留住人才异常困难，而人才流失严重，致使文化领域出现人才断层。

（四）公共文化服务体系建设仍有"短板"

西北地区人口构成多样性和牧民、农民、城市居民的多样性，使公共文化服务难以满足不同群体的需求。经济社会发展相对滞后决定了在这一区域，政府成为公共文化供给者、管理者、监督者，群众参与主动性不高。一些地方政府文化供给与群众文化需求间相互脱节，出现文化投入不对口，投入与产出社会效益不协调。部分农村互联网宽带还没有普及，"互联网＋"的授课教学还没有推进，互联网在乡村振兴中的作用无法体现。

（五）非物质文化遗产保护传承压力较大，文化产业发展整体水平较低

西北地区非物质文化遗产濒危项目较多，抢救保护任务繁重，但存在缺人才、缺经费、缺交通工具等困难。非物质文化遗产传承人老龄化和接班人缺失等问题，导致西北五省区民俗文化发展滞缓，甚至难以维持下去。西北

地区文化产业增加值占 GDP 比重仍低于全国同时期平均水平。西北地区数字文化服务业、创意设计、文化会展等基本处于自发发展阶段，新型文化业态发展较为缓慢。动漫企业、文学影视作品等原创能力较弱、发展规模较小、影响力较弱。缺少具有凝聚力、较强影响力的龙头文化企业。文化创意人才匮乏。

（六）对内、对外文化交流不够，西北地区对外形象不够明晰

随着改革开放的不断深入，西北地区经济社会发生了翻天覆地的变化，特别是新"丝绸之路经济带"倡议提出后，西北地区五省（区）是其沿线重要节点。以陕西西安作为起点，以新疆作为向西开放的桥头堡，有甘肃、青海、宁夏沿线节点，西北地区迎来大好发展机遇期。但西北地区一些区域过多强调与其他区域的差异，对西北之外的其他省区和境外宣传力度不够，缺少载体，加之西北地区对外来文化的吸引力差。一是，致使改革开放40年来国内部分人对西北地区的印象仍是几十年前的落后状况。这说明我们的对外文化宣传力度是不够的，或者说至少存在短板，一国之内居然如此大的误解！甚至一些人对西北人产生误解和歧视。二是，西北地区因为地理位置和历史的原因，又多涉及民族、宗教事务，是境外敌对势力觊觎的主要区域。西北地区对外交流不够，掌握外宣话语权力度不大，主动外宣或反击的效果还需进一步提升，一些工作上的失误或错误很容易被境外敌对势力炒作，或别有用心的杜撰，造成国际社会对西北地区部分决策的非议。

四 推动西北地区社会主义文化繁荣兴盛的对策建议

以习近平新时代中国特色社会主义文化思想为指导，立足西北地区文化发展实际，我们提出推动西北地区社会主义文化繁荣兴盛的对策建议。

（一）加强党对意识形态工作的领导

西北地区特别是新疆地区民族关系复杂、区域环境特殊，维护意识形态

领域安全具有特殊重要的意义。西北地区维护意识形态安全的突破口和薄弱环节主要集中在文化方面。必须加强党对意识形态工作的领导，落实意识形态工作责任制。要通过加强理论武装、加强中国特色新型智库建设，推动新时代中国特色社会主义思想深入人心；激活哲学社会科学研究活力。要通过创新传播手段、加强互联网内容建设，提高新闻舆论传播力、引导力、影响力、公信力；营造清朗的网络空间。

加强西北地区主流媒体与新兴媒体的融合，加强社会主义核心价值观、"五个认同""五观"等的全区域宣传教育的顶层设计和系统性宣传。加强西北地区文化领域重大问题的共同调研、合作研究，为中央顶层设计、全国一盘棋提供有较高价值的决策咨询报告。对西北地区教育、宣传、广播电视、研究机构等相关部门工作人员特别是领导干部加强政治纪律、政治规矩教育，树立底线红线意识，绷紧意识形态领域安全这根弦。

（二）培育和践行社会主义核心价值观，探索更为有效的方式，优化"五个认同"宣传教育

实施西北地区"五个认同"教育的顶层设计和规划，整个西北地区"一盘棋"，对"五个认同"的宣传教育要少喊口号和走过场，宣传工作要接地气，研究工作既要有阳春白雪，也要有下里巴人，针对受众特点，优化宣传效果。对文化的认同是最深层的认同，要切实加强西北地区各民族对中华文化的认同，进而增强对伟大祖国的认同、对中华民族的认同、对中国共产党的认同、对中国特色社会主义道路的认同；探索有效载体，弘扬中华优秀传统文化，对冲宗教极端思想。中国源远流长的历史、璀璨的文明、充满智慧的儒道释文化精髓、中华儿女保家卫国的英雄事迹等都是很好的素材。认同教育贵在润物细无声，要更加平民化和接地气。

（三）加强中华优秀传统文化的学习和教育

西北地区要加强中华传统文化的学习与教育，特别是将当地民族发展

史、宗教演变史、文明融合史与中国历史的学习教育相互结合进行思考。要突出强调各民族都是中华民族的一分子、各民族文化都是中华文化的重要组成部分。

（四）完善文化人才引进和培养机制

西北地区要制定更加灵活的文化人才引进机制，吸引国内外文化人才。建设文化人才信息库。完善文化人才培养机制，设立文化人才培养专项资金。引导和扶持文化骨干企业、园区等建立高层次人才引进基地。对非物质文化遗产传承人实行专项经济补贴，提供帮助。

（五）提升文化产业发展品质

紧跟网络技术，推进"西北文化＋互联网"工作，推动文化产业升级。同时，推动西北地区文化产业供给侧改造，解决文化低端产品过剩与精品文化产品供给不足的矛盾。支持和出台相应政策推动企业经营创新、技术创新，实现文化产业结构型升级。大力发展西北地区旅游产业，将旅游产业的发展和西北地区文化产业的发展紧密结合。

（六）加强西北地区间、西北地区与其他地区间交流与合作

西部地区特别西北地区有着许多的共生性，如都是丝绸之路经济带上的关键节点、多民族多宗教的文化多样性等，解决西北重大问题，需加强西部地区特别是西北地区间文化交流，加大西北地区文化宣传力度，设立专项扶持资金，加大西北地区旅游基础设施等相关工作的投资力度，加大西北地区文化宣传，吸引内地相关省（区）游客来西北地区旅游。加强西北地区五省（区）科研机构特别是社会科学院之间深度融合，加大人力资源整合力度，集中力量对西北地区重大理论、现实问题，实行联合调研、联合攻关，形成高质量研究成果。借助《西北蓝皮书》品牌，加强西北地区民族、宗教等问题的联合调研，为我国解决边疆民族、宗教问题提供强有力的决策咨询和理论支撑。

（七）加强对外文化交流，掌握西北地区民族、宗教、历史、文化国际话语权

西北地区都是"一带一路"上的关键节点，也是境外敌对势力最为关注的地区之一。发挥西北地区文化资源优势，高位推动对外文化交流。近年来，新疆完成撰写、由国务院新闻办自 2015 年以来连续向世界发布的《新疆各民族平等团结发展的历史见证》白皮书、《新疆宗教信仰自由》白皮书、《新疆人权事业的发展进步》白皮书和今年即将发布的《新疆的文化保护与发展》白皮书，立足于国家安全，抓住关键节点，面向全世界推介新疆，有力驳斥了西方敌对势力利用中国新疆、中国西北的民族、宗教、历史、文化等诋毁中国政府，妄图加深民族心理隔阂，造成民族对立、分裂中国的图谋。西北地区要将文化交流"请进来、走出去"工作成为常态化，加强对外文化交流、交融和互通，特别是加强与丝绸之路沿线国家的交流和互通，让世界了解中国西北，让中国西北走向世界，切实掌握西北地区文化重大理论现实问题话语权。

参考文献

国务院新闻办：《新疆的文化保护与发展》白皮书，2018 年 11 月 15 日发布。

《党的十九大报告：决胜全面建成小康社会，夺取新时代中国特色社会主义伟大胜利——在中国共产党第十九次全国代表大会上的报告》。

《宁夏文化发展报告（2016）》，宁夏人民出版社，2016。

《宁夏文化发展报告（2017）》，宁夏人民出版社，2017。

《宁夏文化发展报告（2018）》，宁夏人民出版社，2018。

《新疆文化发展报告》（2010～2015），新疆人民出版社，2010～2015。

《新疆文化发展报告》（2014～2015），新疆人民出版社，2015。

《新疆文化发展报告（2016）》，新疆人民出版社，2016。

赵波：《陕西省启动"厚德陕西"建设》，咸阳市人民政府网，2015 年 4 月 18 日，http://www.xianyang.gov.cn/xyxw/shsd/242900.htm。

李满福：《文化馨香飘陇原》，甘肃省文化和旅游厅网，2017 年 4 月 13 日，http://

www. gswh. gov. cn/wht/index. shtml#。

青海省文化和新闻出版厅、青海省版权局：《青海省"十三五"文化发展规划》，2016 年 12 月 16 日，http：//www. qhwh. gov. cn/system/2016/12/16/010244672. shtml。

宽容：《宁夏文化建设：春风化雨润泽精神家园》，人民网宁夏频道，2018 年 8 月 17 日，http：//nx. people. com. cn/GB/n2/2018/0817/c192482 – 31943981。

B.5
改革开放40年来
中国西北地区生态文明建设报告

黄　懿*

摘　要： 西北地区因其特殊的地理环境和生态功能，担负着重要的生态环境责任，其环境质量和生态文明建设水平，对全国具有举足轻重的影响。改革开放40年来，西北地区生态文明建设在空间布局和城乡结构优化、资源利用、生态环境质量、生态文明体系等方面取得了明显成效，但在污染物减排、环境质量改善、环境基础设施建设、生态文明意识等方面还存在一些不足，需进一步加强和完善组织领导、生态经济体系、生态文化体系、生态科技体系。

关键词： 改革开放　西北地区　生态文明

西北地区①因其特殊的地理环境和生态功能，担负着建设长江上游生态安全屏障、黄河中上游生态安全屏障、青藏高原生态安全屏障等重任，其环境质量和生态文明建设水平，对全国环境形势和生态文明具有举足轻重的影响。

＊　黄懿，博士，陕西省社会科学院农村发展研究所助理研究员，研究方向：农村经济、可持续发展。

①　西北地区指陕西、甘肃、宁夏、青海、新疆五省区，新疆生产建设兵团不单独列出。

一 西北地区生态文明建设的历程

改革开放40年来，虽然2007年党的十七大报告才明确在国家层面提出"建设生态文明"战略目标。但是，1984年生态学家叶谦吉在理论研究中已首次提出"生态文明"概念①。同时，无论是《礼记》"国君春田不围泽，大夫不掩群，士不取麛卵"，还是1982年《宪法》②"国家保护和改善生活环境和生态环境，防治污染和其他公害"，都表明重视资源节约和生态环境保护是我国的基本国策和理念。从完整度和系统性来看，西北地区生态文明建设经历了积极探索期、基本形成期和逐步完善期三个阶段。

（一）积极探索期（1978~2001年）

这一时期生态文明建设相对碎片化，主要在资源利用（水、土地、矿产、森林等）、自然保护区、污染物排放及治理等方面出台了系列法律法规，针对重点生态环境问题开展了专项治理行动。其特点有三个。

一是生态环保意识的觉醒。人口密度低、资源丰富，西北地区的生态环境承载能力被放大。直到20世纪80~90年代，因工业发展、违规开矿和过度放牧等因素，出现草场退化、水土流失、土地荒漠化及沙化、藏羚羊等珍稀动物锐减、冰川消融等生态环境问题，西北地区生态状况、环境质量才被重视。新疆和田县人民政府（1989）、宁夏铁路分局中卫固沙林场（1994）获得联合国"全球500佳环境奖"，陕西建立了濒危野生动物拯救中心（1993），青海湖列入国际重要湿地名录（1999），新疆、青海开展了"可可西里一号行动"（1999），西北五省区开展了退耕还林、还草工程试点（2000）。

二是生态环境保护进入法律等正式制度安排的范畴。西北五省区在水土

---

① 王洪波：《生态文明：是什么与做什么》，《学习与探索》2015年第3期，第16~22页。
② 我国现行宪法为1982年宪法。《中华人民共和国宪法（1978年）》"第十一条国家保护环境和自然资源"，第一次将生态环境保护相关内容写入宪法。

保持、野生动物保护、矿产资源管理、流域及湖泊治理、森林管理、污染治理等方面，制定了地方性法规和实施办法。甘肃、宁夏、新疆在20世纪90年代初出台了省级环境保护条例。

三是生态环境管理及监督逐步规范化。环保、水利、林业、农业等机构成立，生态文明建设有了实施主体。1989年颁布的《中华人民共和国环境保护法》明确规定"省级以上人民政府环境保护主管部门定期发布环境状况公报"。随后，西北五省区每年定期发布《环境状况公报》，主要包括环境状况（环境空气、地面水环境、声环境、自然生态、污染事故及生态破坏等）、污染控制（废气、废水、工业固体废弃物排放等）、环境保护工作等，各省生态环境状况也成为每年《国民经济和社会发展统计公报》《政府工作报告》《统计年鉴》的重要内容，为公众及时了解生态环境质量、保护状况提供了基础。

（二）基本形成期（2002～2011年）

改革开放20年在经济、社会、文化等方面取得了明显成就，但粗放型增长方式和结构性矛盾未能改变，经济社会发展的资源环境约束依然存在。这一阶段西北地区生态文明建设表现为战略层面的提升、思想体系的完善，其特点有三个。

一是生态环保理念上升到国民经济社会发展战略层面。2002年，党的十六大提出可持续发展战略，标志着我国生态文明建设思想的基本形成。2003年，党的十六届三中全会提出科学发展观。2005年，十六届五中全会提出"建设资源节约型、环境友好型社会"。2007年，党的十七大首次提出"建设生态文明"。这一阶段，西北五省区将全面落实科学发展观、提高可持续发展能力、节约能源资源、促进人与自然和谐发展作为每年政府工作、国民经济与社会发展五年规划的重要内容。2004年宁夏率先在全国提出建设省级节水型社会，出台了《宁夏节水型社会建设规划》，开展了"农业节水领跑、工业节水增效、城市节水普及、全民节水文明"节水行动。二是省级环保部门由"局"变"厅"。职责范围进一步扩大，在原省级环保局基础上，加强了环境政策、专项规划和重大生态环境问题统筹协调职责，加强了环境治理、环境监管和生态保护的指导、监督职责。三是排污权交易、矿业权交易等市场化方式开始应用于生态环境保护。2010年，陕西省环境权交易所完成首次西北地区排污权拍卖，并在全国率先成立省级矿业权交易中心。

（三）逐步完善期（2012年至今）

2012年，党的十八大提出"全面落实经济建设、政治建设、文化建设、社会建设、生态文明建设五位一体总体布局"。2017年，党的十九大提出"加快生态文明体制改革，建设美丽中国"。这一阶段西北地区生态文明建设有三个特点。

一是生态文明建设与经济发展、社会进步一起，成为西北五省区发展战略目标。陕西提出建设"美丽陕西"，强化了生态建设的基础性、战略性地位。甘肃提出"打造以国家生态安全屏障综合试验区建设为重点的生态战略平台"，力争构筑坚实的生态安全体系、高效的生态经济体系和繁荣的生态文化体系。宁夏推行生态立区战略，提出"打造西部地区生态文明建设先行区，筑牢西北地区重要生态安全屏障""让宁夏的天更蓝、地更绿、水更美、空气更清新"。青海提出"建设生态大省、生态强省"，力争"潜在的生态优势转化为现实的经济优势"，实现"生态文明意识强、生态治理能力强、生态服务功能强、生态经济实力强"。新疆提出"环保优先、生态立区"战略，明确指出"坚持生态保护第一，宁可经济发展慢一点、也绝不以牺牲生态环境为代价，努力建设天蓝地绿水清的美丽新疆"。

二是生态文明建设内容更加全面、实施主体更加多元。西北五省区出台省级主体功能区规划，明确人口、经济、资源环境相协调的空间开发格局，生态文明建设逐渐从"事中""事后"向"事前"扩展。随着国家机构改革，省级生态环保相关部门职能积极调整，发改委、环保、国土、水利、林业、农业、农牧、畜牧等部门承担的生态文明建设职责及分工更加明晰。发改部门在生态文明建设中的协调、组织作用更加明显，承担了主体功能区规划、循环经济、全社会资源节约和综合利用规划、政策并协调实施，组织实施国家应对气候变化重大战略等职能。政府、企业、公众多元共建格局逐步成型。陕西、甘肃、青海出台了《关于加快推行环境污染第三方治理的实施意见》，排污权、碳排放权、水权、林权交易等市场配置资源体系逐渐完善。其中，甘肃湿地产权确权试点、集体林业改革试点有序推进。

三是环保督察力度不断加大。2016 年以来，中央环境保护督察组先后对宁夏、陕西、甘肃、青海、新疆开展了环境保护督察。以环境保护部西北督查中心①为主体的环保部跨区域督查，升级为代表国家的中央环保督察；从对企业等经济活动主体为主的督察，变为对地方政府的督察。针对中央环保督察反馈的淘汰落后产能不到位、自然保护区违法违规开发、生态环境突出问题整改不力、企业偷排偷放等问题，西北五省区积极响应，及时出台整改方案，严肃查纠问责，强化责任落实，加快了生态环境问题的解决。

（四）面临的新形势

发展不足与生态脆弱的双重压力，使西北地区生态文明建设进入关键期。一方面，西北五省区经济总量在全国排名靠后，除陕西、宁夏外，经济增长速度也低于全国平均水平。实现与全国同步全面建成小康社会目标，任务艰巨。另一方面，西北地区工业化、城镇化、农业现代化完成度不高，发展的客观需求与节能减排矛盾突出。西北地区经济发展在一定程度上仍然依靠高能耗，2017 年，仅甘肃、新疆的万元 GDP 能耗下降幅度超过全国水平，甘肃、青海能源消费总量增速低于全国水平。贯彻落实 2018 年全国生态环境保护大会"集中力量打好污染防治攻坚战""绿色发展"要求，确保经济高质量发展，进一步推进西北地区生态文明建设面临巨大挑战。

提供更多优质生态产品的民生需求，使西北地区生态文明建设进入攻坚

---

① 2017 年，更名为环境保护部西北督察局，由事业单位转为环境保护部派出行政机构。

期。优良天数比率偏低、饮用水水源地污染、湖库富营养化、工矿业废弃地土壤污染、农村面源污染、农村生活垃圾堆放及污水处理等西北地区面临的突出生态环境问题，已成为重要的民生问题，成为全面建成小康社会的短板。提高生态环境质量，确保"天蓝、地绿、水清"的优质生态产品供给，是西北地区生态文明建设的攻坚任务。

改革开放40年成就，为解决生态环境问题奠定了基础，使西北地区生态文明建设进入窗口期。除经济发展积累的物质基础外，西北五省区还积累了丰富的生态环境治理经验。陕西柔性治水、河长制、引汉济渭等措施，使水资源及水环境得以改善，"铁腕治霾·保卫蓝天"行动效果显著。甘肃大气污染治理"兰州经验"于2014年被环保部在全国推广。宁夏推进了水土保持、节水型社会、防沙治沙等示范区建设，城乡人居环境、生态环境进一步改善。青海开展了三江源国家公园体制试点、祁连山重大生态保护、青海湖重大生态保护、木里煤田整治、湟水河治理等工程，生态优势逐渐显现，环境质量持续好转。新疆实施环境保护"一票否决"、能源及矿产资源开发"一支笔"审批、草原生态保护补助奖励等制度，生态治理、污染防治成效明显，阿克苏柯柯牙荒漠化治理成为全国生态系统修复典范。窗口期意味着生态保护、环境治理关口的突破，随着环境承载能力超载阈值的接近，只有下决心加强环境治理、转变发展方式，才能避免进一步生态退化、环境恶化，降低生态环境风险、治理及恢复成本。

二 西北地区生态文明建设的主要成效

（一）空间布局和城乡结构进一步优化

西北五省区贯彻实施主体功能区战略，出台了省级主体功能区规划，构建了城市化战略格局、生态安全战略格局、农业战略格局。国土空间结构不断优化，明确了主体功能区范围、功能定位和发展方向。重点开发区域、限制开发区域（农产品主产区）、限制开发区域（重点生态功能区）和禁止开发区域面积占比分别为 7.58%、18.56%、66.02% 和 19.49%①。为推进市、县落实主体功能区定位，西北五省区开展了经济社会发展、城乡、土地利用、生态环境保护等规划"多规合一"工作。其中，宁夏完成了国家级试点任务，并成为西北第一个完成生态保护红线划定省份。

（二）资源利用更加高效

能源消耗强度呈下降趋势。陕西、甘肃万元 GDP 能耗分别从 2000 年的 1.13 吨标准煤/万元、1.58 吨标准煤/万元，下降到 2016 年的 0.63 吨标准煤/万元、1 吨标准煤/万元；水电、风电及其他能发电在能源消费中的比重从 13.91% 从上升到 16.35%。近 5 年来，除宁夏、青海外，陕西、甘肃、新疆万元 GDP 能耗逐年降低，2017 年减速分别为 4.91%、0.75% 和 0.89%。生态用水量从 2005 年的 30.07 亿立方米下降到 2016 年的 16.8 亿立方米；人均用水量基本保持平稳，甘肃、青海、宁夏、新疆均有下降。

资源节约循环利用水平大幅提升。"十一五"以来，工业固体废物综合利用率、城市生活污水集中处理率、城镇生活垃圾无害化处理率，分别从 2005 年的 36.0%、30.6%、48.7%，提高到 2016 年的 62.3%、84.9%、89.8%，工业固体废物综合利用率高于全国平均水平（见表 1）。

表 1　西北地区工业固废、城市生活污水、城镇生活垃圾利用及处理情况

单位：%

年份	工业固体废物综合利用率	城市生活污水集中处理率	城镇生活垃圾无害化处理率
2005	36.0	30.6	48.7
2010	49.6	58.7	69.6
2015	62.8	80.9	84.0
2016	62.3	84.9	89.8

资料来源：根据 2006 年、2011 年、2016 年、2017 年，《陕西统计年鉴》《甘肃统计年鉴》《宁夏统计年鉴》《青海统计年鉴》《新疆统计年鉴》的"环境保护基本情况"相关数据整理。

---

① 各省规划与国家规划的各类主体功能区存在重叠，统计过程中因重复计算，所以各类主体功能区的实际占比值比此处数据小。

（三）生态环境质量总体改善

1. 污染防治力度不断加大，环境负荷逐渐降低

环境空气质量。西北地区空气污染主要为煤烟型污染、总悬浮颗粒物污染和沙尘。2012 年新《环境空气质量标准》（GB3095 - 2012）颁布以来，西北地区全年优良天数从 2013 年的 72.4% 上升到 2017 年的 77.7%，可吸入颗粒物、二氧化硫、二氧化氮年均浓度均有所下降（见表 2）。2017 年，甘肃、青海优良天数分别为 85.4%、92.4%，高于全国平均水平。酸雨相对频发的陕西渭南、商洛地区，已连续 5 年未检测出酸雨样品。

表 2　近五年西北地区主要大气污染物情况

年份	天气优良天数（%）	可吸入颗粒物（μg/m³）	细颗粒物（μg/m³）	二氧化硫（μg/m³）	二氧化氮（μg/m³）
2013	72.4	110	—	38	42
2014	73.9	106	44	30	29
2015	74.7	105	49	27	29
2016	75.3	105	49	25	29
2017	77.7	98	44	21	31

资料来源：根据 2013～2017 年，《陕西省环境状况公报》《甘肃省环境状况公报》《宁夏回族自治区环境状况公报》《青海省环境状况公报》《新疆维吾尔自治区环境状况公报》的"环境空气"相关数据整理。

水环境质量。地表水水质总体优良，青海、新疆水质相对较好。黄河、长江、澜沧江、汉江、嘉陵江、渭河等主要河流，水质总体状况为优。2017年，国家监测的 62 个水质断面中，Ⅰ～Ⅲ类占比为 96.7%，高出全国平均水平 28.8 个百分点；省级监测结果，除陕西Ⅰ～Ⅲ类水质断面占比为 65.1% 外，甘肃、青海、新疆占比分别为 92.1%、84.7%、91.2%，远高于全国 67.9% 的平均水平。西北地区湖库主要分布在青海、新疆，如青海湖、博斯腾湖、乌伦古湖、艾比湖等。1980 年以来，青海湖面积经历了先缩小后稳定再增大的过程，水质一直保持优良。2017 年，新疆监测的 31 座

湖库中，Ⅰ~Ⅲ类水质比例占71%，比全国平均水平高8.5个百分点。

西北地区声环境质量总体保持稳定。2017年，城市区域环境噪声平均等效声级范围为47.6~57.9分贝，道路交通噪声平均等效声级介于66.5~69.4分贝之间。功能区昼间达标率存在差异，陕西、宁夏、新疆昼间声环境质量达标率高于夜间，昼间达标率分别为92.9%、98%、89.8%。

辐射环境质量。西北地区各河流、重点湖库天然放射性核素活度未见异常。西北五省区省会和重点城市设立了危险废物和医疗废物处置中心，医疗废物基本实现安全处置。陕西铀浓缩有限公司、兰州铀浓缩有限公司、西北低中放废物处置场等核燃料循环设施外围环境辐射为正常水平。2017年，陕西组建了全国首支省级核与辐射应急救援专业队伍，辐射安全监管能力水平不断提升。

2. 绿地空间不断扩大，生态系统稳定性增强

改革开放40年来，西北五省区森林覆盖率不断增高（见表3），其中，陕西森林覆盖率41.42%，在全国排第10位（2017年）。2003年以来，西北地区森林面积由1033.33万公顷增加到2527.13万公顷，宁夏、青海、新疆森林面积分别由16.64万公顷、30.88万公顷、178.37万公顷增加到61.8万公顷、406.39万公顷、698.25万公顷。湿地面积由734.28万公顷增加到

表3 改革开放40年来西北地区森林覆盖情况

单位：%

历次全国森林资源清查	陕西	甘肃	宁夏	青海	新疆
（第二次）1977~1981	21.7	3.9	1.4	0.3	0.7
（第三次）1984~1988	22.86	4.51	1.78	0.37	0.91
（第四次）1989~1993	24.15	4.33	1.54	0.35	0.79
（第五次）1994~1998	28.74	4.83	2.2	0.43	1.08
（第六次）1999~2003	32.55	6.66	6.08	4.4	2.94
（第七次）2004~2008	37.26	10.42	9.84	4.57	4.02
（第八次）2009~2013	41.42	11.28	11.89	5.63	4.24

注：第九次全国森林资源清查尚未完成，第八次清查结果为最新数据。

资料来源：国家林业和草原局，中国林业数据库［DB/OL］，http://data.forestry.gov.cn/lysjk/indexJump.do?url=view/moudle/index。

1430.14 万公顷，从类型来看，60.32%为沼泽和沼泽化草甸湿地，从分布区域来看，56.94%在青海境内。荒漠化土地、沙化土地分别累计减少24574 平方公里、18489 平方公里，占全国总减少量的 35.7%和 21.6%。

针对草原生态环境恶化、生态系统脆弱等问题，陕西、宁夏实施了全省区范围内禁牧，青海实施了"三封两禁"，甘肃、宁夏、青海、新疆启动了退耕还草工程，目前新疆、青海草原面积位列全国前三。"九五"到"十一五"期间，西北地区草原鼠害虫害频发。2006 年，全国草原鼠害最严重省区有 7 个，就包括青海、甘肃、新疆、宁夏。"十二五"以来，随着治理力度加大，草原鼠害虫害面积呈减少趋势（见表 4）。

表4 "十二五"以来西北地区草原鼠害虫害情况

单位：千公顷

年份	草原鼠害		草原虫害	
	危害面积	治理面积	危害面积	治理面积
2010	20649.33	2777.99	6525.93	1799.6
2011	20121.33	3168	6863.59	1878.46
2012	19663.58	3632.66	6421.6	1773.34
2013	19420.67	4241.47	6392.01	2004.66
2014	17619.03	3288.68	5595.49	2146.18
2015	17053.95	3110.87	5599.49	2388.85

资料来源：国家统计局，地区数据 [DB/OL]，http：//data. stats. gov. cn/easyquery. htm? cn = E0103。

截至 2017 年，西北地区共有自然保护区 176 个。其中，国家级自然保护区 69 个，占全国总个数的 15.47%；国家级自然保护区面积达 4086 万公顷，占全国自然保护区总面积的 42.35%；甘肃、青海自然保护区占辖区面积比重分别为 20.9%、30.1%，均高于全国平均水平。

3. 城乡环境治理稳步推进，人居环境保持良好

城市人居环境进一步改善。"十一五"以来，城市人均绿地面积从 7.25 平方米上升到 13.51 平方米，甘肃、宁夏分别为 13.94 平方米、18.3 平方米，高于全国水平；建成区绿化覆盖率从 30.10%上升到 36.32%，宁夏为

40.4%，高于全国水平。陕西宝鸡成为西北首批国家环保模范城市，宁夏在西部率先启动县县建成污水处理厂工程，新疆石河子获得中国人居环境奖。美丽乡村建设成效初显。开展了农村饮用水水源地保护、农村环境综合整治、生活垃圾及污水处理、农业废弃物综合利用等工程。宁夏、甘肃、青海、新疆、陕西先后被列为国家农村环境连片整治示范省区。截至2017年底，西北五省区共创建国家级生态市（区、县）3个，生态乡镇152个，生态村24个。

（四）生态文明体系逐步完善

1. 管理体系不断健全

改革开放40年来，西北五省区共出台了80余项地方性法规、规章，在大气污染治理、河流污染治理、农村环境治理、总量减排等各方面都取得了成效，环境突发事件从高峰年的144件减少到72件。同时，西北五省区结合实际，制定了与生态文明建设相关的实施办法。甘肃出台了《加快推进生态文明建设实施方案》《甘肃省生态文明体制改革实施方案》《甘肃省生态文明建设目标评价考核办法》，青海出台了《青海省生态文明制度建设总体方案》《青海省生态文明建设促进条例》《青海省创建全国生态文明先行区行动方案》，新疆出台了《生态文明建设目标评价考核办法》。

2. 监测体系日趋完备

省市县三级监测体系逐渐完善。陕西省环境监察局升格为省环境保护执法局（副厅级），西安、咸阳等7个市实现县级监测机构全覆盖。宁夏推行省以下环保机构监测监察执法垂直管理制度。新疆实现14个地州市县级以上环境监察执法机构全覆盖。标准化建设积极推进。陕西环境监察机构标准化建设达标率为85%。甘肃环境监测中心站通过国家一级站标准化验收，61个市、县环境监察机构达到新《全国环境监察标准化建设标准》要求。青海省级环境监察、监测、辐射、信息、应急等能力建设全面达标。新疆实施全区环境监测、监察等机构标准化建设，8个环境监测站通过标准化验收。监测机构不断增加、监测网络逐步健全。陕西建成县区空气自动监测、河流水质自动监测、核与辐射监测全覆盖的监测网络，数字环保监管能力不断提升。青海率先开展工业园区有毒有害气体预警监测体系建设试点，建立重点生态功能区（三江源、青海湖流域）"天地一体化"生态监测体系，建成全国环保系统首家省级生态环境遥感监测中心，初步建成空气、水体、土壤、辐射、声环境质量监测网络。

3. 宣传科研体系健康发展

环境宣传活动效果明显，公众生态环保意识、参与意识、监督意识明显提高。陕西拍摄了全国首部环保题材电影《绿水》，组织开展了"陕西十佳环境执法卫士""十大环保新闻"等活动；甘肃开展了省级绿色社区、绿色学校创建活动；宁夏开展了"中华环保世纪行""向大气污染宣战""爱我黄河""西部开发生态行"等宣传活动，提升了公众参与生态环境保护的积极性。公众参与渠道从来信、来访、来电向12369网络举报平台、微信公众号等新方式扩展。生态环保基础性研究、专项规划逐步得到重视，为生态环境管理奠定了理论基础。陕西完成了《陕西省环境承载力与环境保护战略研究》、国家"重大水专项"等研究项目。宁夏开展了饮用水水源地、土壤污染状况、固体废物、持久性有机污染物、自然保护区调查评估等项目。西北五省区均定期出台了生态环境五年专项规划，明确了规划期内的生态环境保护目标、任务。

三 西北地区生态文明建设存在的问题

（一）污染物减排压力较大

西北地区城镇化和工业化加速推进的基本面不会改变，偏重偏粗偏短的发展模式、以燃煤为主的能源结构、以高耗能高污染产业为主的产业结构、新型城镇化快速推进等因素，给主要污染物减排带来较大压力。虽然每个五年计划期末，都完成主要污染物减排目标，但计划期内仍有反弹（见表5）。

表5 "十一五"以来西北地区主要污染物减排情况

单位：万吨

年份	二氧化硫排放量	化学需氧量排放量	氨氮排放量
2005	247	101.8	10.63
2006	258.9	103.6	9.98
2007	253.41	102.2	8.63
2008	245.9	99.7	9.24
2009	234.46	97.4	9.93
2010	237.31	97.7	10.36
2011	287.08	196.41	18.04
2012	277.29	193.65	17.73
2013	274.4	189.61	17.21
2014	274.1	187.31	16.86
2015	259.23	183.04	16.46
2016	142.12	77.42	9.14

资料来源：根据 2005~2016 年，《陕西省环境状况公报》《甘肃省环境状况公报》《宁夏回族自治区环境状况公报》《青海省环境状况公报》《新疆维吾尔自治区环境状况公报》相关数据整理。

（二）环境质量改善任务严峻

空气环境质量改善压力大。长期受沙尘暴影响，西北地区农业生产和人民群众的生命财产遭受较大损失。仅 1993 年，强沙尘暴袭击甘肃、宁夏、新疆，致使上百人死伤、10 多万头牲畜死亡、30 多万公顷农作物受灾。近 5 年来，因冬季采暖、地理条件等客观因素，西北地区可吸入颗粒物年均浓度仅下降 $12\mu g/m^3$，低于全国水平。2012 年，全国开始 74 个城市空气质量监测以来，西安、兰州、银川、西宁、乌鲁木齐空气质量不同程度超标，西安在 2013 年、2016 年、2017 均进入十大污染最严重城市之列。

区域生态环境质量有待改善。我国生态环境质量"较差"和"差"的县域主要分布在甘肃西北部、新疆大部，生态环境状况指数小于35，条件较恶劣、干旱少雨较严重、植被覆盖较差、物种较少，人类生产生活受到一定约束，生态环境质量改善任务艰巨。

（三）环境基础设施建设滞后

工业园区集中治污设施建设滞后，宁夏32个工业园区仅11个建成污水集中处理设施，甘肃仍有35个工业园区基本无配套污水处理厂。化学品使用量、危险废物产生量加大，集中处置利用企业数量少、处置技术能力不足，运输、贮存和使用带来的环境风险不断增加。农村垃圾清运、污水处理等基础设施缺少运行资金，不少农村出现"生活垃圾集中清运，无处理场所，在村外、河沟随意倾倒形成新污染"的问题。

（四）生态文明意识有待加强

西北地区经济欠发达，依托能源、矿产、自然景区等资源优势加快开发是必然选择，过于强调生态环保不太现实等思想认识存在，导致生态环境保护要求不严、落实不力。中央环保督察组反馈了相关问题，如陕西宝鸡、汉中淘汰落后产能不到位，黄河湿地、渭北"旱腰带"等违规开采，大气专项考核未按要求开展等；甘肃祁连山国家级自然保护区生态破坏问题较突出；宁夏存在贺兰山国家级自然保护区违规开采、全区大气环境和局部水体环境质量下降等问题；青海存在青海湖自然保护区违规开发旅游，水电开发破坏部分河流生态环境等问题；新疆存在园区污水排放等部分区域污染治理力度不够，博斯腾湖水质未达预期治理目标等问题。

四 西北地区生态文明建设的对策建议

（一）加强组织领导

积极健全跨省、跨市、跨县协商合作机制，召开各级工作联席会议，共同研究解决黄河干流及支流污染、大气污染、祁连山生态保护等区域性问题、土地荒漠化及沙化、水土流失、水资源缺乏、地质灾害频发、草原火灾虫灾等共性问题。

健全领导干部任期环境责任制、环境责任追究制、节能减排目标责任考核及问责制，将环境保护成效、生态文明建设成果与绩效考核、职务升迁挂钩。完善生态环境保护规划实施和评估机制，围绕提出的目标、约束性指标、预期性指标和主要任务，强化对规划实施情况的跟踪分析，做好规划中期评估工作，确保规划落实到位。

落实最严格的环境监管制度。严守环境保护法律法规，执行环境影响评价、污染物排放许可和污染物排放总量控制制度。建立重点生态功能区、禁止开发区域监管制度。建立统一、高效的环保电子政务体系，共享环境监测信息，健全和落实重大环境事件和污染事故责任追究制度。加强独立环评，建立政府、企业和公民的环境信用记录。

（二）完善生态经济体系

构建多层次、多元化的投资体系，提高生态文明建设能力。积极争取国家资金，逐步提高生态环保投入在省级财政预算中的比重；积极引导社会资金，发展相关产业；完善生活污水、垃圾清运收费政策，推动污染治理产业化、市场化进程；加强国际合作，争取国际环保资金投入；在城镇绿化、林木管护、农村环境治理等环节，鼓励"以工代赈"。

健全激励机制，提高生态文明建设积极性。对环境友好型企业、生态友好型企业实行认证、奖励及退税等政策。通过贷款资格、贷款规模、利率、资金用途，引导企业和居民开展绿色生产、绿色消费。招商引资环节，尤其是承接东部沿海产业转移，应将生态环保作为重要指标。

发展绿色产业，提高生态文明建设可持续性。以循环经济、"互联网＋"为抓手，推动西北地区低碳农业发展，尤其在秦巴山区、白于山区、六盘山区、新疆南疆地区、青海藏区等贫困地区，利用生态环境优势，发展绿色食品、有机食品，实现后发赶超；以清洁生产为抓手，推动西北地区绿色工业发展，重点推进化工、火电、冶炼等产业转型升级；以自然文化资源整合为抓手，推动西北地区生态旅游业发展；以碳交易为抓手，推动西北地区林业发展。

（三）完善生态文化体系

使生态文化成为全社会共同的文化理念。树立现代农业意识，推广精粮播种、测土配方施肥和滴灌技术等先进技术，推行农业生态恢复与环境整治。树立生态价值观和环境价值观，在偏远地区、深度贫困地区，结合扶贫开发，根据草地载畜量，安排牲畜存栏和出栏规模；妥善处理民族消费习性与生物多样性保护，尤其是野生动植物保护的矛盾。形成绿色消费文化，坚决打击野生动植物的非法捕杀与采集，以绿色消费引导和倒逼绿色生产和促进生态文明建设。

使生态理念成为全社会共同的行动准则。发挥新闻媒体的宣传和监督作用，积极宣传环境保护相关方针政策、法律法规。在环境日、世界水日、全国节能宣传周、世界地球日等时期，开展环境保护主题活动；以垃圾定点定时分类投放为切入点，培养居民环境意识；开展"绿色"创建与评选活动，形成绿色低碳的生活方式。完善环境保护公众参与机制，设立专项资金，激发和调动公众参与重大决策、执法监督的积极性。充分发挥民间组织和志愿者的桥梁纽带作用，动员社会各方力量共同推进生态环境保护。

使生态环保成为全社会共同的基础知识。将生态环保教育纳入义务教育、基础教育和高等教育体系，组织相关领域专家编写生态文明建设读本。将生态文明教育引入继续教育、职业培训和社区教育体系，开设相关课程，开展生态环保知识和法律法规培训。

（四）完善生态科技体系

加强生态环境科学与经济、社会、文化、哲学等多学科的联合研究，提升生态环保技术研发、推广的成本有效性。加快科技成果转化，建立多方参与、市场导向、深度融合的创新体系，加强雾霾治理、生活垃圾处理等技术研究，加强农村沼气、保护性耕作、生态农业等技术研究，加强清洁能源、再生能源技术研究。积极利用大数据、物联网等信息技术，建立生态环境保护大数据监测体系，实现对生态状况的监视、对环境异常的识别及预警、对生物多样性保护的预测。

参考文献

国家统计局、环境保护部（现生态环境部）：历年《中国环境统计年鉴》。

国家生态环境部：历年《中国环境状况报告》，http：//www. mee. gov. cn/hjzl/。

国家林业与草原局：森林资源数据库、湿地资源数据库、荒漠化资源数据库，http：//data. forestry. gov. cn/lysjk/indexJump. do？url = view/moudle/index。

陕西、甘肃、宁夏、青海、新疆五省（区）委：历次党代会报告。

陕西、甘肃、宁夏、青海、新疆五省（区）政府：历年政府工作报告，历次国民经济与社会发展五年规划。

陕西、甘肃、宁夏、青海、新疆五省（区）统计局：历年统计年鉴；历年国民经济与社会发展统计公报。

陕西、甘肃、宁夏、青海、新疆五省（区）环保厅：历年环境状况公报，历年环境统计公报，历次环境专项规划，相关法律法规。

绿色经济篇

Green Economy Chapters

B.6

西北地区创新驱动战略研究

王晓娟[*]

摘　要： 创新驱动战略和"一带一路"建设是当前我国的两大重大战略。西北地区作为丝绸之路经济带国内段的主体，立足"一带一路"建设，实施创新驱动战略，对于西北地区追赶超越、实现跨越式发展具有重大的现实意义。近年来，在国家推进"一带一路"建设的时代背景下，西北地区深入实施创新驱动战略，科技创新能力有所提高、有效带动了产业转型升级，战略性新兴产业发展加速。同时，仍然存在着科技创新能力不足、体制机制不完善、人才评价激励制度不健全、金融支撑力量薄弱等制约创新驱动能力发挥的诸多因素。未来，西北地区应从科技创新和成果转化、创新驱动政策体系建设、

---

* 王晓娟，陕西省社会科学院助理研究员，研究方向：区域经济、金融投资。

现代产业体系构建以及财政金融支持等方面协同推进创新驱动战略的实施。

关键词： 西北地区 创新驱动战略 "一带一路" 丝绸之路经济带

一 西北地区实施创新驱动战略的现实意义

党的十八大提出"实施创新驱动发展战略"，指出"科技创新是提高社会生产力和综合国力的战略支撑，必须摆在国家发展全局的核心位置。"党的十九大又进一步强调，"创新是引领发展的第一动力，是建设现代化经济体系的战略支撑。"可以说，创新驱动发展战略是我国站在新的历史起点，放眼全球、立足全局、面向未来做出的重大决策。它关系着我国经济的可持续发展、决定着我国实现中华民族伟大复兴的前途。

在经历了改革开放 30 多年的高增长以后，我国经济发展已经进入新常态。经济增长速度由高速增长转变为中低速增长，传统的要素驱动和投资驱动的经济发展模式难以为继。在这样的背景下，国家提出了"实施创新驱动发展"战略和"一带一路"倡议两大举措。立足西北地区而言，西北地区是我国西部地区面积最大的欠发达地区，长期以来，经济的发展主要依靠煤炭、石油、天然气、农牧业等传统产业，能源资源型经济发展特征明显。近年来，在经济下行压力不断加大的情况下，投资驱动的特征开始显现，固定资产投资总额已经连续几年超过地区生产总值，地区经济发展效率递减的态势进一步扩大。加上生态环境较为脆弱、科技创新能力和科技成果转化能力不足等因素制约，经济发展的新动力明显不足。

习近平总书记在西北地区视察时曾说，越是西部欠发达地区，越是要加快创新驱动发展。在国家"一带一路"建设背景下，西北地区是丝绸之路经济带的核心区域，迎来了重要的历史发展机遇。在国家创新驱动战略和"一带一路"建设的支撑下，作为欠发达地区，西北地区应紧抓机遇，主动融入"一带一路"建设大局，大力实施创新驱动战略，使创新成为经济发展的发动机，成为未来核心竞争力的战略支撑，实现西北地区在新一轮国家战略中实现跨越式发展，完成追赶超越的目标。对于西北地区而言，实施创新驱动战略，具有重大的现实意义。一是实施创新驱动发展战略是西北地区担当"一带一路"建设的核心动力；二是实施创新驱动发展战略是西北地区引领经济发展新常态的有效作为；三是实施创新驱动发展战略是西北地区实现追赶超越和跨越式发展的必由之路；四是实施创新驱动发展战略是西北地区经济转型升级的根本路径；五是实施创新驱动发展战略是西北地区发展战略性新兴产业的重要抓手。

二 西北地区实施创新驱动战略的现状及成效

（一）创新驱动政策支撑体系不断健全

在国家"一带一路"倡议和"实施创新驱动战略"的背景下，西北地区以体制机制为引领，围绕创新驱动进行顶层设计，创新驱动的政策和发展环境不断向好。近年来，陕西在推进国家赋予的创新型省份试点、西安市国家全面创新改革试验区和西安高新区国家自主创新示范区、西咸新区"双创"示范基地等多重任务的过程中，着重以优化创新创业环境为抓手，出台了《陕西省实施创新驱动发展战略纲要》，提出要全面建成陕西创新驱动发展体系。并接连出台了《深化科技体制改革实施方案》《促进科技成果转化若干规定》《进一步激发人才创新创造活力的若干措施》《陕西省支持众创空间服务实体经济转型升级的实施意见》等一系列措施意见，有效激发了企业创新动力和市场活力，为营造良好创新环境提供实实在在的政策支撑，在一系列政策的助推下，陕西各类创新创业载体遍地开花。新疆以丝绸之路经济带核心区创新驱动发展试验区建设为核心，出台了《关于推进丝绸之路经济带创新驱动发展试验区建设若干政策意见》和《实行以增加知识价值为导向分配政策的实施意见》，为落实丝路经济带创新发展吹响了号角。宁夏将创新驱动战略作为区域发展"三大战略"的第一战略，成立了实施创新驱动战略领导小组办公室，研究和出台了《自治区党委人民政府关于推进创新驱动战略的实施意见政策指南》，并进一步发布了《关于推进创新驱动战略的实施意见》，明确了助推创新驱动战略的"创新30条"，提出了具有针对性和可操作性的实施细则，有力支撑了创新驱动政策的落实。甘肃以建设西部地区创新驱动发展新高地为目标，先后出台了《甘肃省"十三五"科技创新规划》、《甘肃省关于强化实施创新驱动发展战略进一步推进大众创业万众创新深入发展的实施方案》，全方位推进创新型甘肃建设。青海坚持绿色发展战略，以创新驱动为引领，着力发展绿色低碳循环经济，先后出台了《关于深化体制机制改革加快创新驱动发展的实施意见》《青海省贯彻〈国家创新驱动发展战略纲要〉实施方案》《关于强化实施创新驱动发展战略进一步推进大众创业万众创新深入开展的实施意见》等，形成了具有青海特色的创新驱动政策体系。

（二）自主创新能力明显提升

实施创新驱动战略以来，是西北地区科技创新发展速度最快、成果最多的时期，西北地区结合丝绸之路经济带建设，整体的科技创新能力不断提升，形成了一批具有西北资源和产业特色的科技成果，在装备制造、农业技术、新材料、太阳能、风能、特高压输变电、光伏发电等领域，科技研发水平和成果转化领跑全国，为丝绸之路经济带的发展打下了技术基础，做出了重要的科技贡献。陕西依托其极其丰富的科教资源优势和科技资源统筹中心建设，创新驱动多项指标位列全国前列。2017年，陕西全社会研究与试验发展经费投入达到419.56亿元，位居全国第八、西部第一；技术合同交易额达921.55亿元，位居全国第四；获国家科技奖36项，居全国第4；高技术产业增加值占工业增加值比重为9.99%，科技进步贡献率达到57.5%。近年来，多项指标以高达30%以上的速度增长。陕西在全国率先建成科技资源统筹中心，建立资源共享、研究开发、科技金融、成果转化和综合业务 5 大平台 12 个系统。2017 年，甘肃共有国家工程研究中心 5 个。国家认定企业技术中心 22 家。省部级以上科技成果 1070 项，获得奖励 151 项。受理专利申请 24448 件，授予专利权 9672 件。签订技术合同 5850 项，技术合同成交金额 162.95 亿元。2017 年，新疆实施科技计划项目 495 个。国家重点实验室 1 个，工程技术研究中心 78 个。受理专利申请 14260 项，登记技术合同 468 项，技术合同成交金额 5.76 亿元。2017 年，青海省部级以上科技成果 510 项。专利授权 1580 件。签订技术合同 1016 项，成交金额 67.7 亿元。宁夏自 2016 年起，开始组建 34 家自治区级科技创新平台，其中重点实验室 1 家、工程技术研究中心 5 家、技术创新中心 24 家和工程实验室 4 家，平台建设工作顺利开展。宁夏 2017 年共实施各类科技计划项目 114 项。全年申请专利 4372 件。登记技术合同 948 份，实现合同交易额 7.29 亿元。

（三）创新驱动载体作用逐渐凸显

各类高新区和开发区是实施创新驱动战略的重要载体。近年来，西北地区以各类开发区的建设为抓手，推进改革创新，促进产业集聚发展，孕育了一批新兴产业，推动了产业的创新变革，各类开发区的数量和质量不断提升，已然成为西北地区创新驱动的引领者和排头兵。陕西 7 个国家级高新区、11 个省级高新区的创新创业作用凸显，辐射带动作用加强。2017年，陕西 7 个国家高新区实现营业总收入 15039 亿元、工业总产值 11947亿元、工业增加值 3265 亿元，实现生产总值 5165.5 亿元，占全省 GDP 比重 23.59%，成为支撑陕西创新驱动发展的重要载体；11 个省级高新区工业总产值 1201.4 亿元，成为当地经济转型发展的重要引擎。新疆主要围绕丝绸之路经济带核心区创新驱动发展试验建设，采取一区多园的空间布局模式，选择创新基础和条件相对较好的乌鲁木齐、昌吉、石河子、克拉玛依、哈密等 7 个国家高新区和开发区，率先开展创新驱动发展改革试验，探索出了具有新疆特色的创新路径、创新模式和创新机制。甘肃以建设西部地区创新驱动发展新高地为战略目标，以兰白科技创新试验区为创新发展载体，依托试验区内的 2 个国家高新区、1 个国家经济区和 3 个国家大学科技园，培育和形成了国家新型工业化产业（军民结合）示范基地、智慧城市试点、生物产业基地、文化科技融合示范基地。2018 年，兰白科技创新试验区获批成为国家自主创新区，这将促进甘肃进一步推动创新驱动，对于探索欠发达地区跨越发展的新模式和路径具有积极的引领和支撑作用。宁夏提出打造西部转型发展先行区，各类开发区作为引领创新发展、聚集高端产业的核心载体，发挥了集聚效应和增长动力、引领经济结构优化和发展方式转变的重要作用。以银川经济技术开发区为例，通过与北京经开区共建"一带一路"国际产业园，在产业转移、重大项目、先进技术、高素质人才等领域取得了突破性的进展，有力地支撑了宁夏经济转型发展以及新动能的培育。青海高新技术产业开发区作为青海唯一的国家级开发区，立足其区位和资源特色，深入实施创新驱动战略，形成了以青藏高原特色生物资源精深加工产业和现代中藏药产业为主导的产业集群，成为青海科技创新驱动发展的先行区和示范区。同时，以众创空间为主要载体的"双创"在西北地区不断发展和壮大。2016 年 7 月，西北最大的众创空间"西安创新设计中心"建成投用。陕西率先形成了"众创空间—创业苗圃—孵化器—加速器"等功能多样的科技创新创业服务体系。目前，陕西省累计建成 45 家国家级、91 家省级众创空间，21 家国家级、23 家省级星创天地，共培育企业 2234 家，吸纳就业 3 万多人。新疆累计已备案科技企业孵化器 23 家，其中国家级 9 家；自治区级众创空间 49 家，其中国家级 23 家。甘肃纳入科技部统计的众创空间共计 211 家，服务创业团队 6697 个，服务企业 4088 家。宁夏国家级众创空间 7 家，占地 1.7 万平方米，累计孵化企业和创客 600 余家（位），对接投资资金规模超过 3 亿元，对提升创新环境和创新型城市提供有力科技支撑。青海共建成众创空间 26 家，其中国家备案 11 家；建成科技企业孵化器 11 家，其中国家级 5 家。众创空间和科技企业孵化器孵化面积达 86 万平方米，在孵企业 1455 家，拥有超过 1000 人的专兼职创业导师团队，成为培育科技型企业和高新技术企业的重要载体。

（四）战略性新兴产业发展势头良好

战略性新兴产业是创新驱动战略的核心动力，发展战略性新兴产业已成为各地抢占新一轮经济和科技发展制高点的重大战略。西北地区把战略性新兴产业作为推动创新驱动的主要抓手，推动产业的转型升级。陕西将战略性新兴产业作为培育新动能"助推器"，近年来，陕西在 3D 打印、机器人、无人机等战略新兴领域取得持续突破，全国近 2/3 的 3D 打印知识产权集中在陕西；以互联网及移动互联网、新能源、智能制造等为核心的高新技术产业增长势头良好，装备制造、特高压输变电等重大技术装备已成为出口的生力军。据统计，2017 年，陕西战略性新兴产业增加值 2360.3 亿元，占 GDP 比重 10.8%。其中，新一代信息技术产业增加值 605 亿元，生物产业增加值 366 亿元，高端装备制造产业增加值 363.7 亿元，新材料产业实现增加值 362.5 亿元。甘肃也积极推进战略性新兴产业的发展，将新能源、新材料、先进装备制造和生物医药等战略性新兴产业作为未来经济发展的新动力。经过近年来的发展，甘肃战略性新兴产业增加值已经突破千亿元，占地区生产总值的比重提高到 13% 以上，日益成为甘肃产业转型升级的重要支撑力量。新疆以延伸战略性新兴产业链、加强产业集群发展为主要抓手，通过大力发展新能源、新材料、超高压输变电等装备制造业，战略性新兴产业发展总量和质量明显提升。新能源产业形成了风力发电和光伏两大产业集群，发电量位居全国第一、世界第四；新材料产业迅速发展，高纯锗锭材料全国唯一，航空用金属铬、新一代碳化硅半导体单体晶片等技术水平国内外领先；超高压输变电、直流输电、大型水电及核电关键输变电等装备制造业研制达到世界先进水平。"十三五"以来，新疆战略性新兴产业年均增长约 15%，远高于 GDP 和工业增加值同期增速，战略性新兴产业增加值占 GDP 比重达到 7% 以上。宁夏以发展高新技术企业为核心抓手，推动区域内战略性新兴产业延伸产业链、发挥特色优势、集群化发展。目前，高新技术企业已成为宁夏区域创新体系的重要组成部分，在集聚科技资源、创造知识产权、带动经济转型等方面发挥了重要作用。

三　西北地区实施创新战略面临的问题和制约

（一）陕西科技优势和成果转化能力不足

陕西作为西北地区科教资源最为丰富、科技成果最为突出的省份，其科教资源优势尚未充分发挥出来，很多科技成果就地转化能力较弱。陕西科技资源呈现"中央大，地方小""军工大，民品小"的二元结构，这种以国防系统为主，具有显著的"迁入性"特征的科教资源布局和管理体制，使得科技资源统筹不够，难以实现共建共享，产学研合作的优势不能得到充分发挥，难以发挥科技系统整体优化功能，难以紧紧围绕结构调整、产业升级这条主线高效率地整合配置科技资源。虽然陕西科技成果产出量位居全国前列，但科技资源分散、分离、分割的状况没有根本改变，科研成果未能有效利用，企业没能真正成为科技成果转化的主体。企业与科研机构合作交流较少，信息沟通渠道不畅通，供需情况不了解。陕西的科研成果一半以上被省外单位吸收、转化，出现了"省内开花，省外结果"的尴尬局面。

（二）西北地区科技创新体制机制整体落后

受长期封闭型经济的影响，西北地区科技行政管理体制落后，具有明显的计划和行政色彩。在管理和服务上存在仍重视体制内的科技创新，对于企业的创新投入和支持仍显不足。在科技管理行政体制方面，还没有形成共建共享机制，科技资源重复部署，未能集中高效利用，严重制约了微观主体的创新活动。导致很多资源的重复投入和投入不足并存，难以集中精力在一些战略方向性和关键共性领域上实现资金和研究力量实施重点突破。在国家密集出台各类科技创新政策文件、指导意见和实施意见的背景下，西北地区的相关政策的出台显得缓慢而缺位。有些政策在执行部门贯彻不力难以到位，有些政策配套跟不上难以产生综合效果，使得服务于科技创新的引导和协调的政策性功能效力降低，没有起到"四两拨千斤"的作用。

（三）各类人才评价和激励体系不健全

人才评价激励机制是人才使用的导向。西北地区各省区都存在着现有科技人才评价激励机制仍存在重学历、重资质、轻实效的问题，论资排辈现象比较严重，真正能够有效促进优秀人才脱颖而出、鼓励人才积极创新的评价激励机制还没有形成。一是与发达地区相比，在人才待遇、用人机制、成果转让、创业条件等相关政策方面，依然存在较大差距。西北地区科技人才主要分布在科研院所、高校和国有企业，人才资源市场化流动渠道不畅，激励成果转化和人才进入市场、进入企业创业还有很多政策障碍。二是在引进高端人才方面，政府和企业在认识上的差异，引进渠道不顺畅，引进人才的各种手续依然难办，制度障碍较多，从而导致西北地区在新兴产业领域的高端人才、领军人才严重不足。

（四）财政和金融对创新驱动的支撑不足

总体来看，制约西北地区实施创新驱动发展的最大的短板，是投融资机制创新不足。科技成果的转化投入属于长时间、高风险性投入，难以获得金融支持，需要财政资金的引导、投入和支持，目前，西北地区各省区均以政府资本金为主体建立的风投机构少，资金池小，资金总量还不到北京、上海的1/10，与广东、浙江、江苏等发达地区，也存在非常大的差距。西北地区仅西安高新区有专门的风投机构。而其他区域的民间风投公司尚处于幼稚期，难有大作为，民间资本也缺少进入市场的渠道与法律保障。这都使得西北地区在推动大众创新、万众创业时受到严重的资金制约。另外，值得注意的是，全国各类产业基金发展迅速，而且基金规模动辄上百亿，在这些基金的支持下，其他省区都紧盯西北地区尤其是陕西科研单位各阶段的创新成果，吸引它们前去落户，致使很多科技成果和中资企业被外省挖走。

四 西北地区实施创新驱动战略的对策建议

（一）提高西北地区科技创新和创新成果转化能力

着眼丝绸之路经济带建设的国家战略，以提高西北地区的科技创新能力和水平为核心，强化双一流大学和各类科研院所的建设，将科研院所和高校建设成科技创新的发源地。大力推动部省融合，深化与国家部委在西北地区的高校、科研院所的合作模式，跟踪世界科技发展前沿，围绕共性关键技术，加强科技攻关和人才培养，打造"一带一路"创新高地。依托西北地区的特色资源和科技资源特色，重点在航天航空、装备制造、新材料、生物医药等优势产业发展，策划和实施一批重大科技项目。进一步深化科研院所改革。建立健全现代科研院所制度，完善法人治理结构，探索建立理事会制度，推进科研事业单位取消行政级别。完善科技服务平台，加快中介机构和技术市场发展。充分调动社会力量，支持企业、高校、科研院所联合组建产业技术创新战略联盟，建设"一带一路"科技园区联盟和大学联盟，大力扶持中国西部科技创新港和国家技术转移西北中心。以园区为载体，建设行业科技创新平台和区域科技创新平台。以高新技术产业开发区、经济技术开发区、大学科技园、专业园区为载体，以企业、专业化的协会学会等为主体力量，建立行业科技创新平台和区域科技创新平台，促进科技资源整合，开展技术服务和科学研究，推进西北五省区的协同合作。

（二）构筑具有西北特色的现代化产业体系

西北地区应结合资源和优势产业特色，依靠科技创新和技术突破，发展和提升现有的传统产业体系，以发展战略性新兴产业为突破口，建立起西北地区的现代化的产业体系。实施传统产业改造提升计划，加快运用新技术、新材料、新工艺、新装备，促进有色冶金、建筑建材、食品加工、纺织轻工等产业创新发展。围绕符合西北地区实际的现代产业体系，在新型煤化工、石油石化、装备制造、生物医药、新能源等重点产业上集中攻关，抢占现代产业体系发展的制高点。大力推动军民融合，紧扣"统、融、新、深"先行先试，加大改革力度，建设共享平台，加强产业融合，推进平战结合，推动军民创新资源开放共享，促进"军转民""民参军"双向互动，努力构建全要素、多领域、高效益的军民融合深度发展格局。加强与中央直属企业、单位等合作，以项目为载体，以资本为纽带，强化技术创新和产业配套协作，促进央企资金、技术、品牌优势与西北地区优势产业双向融合。

（三）打造丝绸之路经济带科技创新人才新高地

利用西北地区、特别是陕西高校和科研院所的科技资源优势，联合科技型企业，组建"丝绸之路经济带科技创新人才高地班"，以产学研作为合作模式，联合各类专业，加强对西北五省区科技人才科技能力和管理水平的培养。根据西北地区产业发展的实际需求，特别是针对战略性新兴产业的发展需求，行业协会和企业应该发挥主导作用，在不断探索人才评价标准的基础上，联合制定和形成系统化的各行各业的人才评价标准体系。针对各种类型的高层次人才，制定专门性的办法和实施意见，以如何促进科研有偿转移、技术如何参与收益分配等核心问题为主要内容，构建起最大限度激励高层次人才的政策体系。可以考虑由西北五省区各省区财政厅牵头，省审计厅、省科技厅、省社科领导小组和省内重点智库机构专家共同参与和研究推动出台公共经费支持的科技成果转化收益分配条例、技术类科技经费和社科类、智库机构课题经费管理使用规定，以制度创新形成西北各省区创新发展新的激励机制。

（四）强化财政和金融对创新驱动发展的支撑作用

针对目前西北地区各类专项和资助项目分散、重复的特点，联合各相关单位，对各省区一些科技项目进行调整和整合。改变以往以财政补贴为主要方式的单一投入路径，尝试和探索对科技项目的多元化投入方式。建议逐步加强对科技创新奖励、政府股权投资、共有知识产权和创投引导基金等多方式的应用。同时，继续发挥财政资金的引导，重点对战略性新兴产业进行资金引导和资助，注重对产业链和重点企业的强化资助。通过贷款贴息、后补助和奖励等形式支持企业进行成果转化，逐步建立以政府投入为引导，民间资本、风险投资、金融资本等为主的融资体系，全力支持各重点产业发展和科技成果转化项目。大力发展产业发展基金。在经济新常态背景下，各大银行、各类保险基金、养老基金和跨国基金，投资高新技术、高端制造业和新产业新业态类产业发展基金意愿日趋增强的历史机遇，政府应抓紧建立产业基金的引导基金，支持西北各省区有条件的高新区抓住机遇尽快设立一批高新技术产业、高端制造业和新产业新业态等产业发展基金。

参考文献

易永胜：《学习习近平创新驱动发展战略思想》，《特区实践与理论》2017 年第 6 期。

林良、王耀德：《科技协同创新体的内涵、运行机制及实践》，《技术经济与管理研究》2018 年第 1 期。

王富贵、李妃养：《广东近年科技创新政策落实情况分析及完善建议》，《经济师》2016 年第 7 期。

罗月领、高希杰、何万篷：《上海建设全球科技创新中心体制机制问题研究》，《科技进步与对策》2015 年第 18 期。

娄勤俭：《决胜全面小康加快富民强省奋力谱写陕西追赶超越新篇章——在中国共产党陕西省第十三次代表大会上的报告》，《当代陕西》2017 年第 6 期。

B.7
西北地区从特色产业向
现代化产业体系转型升级研究

孙发平　马生林　甘晓莹*

摘　要：　西北地区经济社会发展差异性较大，尤以农牧民赖以生存的
　　　　　种植业、养殖业等传统产业历史悠久，区域特征明显，在其
　　　　　特色产业体系发展中占据重要地位。特别是党的十八大以来，
　　　　　西北地区以深化供给侧结构性改革为主线、以重点工程与重
　　　　　大项目为抓手、以资源优势凸显后发优势，使有机农牧业、
　　　　　新能源综合利用、生态旅游业等特色产业取得较大成效。为
　　　　　此，本文通过分析西北地区从特色产业向现代化产业体系转
　　　　　型升级的战略意义、构建现代化产业体系转型升级的现实基
　　　　　础、2018年上半年西北地区三次产业增加值对比、特色产业
　　　　　向现代化产业体系转型升级的制约因素等基础上，提出了特
　　　　　色产业向现代化产业体系转型升级的对策建议，使其符合西
　　　　　北地区经济发展实际，具有一定的可操作性。

关键词：　西北地区　现代化产业体系　转型升级

党的十九大报告指出"我国经济已由高速增长阶段转向高质量发展阶

---

* 孙发平，青海省社会科学院副院长、研究员，大学本科，研究方向：应用经济；马生林，青
海省社会科学院经济研究所研究员，大学本科，研究方向：生态环保；甘晓莹，青海省社会
科学院经济研究所助理研究员，硕士，研究方向：区域经济。

段，正处在转变发展方式、优化经济结构、转换增长动力的攻关期，建设现代化经济体系是跨越关口的迫切要求和我国发展的战略目标"。这是党中央基于我国经济发展进入新常态，首次在党的重要文献中提出了建设"现代化经济体系"的科学论断，不但现实性强，而且对未来经济社会的可持续发展意义非常深远。

而特色产业向现代化产业体系转型升级就在于发展过程、科技水平、经济效益、环保成效等方面进行整合，使生产要素中的区位优势、自然资源、专业人才、基础设施等为其提供创建品牌的必要条件。所以，实现西北地区特色产业向现代化产业体系转型升级不论是以上因素，还是新能源、盐湖化工、晶硅生产等现代化企业已具备一定规模，正在提升制造业、互联网等方面与实体经济的有机融合，实现了三次产业的优化配置，使西北地区的特色产业向现代化产业体系转型升级不断得以趋于完善和推陈出新。积极而有效探索出一条绿色、低碳、循环、节约、创新、高效、可持续的发展之路，为推动特色产业向现代化产业体系转型升级奠定了一定基础。

一 从特色产业向现代化产业体系转型升级的战略意义

我国的西北地区辖青海省、甘肃省、陕西省、宁夏回族自治区和新疆维吾尔自治区，其面积 309 万平方公里，占全国国土面积的 32.19%。2017 年底，5 省区人口 1.02 亿人，占当年全国总人口 13.9 亿人的 7.34%。西北地区不但幅员辽阔、资源富集、民族众多、文化多元，而且是我国西部极其重要的生态屏障。

"现代化产业体系"一词 20 世纪 80 年代中期兴起于西方发达国家，对工业、建筑业、交通运输业、现代服务业等行业产生的影响是积极而长期的。特别伴随着工业化进程的加快和科学技术在传统产业转型升级过程中得以广泛应用，对现代化产业体系转型升级带来了"革命性"变化。因为在经济发达国家或地区，衡量现代化产业体系科学发展的一大指标就是要看现代服务业是否占到了 GDP70% 左右的份额。而在发展中国家，对其标准的基本原则是农牧业基础要稳固、装备制造业要发达、第三产业要持续强劲，尤其是科技含量的贡献率不断有所提高，使资源的可持续利用与生态环保相辅相成。为此，加快西北地区从特色产业向现代化产业体系转型升级具有重大的战略与现实意义。

（一）有利于西北地区转变经济发展方式，优化产业结构

西北地区涵盖青藏高原与黄土高原的广大区域，不但地理环境奇特多样和气候类型复杂多变，而且历史变迁与民族风情特点各一、农牧业传统产业在其漫长的区域经济发展中一直处于主导地位。所以，在新的时代背景下，西北地区不仅要顺应全国经济发展新常态，还有在特色产业向现代化产业体系转型升级中有所作为，以此体现其地域辽阔、资源富集、发展前景广阔的地缘优势。

（二）有利于增强发展动力，满足人民对美好生活的需求

西北地区工业的基础是"三线"企业奠定的，曾在全国有一定的影响力。因此，在着力培育农牧业特色种植业、养殖业的同时，着力在新能源、新材料、装备制造业等领域增强其发展动力。依托西北地区原汁原味的自然风光、丰富多彩的民族文化等，提升其服务业比重，日益满足人民群众对美好生活的需求。

（三）有利于稳固西北地区生态屏障，实现可持续发展

西北地区的生态地位在国家生态安全中无与伦比，不论是三江源、祁连山、六盘山，还是天山、秦岭等地的生态重要性，都是国内外耳熟能详、社会各界关注的热点地区。所以，在西北地区从特色产业向现代化产业体系转型升级中会更加有利于生态屏障的稳固，以此实现区域经济的可持续发展。

二 构建西北地区现代化产业体系
转型升级的现实基础

近年来，西北地区充分利用原先国有企业较为扎实的产业基础，依托富集的矿产、石油、天然气、盐湖、风能、水能、太阳能等优势资源，以"稳"为基础，"稳中创特色""稳中促发展""稳中求效益"，使主导产业转型升级有了新突破，绿色低碳循环发展成为向现代化产业体系转型升级的主要亮点。

（一）供给侧结构性改革成效显著

2017 年，西北地区国民生产总值为 46592.73 亿元，其中青海 2642.8 亿元、宁夏 3453.93 亿元、甘肃 7677.1 亿元、新疆 10920.09 亿元、陕西 21898.81 亿元，较上年分别增长 7.3%、6.8%、5.5%、7.1%、7%。在西部 12 个省区（市）中除内蒙古和甘肃外，其同比增速均高于全国水平。尤其随着供给侧结构性改革的有力推进与去产能、去库存、降成本等措施的得以落实。全国规模以上工业增加值同比增长 6.6%，其增速较上年提高 0.6 个百分点，使其工业增长自 2011 年以来首次实现了稳中向好的明显态势。西北地区除新疆与甘肃同比增速低于全国平均增速外，其他省区都高于全国水平。其中宁夏增速最快、达到 8.6%，高于全国平均增速 2 个百分点。其次是陕西，增速为 8.2%，高于全国 1.6 个百分点。再次是青海，增速为 7%，高于全国 0.4 个百分点。在规模以上 36 个行业中，有 23 个行业增加值均有增长，与上年相比增长 6.3%。

（二）特色产业发展亮点纷呈

西北地区工业的基础是"三线"企业奠定的，所以在较长时期内以重工业为主，轻工业为辅的格局基本没有大的变化。但时过境迁，尤其是党的十八大以来，通过有效化解重点企业债务风险，不断优化产业结构，特色产业逐步实现了规模化与集群化发展，形成以新能源、新材料、盐湖化工、有色金属、油气化工、煤化工、装备制造业、钢铁、轻工纺织、生物为主的优势产业体系。如青海盐湖化工产品首次出口欧洲，电子信息制造与软件开发收入仅 2017 年就达 60 余亿元。五省区通讯工程投入 218 多亿元，信息服务业产值高达 560 亿元，力度为西北地区历年之最。

尤以察尔汗盐湖的开发利用最突出，自 2016 年 8 月 22 日习近平总书记视察后，其生态效益、经济效益、社会效益得到了前所未有的显现。青海盐湖工业有限公司充分利用高新技术、新材料，不断创新，在钾、钠、镁、锂盐和氯碱工业体系中形成了一定规模的产业集群，特别是柴达木循环经济试验区的关键核心项目——金属镁开发是国家第一批 13 个循环经济试验区之一。金属镁综合利用项目的建成投产，给盐湖工业的现代化发展带来了质的飞跃。青海百万吨钾肥一体化利用以年销售税金 1.36 亿元、实现利润 4.04 亿元在全国名列前茅，为世界三大钾肥生产基地之一。

西北地区年日照时数高达 2400～3300 小时，是全国少有的光照富集地之一。目前已建成 6 个太阳能发电千万千瓦级的产业集群，既是我国最大的可再生能源基地，也是西北地区构建特色产业向现代化产业体系转型升级的支柱产业。2017 年，仅青海太阳能光伏发电就达 113 亿千瓦时，其发电量位居全国第一。

2017 年，宁夏在现代煤化工、新能源等现代化产业增势强劲，科技创新投资增长 15.1%，高新技术产业投资增长 22.6%，清洁能源发电量占比达 17.3%。甘肃规模以上现代化工业产业中，循环型、科技型及战略性新兴产业完成工业增加值 134 亿元，较上年增长 11%，占规模以上工业增加值的 8.4%；其中高新技术产业完成工业增加值 76 亿元，增长 8.7%，占规模以上增加值的 5%。陕西取得的成效尤为突出。年内完成工业增加值 8721 亿元，同比上年增长 8.1%；其中，规模以上工业增加值增长 8.2%；规模以上现代化产业中，重工业增加值增长 7.4%，轻工业增长 11.5%；从其门类看，高科技、新能源工业增加值增长 5.5%，非能源现代化工业增长 10%以上。新疆在其转型升级中也以高科技新兴产业为主，其增加值与上年相比增长 9.2%，高新技术产业增加值创历史新高，增长到 38.8%；此外，战略性新兴产业如通讯技术、光伏发电等收入为 184.1 亿元，较上年增长 7.9%；实现高新技术产业收入 418 亿元，增长 10.3%；技术创新投资 250.35 亿元，增长 33.8%，亦创历史最高。

"窥一斑知全豹"。以上只是西北地区特色产业向现代化产业体系转型升级中的几大亮点，这些现代化产业发展顺势而为，以自主创新、招商引资、招贤纳才和"走出去与请进来"相结合，依托西北地区特有的资源优势，在光伏发电、盐湖开发、装备制造、生物制品等方面不但在全国领先，而且发展潜力巨大。

（三）科技创新成为转型升级强大动力

2017 年，从西北各省区和门类看，首先在中药材、藏医药开发等特色产业向现代化产业体系转型升级中生物制药等新兴产业和新材料产业最为显著，其增加值增幅也最大，青海较上年增长 26.6% 与 22.5%。其次是高新技术制造业和装备制造业，增幅亦较大。如宁夏落实"三去一降一补"任务，其经济以稳促进、因地制宜，相继出台实施了"创新驱动 30 条"和"降成本 30 条"，降低实体经济成本 85 亿元，规模以上工业增加值增长 8.6%、利润增长 22.3%。再次是去产能见成效。如宁夏实施 100 个重点技改项目，化解煤产能 593 万吨，取缔"地条钢"46 万吨，不断推进现代化产业体系转型升级。新疆完成钢铁去产能 570 万吨，"地条钢"被全面取缔，未达标企业被淘汰，煤炭去产能 1163 万吨。基础设施投资增长 42.4%，其增速较上年提高 57.5 个百分点，其中通讯信息和软件业投资增长 13.4%。此外，轻工纺织、新能源、盐湖化工与有色金属产业增加值分别增长 7.6% 和 5.9%；新能源开发利用如风能、太阳能，清洁能源天然气、水能等增加值均达 7% 以上。陕西切实将新发展理念贯穿于现代化产业体系转型升级全过程，紧紧围绕追赶超越主题和"五个扎实"总要求，以"五新"发展战略，将供给侧结构性改革引向深入，着力推进"放管服"措施，适时制定出台了促进工业发展的 21 条相应政策，使全省经济稳定持续在合理区间，呈现出总体平稳、动力强劲、提质增效的良好态势。相比之下，五省区特色资源类开发效率增加值有所下降，如煤炭、火电等资源的开采增加值与上年相比下降7.2%。规模以上高耗能工业产业增加值与上年相比下降3.6%。现代化产业体系循环利用率57%，高新技术、科技型企业分别达到257家和893家，五省区投入科技创新专项经费718亿元。

三　2018年上半年西北地区三次产业增加值及增速对比

2018年上半年全国各地认真贯彻执行中央经济工作会议和政府工作报告确定的经济发展目标，使其经济形势依然保持稳中向好趋势，实现国内生产总值418961亿元，按可比价格计算，同比增长6.8%，比上年同期小幅回落0.1个百分点。从西北地区各省区来看，宁夏树立和践行新发展理念，实施"三大战略"，积极推进产业转型升级，着力推动高质量发展，经济运行总体平稳，稳中有进，上半年全区实现生产总值1603.58亿元，较上年增长7.7%，其增速高于全国0.9个百分点，位列西北地区第二。青海经济稳中向好，质量与效益不断提升，产业结构进一步优化，全省生产总值达到1196.99亿元，增长5.9%，低于全国平均水平0.9个百分点。新疆进一步优化产业结构，实施创新驱动战略，上半年全区实现生产总值4892.47亿元，增长5.6%，低于全国1.2个百分点。甘肃坚持走高质量发展之路，经济运行总体平稳，全省生产总值达到3497.6亿元，增长5%，与全国平均水平相比，低于1.8个百分点，其增速在西北地区最低。陕西大力推进"五新"战略，加快发展枢纽经济、门户经济、流动经济，使其结构趋优、活力增强、成效提升，全省生产总值高于全国平均水平1.8个百分点，名列西北地区第一。全国与西北五省区三次产业增加值及相应的增速见表1。

表1　2018 年上半年全国与西北地区三次产业增加值及增速

地区	生产总值（亿元）	增速（%）	第一产业（亿元）	增速（%）	第二产业（亿元）	增速（%）	第三产业（亿元）	增速（%）
全国	418961	6.80	22087	3.20	169299	6.10	227576	7.60
宁夏	1603.58	7.70	59.78	3.50	810.18	5.0	733.62	10.9
青海	1196.99	5.90	39.70	4.50	589.22	7.80	568.07	3.60
新疆	4892.47	5.60	375.83	5.10	1951.47	3.20	2565.17	7.60
甘肃	3497.60	5.0	206.80	5.10	1238	2.50	2052.9	6.70
陕西	10702.55	8.60	506.26	3.40	5219.47	9.0	4976.82	8.70

资料来源：国家统计局、宁夏统计局、青海统计局、新疆统计局、甘肃统计局、陕西统计局、中商产业研究院大数据库。

四　特色产业向现代化产业体系转型升级的制约因素

西北地区工业化进程经半个多世纪的发展，当前虽由初期入了中期发展阶段，但特色产业向现代化产业体系转型升级中存在的主要问题和最大矛盾依然是发展中的不平衡与不充分。2017 年，第三产业仅占 45.26%，低于当年全国平均水平 51.6% 的 6.34 个百分点。突出表现在经济增长的质量与效益有待提高、政府宏观调控与民间投资活力不足、企业的科技研发与自主品牌亟待强化，产能过剩与需求结构矛盾仍较突出。"土特产"品种多、高科技高附加值产品少，尤其受原材料与物流成本增加等诸多因素，使实体经济发展举步维艰。

（一）工业化进程缓慢，规模与效益有待提升

众所周知，解放前西北地区所谓的"工厂"其实就是手工作坊的纺织厂、印刷厂、火柴厂等条件简陋、规模很小的传统制作，几乎没有电力设备的企业。20 世纪 60 年代中期至 80 年代，因国防建设国家将大批重工、军工、民工企业设备与技术人员（三线企业）同时迁至西宁、银川、兰州、西安、乌鲁木齐和其他城镇。当时大多数企业的工业化程度不但在国内领

先，而且在国际上也较为发达。为西北地区现代工业的起步有积极的推动作用和奠定了一定基础。后因国家战略产业布局调整和大部分企业"使命完成"，有的回迁、有的转产、有的到内地，仅有部分"扎根"西北至今。改革开放后，随着我国东南沿海地区特色产业向现代化产业体系进程的加快，西北地区与国内外现代化长远体系差距也日趋拉大。如原有的"青海湖"货车、"西海"客车等品牌曾名噪一时，但因起步晚、底子薄、规模小，进程慢，工业化总体水平不高，规模与效益难以在激烈的市场竞争中占据"制高点"，使其在全国有一定影响的众多产品只是"昙花一现"。

（二）缺乏顺势而为的创新精神，科技研发投入不足

创新是企业的生命所在，只有创新才能在竞争中彰显活力。西北地区的工业发展多年大多打的是石油、天然气、盐湖及矿产开发"几张老牌"，就是说一个时期以来，工业化进程基本以原材料的低价外出、初加工、高耗能等"维持现状"，使其从特色产业向现代化产业体系转型升级中不但不相匹配，而且在全国同行业体系建设中一直被"边缘化"，如要有"创新"，也往往是"明日黄花"和"马后炮"。究其原因，一是企业缺乏顺势而为的创新理念。拥有自主知识产权的"拳头"产品少之又少，大多在"就地徘徊"，没有形成勇立潮头的长期效应。二是市场活力有待强化。虽说西北地区在矿产资源与新能源方面占据"天时地利人和"的优势，但在其开发、研发过程中，由于科研经费投入不足，对盐湖的综合利用、生物制品、有色金属等资源的精深加工等方面突破不大。三是新能源利用没有自主知识产权，依然未能摆脱"步人后尘"的被动局面。大数据、云计算、通讯互联、电器研发、医疗机械制造业等方面不论是社会影响力、产品的创新性、经济效益与发达地区之差距不是在缩小，而且依然在拉大。

（三）服务业占比较小，产业结构有待优化

西北地区在加快现代化产业体系转型升级建设中，低碳、循环与绿色发

展是大势所趋。所以在其过程中，除了国家的相关政策，加快发展服务业，提高其在三次产业中的比重至关重要，而这恰恰是制约西北地区特色产业向现代化产业体系转型升级的"瓶颈"和"短板"。加之忽略了在其发展中优化产业结构的紧迫性与重要性，缺乏有利于第三产业发展的"土政策"和长效机制，更无必要的强制标准与评价体系，因而使其突出表现在重政策宣传轻贯彻执行。另外对西北的区位优势、资源优势和后发优势认识不足，使其现代化产业体系集群规模小、水平低、效益差，因此强化其科技投入与优化其产业结构势在必行。

五　特色产业向现代化产业体系转型升级的对策建议

西北地区特色产业向现代化产业体系转型升级中，要以习近平新时代中国特色社会主义经济思想为指引，深入贯彻落实党的十九大精神，以规模与效益齐头并进、以科技型新兴产业为引领、以拥有自主知识产权为重点、以信息技术与高科技制造业的深度融合为目标，构建具有鲜明西北区域特点的现代化产业体系。为此，提出以下对策建议。

（一）打造"高精尖"产业布局

今后一个时期，西北各省区要将创新驱动战略贯穿于特色产业向现代化产业体系转型升级全过程，着力培育和强化装备制造业、新能源、生物制造等产业集群，使其平稳有序迈入科技引领、内生增长的"快车道"，以此实现传统工业经济单纯追求规模、数量、速度向提升质量、效益、持续发展转变。所以要以科技创新助推特色现代化工业产业体系，提升其规模与效益整体水平。全方位、多领域、高效益融入国内外市场，在太阳能、风能、有色金属、油气化工、煤化工、装备制造业、高技术制造业、生物制药等产业方面有重大突破。在推动经济发展方式转变、加快科技型企业发展中要营造现代化体系的产业生态，扩大社会资本投入力度，建立立体化创新科研机构。

（二）以生态优先理念着力构建现代化产业体系

西北地区生态脆弱而敏感，肩负着维护国家西部生态安全屏障的重任。所以构建现代化产业体系首先要树立"生态优先"理念，明确生态环境在西北地区特色产业向现代化产业体系转型升级中至关重要，是其关键的内在动力与战略核心。为此，通过创新驱动、产业升级来实现资源的综合利用、延长其产业链和提高附加值。以科技创新使特色产业"改头换面"，在节能环保、尖端工艺等方面有新突破。切实使习近平总书记提出的"青山绿水就是金山银山"的科学论断在西北大地更加深入人心、更加富有成效、更加得以升华，做好盐湖、清洁能源、特色农牧业、文化旅游"四篇大文章"，使资源优势转化为经济优势达到利益最大化，既为当代保护了青山绿水，又为子孙后代留得了"金山银山"。

（三）深化供给侧结构性改革

浩瀚无垠的柴达木盆地成就了极其丰富的盐湖资源，习近平总书记对青海盐湖产业视察时的重要指示使盐湖开发利用迎来了前所未有的好时机。因此，在盐湖资源的高端开发中，以深化供给侧结构性改革为主线，进一步优化存量、扩大增量、统筹供给、培育新品。明确供给侧结构性改革是解决目前青海，乃至西北构建特色产业向现代化产业体系转型升级中以盐湖资源、新能源等开发利用为重点发展问题的"秘方"。在争取国家政策与资金投入的同时，主动作为、效益当先，凝聚"西北人"的智慧才智，做好盐湖综合开发利用这篇大文章。注重顶层设计、确定长远规划、深度精深加工，把青海盐湖工业股份有限公司打造成为国内外知名企业，使"走出钾、抓住镁、发展锂、整合碱、优化氯"的战略布局落到实处，积极实施"百项高新技术提质增效示范工程"，使其向中高端迈进，把盐湖系列品牌做大做强、做优做精、做向全国、做响世界。

（四）以科技创新提升规模与效益整体水平

要将创新驱动战略的实施贯穿于现代化产业体系各个环节，培育和强化先进制造业产业集群，引领其产业体系迈入创新驱动、内生增长的"快车道"，以此实现特色产业单纯追求规模、数量、速度向提升质量、效益、持续发展的转变。要以科技创新助推现代化产业体系转型升级，着力提升其规模与效益整体水平，就必须全方位、多领域、高效益融入国内外市场，在太阳能、风能、有色金属、油气化工、煤化工、装备制造业、高技术制造业、生物制药等产业方面有新突破。

一是将西北地区建设成为国家在西部的水资源、太阳能、风能等清洁能源基地，二是向国内外筑巢引凤、尊贤纳才、招商引资加大水氯镁石脱水制取无水氯化镁科技攻关力度，采用国际尖端技术使其达到年 15 万吨氢氧化镁生产能力，三是既要轻纺工业、绿色食品、生态旅游、藏蒙医药等产业"枯木逢春犹再发"，又要注入其科技、市场活力，使其具有发展潜力、国际竞争力、市场影响力的新的现代化产业体系。

（五）实施"56789"工程

实体经济是西北地区构建特色产业向现代化产业体系转型升级的根基所在。对此，要注重从市场主体、低碳绿色、以科技助推工业体系建设，加快传统产业转型升级，使战略性、科技型产业占比力争达到 60% 以上。云计算、大数据、人工智能等高科技信息技术在盐湖产业、光伏发电、晶硅生产、光伏发电等重点领域得以广泛应用和新突破。

到 2025 年，中国制造战略在西北地区不但得以实施，而且应着力将发展的重点放在实体经济上。西宁、兰州、西安、银川、乌鲁木齐工业基础较为扎实，管理体制也较健全和成熟，聚集了一批科研机构与专业技术人才。所以，要充分认识西北在此方面"万事俱备只欠东风"，国有企业要在技术、资本、人才、市场中探求经济增长的新动力，使资源要素向高科技新兴产业集聚、政策措施向新兴产业倾斜、经济效益向低碳绿色获取。将政府行为和市场调控"两只手"握在一起、融入"一带一路"战略、实施乡村振兴战略等有机融合，既要避免"墙里开花墙外香"、又要克服"孤芳自赏"的狭隘心态。营造良好的发展环境，鼓励和扶持民营企业"八仙过海各显神通"，主动投身其创业。

在特色轻工、生物医药、能源化工、装备制造、高技术制造业等重点领域大胆探索，以高科技为传统产业"改头换面"、以新模式助推实体经济发展、以中长期目标赢得市场，从区位优势、资源优势、政策优势、尊贤纳才等方面积极优化西北地区从特色产业向现代化产业体系转型升级的内外部环境。创建至少 5 个国家及国际知名且具有西北地区现代化产业体系转型升级的品牌、6 个国家级循环经济发展示范区、7 个高新技术制造业与装备制造业、8 个生物制药与新能源开发综合利用知名品牌、9 个国家级绿色经济发展示范基地，力争使西北地区从特色产业向现代化产业体系转型升级，走在我国西部乃至全国前列。

主要参考资料

国家统计局《中国统计年鉴 2017》，中国统计出版社，2017 年 9 月，第 1 版。

中华人民共和国国家统计局：《中华人民共和国 2017 年国民经济和社会发展统计公报》，2018 年 2 月 28 日。

青海省统计局、国家统计局青海调查总队：《青海省 2017 年国民经济和社会发展统计公报》，2018 年 2 月 27 日。

《2018 年宁夏回族自治区政府工作报告》，自治区主席咸辉 2018 年 1 月 26 日在宁夏回族自治区第十二届人民代表大会第一次会议上所做的报告。

新疆维吾尔自治区统计局、国家统计局新疆维吾尔自治区调查总队：《新疆维吾尔自治区 2017 年国民经济和社会发展统计公报》，2018 年 4 月 25 日。

甘肃省统计局、国家统计局甘肃调查总队：《甘肃省 2017 年国民经济和社会发展统计公报》，2018 年 4 月 18 日。

陕西省统计局、国家统计局陕西调查总队：《陕西省 2017 年国民经济和社会发展统计公报》，2018 年 3 月 26 日。

B.8
西北地区建设煤电化产业集群
及其循环经济体系构想

白黎东*

摘　要： 本文就西北地区煤电化产业集群构建煤炭循环经济体系进行探讨，阐述了西北地区煤电化产业集群发展循环经济，指出构建煤炭循环经济体系是新时代高质量发展的一种新要求，也是一场新的工业革命。西北地区煤电化产业集群走向循环经济要经历：初级工业化—高级工业化—初级生态化—高级生态化。西北地区煤电化产业集群要发挥后发优势，遵循规律，用绿色技术改造传统产业，积极构建煤炭循环经济体系，使我国西北地区煤电化产业集群真正走上可持续发展的道路。

关键词： 西北地区　煤电化产业集群　循环经济体系

一　西北地区煤电化产业集群积极构建煤炭
循环经济体系的意义、可行性

（一）煤炭循环经济体系构建的意义

能源安全问题已经是世界范围内竞争和斗争的焦点，也是我国经济能否

---

* 白黎东，新疆社会科学院经济研究所、旅游发展研究中心副研究员，新疆市场营销协会会长，新疆经济学会常务理事，研究领域：产业经济、区域经济。

持续健康发展的最大隐患和症结所在。确保能源安全、解决瓶颈制约已成为党和政府投入巨大精力破解和极为关注的问题。从维护我国能源安全的角度来看，积极构建煤炭循环经济体系意义重大。在这一形势下，作为一次性能源主体的煤炭，怎样实现其合理利用、高效利用，科学利用是我们着重要解决的难题。而加速煤炭循环经济体系构建，恰恰是科学、合理、高效利用煤炭的一把"金钥匙"，其缓解我国能源压力的战略意义深远。中央做出建设节约型社会的重大决策和战略部署的工作重点是抓好能源、资源的节约。从建设节约型社会的这一角度来看，积极构建煤炭循环经济体系有其特殊意义。当前我国煤炭资源开采中存在工艺粗放、加工层次浅，采易弃难、采厚弃薄等问题，原本可以再深加工利用的煤产品废弃严重，浪费现象十分严重，系统运行效率低于国外先进水平25%左右，主要耗能设备设计效率平均低于国外先进水平80%左右，单位建筑工程采暖能耗比气候条件相近的发达国家高1.5倍，离建设节约型社会的要求相去甚远。

以前煤炭资源丰富区域优先生产建设、轻污染治理带来严重后果。全国每年洗矸、洗煤废水、煤泥等，大多数没有综合利用。从和谐社会构建的角度来看，加快发展煤炭循环经济体系其意义重大。不能循环利用的粗放生产方式造成大量废弃物，对水资源的污染和破坏，对土地资源的占用和破坏，对大气环境的污染等现象严重，这既不利于政治的安定、人心的稳定、社会的和谐，也不符合人与自然和谐发展的要求，需靠循环经济来充分挖掘资源的利用潜能。

煤炭也是不可再生资源，所有煤炭资源富集区域也会面临煤竭业衰的潜在威胁。从煤炭资源富集区域可持续发展的角度思考，加快构建煤炭循环经济体系其意义重大。因此，必须高度重视两个问题：一是让煤炭产业单位产量煤炭资源发挥出最大的经济效益，延伸产业链条，以多方挖潜的内涵式扩张替代扩大开采的外延式扩张。二是从长远发展的视角来看，煤炭资源富集区域，解决经济发展单纯依赖煤炭并不失时机地发展非煤替代产业的问题。从各地的实践经验和现实条件看，第一点潜力巨大，有条件较快见效。加速构建煤炭循环经济体系，就是以此为重要内涵的，抓好它是煤炭资源富集区域实现可持续发展的有力之举。第二点则是长远战略，但不可能在短期内迅速见效。

（二）加快发展煤炭循环经济体系的可行性

煤炭和天然气、石油一样，是完全可以高效、清洁利用的能源。煤炭的开发和利用引起的环境和资源问题，是全世界共同面临的问题。从能源结构来看，以煤炭为主的能源供应，面临利用环境严重污染、效率低和大量进口石油的严重挑战。煤炭的粗放利用是能源效率低下和高污染的根本原因。但这并不是煤炭本身的问题，煤炭一直以脏、黑、低效和污染的形象出现在大家面前。煤炭是天然的原始产品，传统的方式是，煤炭开采出来不经加工直接销售，不经处理就直接燃烧，因而导致污染环境。这都是粗放生产、粗放燃烧所引起的。自 20 世纪 70 年代中期以来，世界经历多次石油危机，天然气、石油价格不断上涨，对各国冲击很大。纷纷寻求以煤炭合理加工转化替代石油和天然气的对策，从而各国相继提出了"洁净煤技术计划"。燃煤同燃油、燃气一样产生二氧化碳，对环境产生影响；但煤炭也是完全可以清洁和高效利用的能源。同石油、天然气一样，作为初级产品的煤炭，具有可加工性和可洁净性。煤炭通过洗选和型煤加工、煤电转化、煤层气抽取利用、煤炭气化、煤炭液化、水煤浆制取、煤炭深加工制取二甲醚以及应用洁净燃烧技术等途径，完全可以成为洁净、高效的能源。随着煤炭洁净技术的发展和科学技术进步，煤炭已然成为高效利用和可洁净生产、洁净使用的能源。洁净煤技术可从根本上改变煤炭粗放利用的不良后果，不仅能够提高煤炭利用效率和减少污染，甚至可以根本消除对环境的污染。洁净煤技术将成为煤炭生产发展的新趋势，煤炭洁净使用将成为用户的必然选择。煤炭的优势将得到进一步发挥，为我国液体燃料的供应开辟一条新路。发展洁净煤技术，实现煤炭的清洁生产和清洁使用，推进洁净煤技术产业化，是实施煤炭工业可持续发展战略的需要，是国民经济实现全国协调可持续发展的必然选择。应用洁净煤技术，把煤炭转变为洁净高效能源，这是发达国家的成熟经验，也是我国能源可持续发展的根本途径；是认真贯彻实施国务院"加强综合利用与环境治理，构建煤炭循环经济体系"的基本要求；也是我国煤炭工业持续健康发展的根本途径；西北地区煤炭工业也不例外。

二　着力消除西北地区煤电化产业集群的环境影响

（一）西北地区煤电化产业集群煤炭循环经济体系共生关系分析

西北地区煤电化产业集群带来的煤炭开发和大量固废的综合利用，使产业集群发展客观上存在煤炭开采、煤化工、电力（蒸汽）和固废综合利用四个体系，他们之间互相依存又相互独立。围绕充分利用煤炭资源，将资源优势转化为产业优势，煤炭开采为煤化工企业、电厂提供原料，并根据含硫高低进行分质供煤；煤化工的合成气、驰放气可供电厂做燃料；电厂为煤化工企业提供蒸汽和电力，而废物消纳工业体系可以将矸石、炉渣等进行综合利用，并对煤化工中的硫和二氧化碳进行回收，延伸产业链，变废为宝。产业带四大体系的共生关系见图 1。

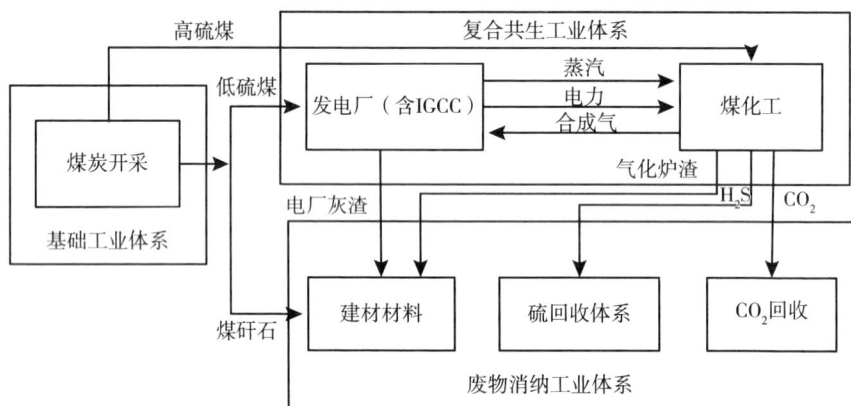

图 1　煤电化产业集群煤炭循环经济体系共生关系

（二）着力消除西北地区煤电化产业集群的环境影响

1. 大气污染防治

推广节能技术，清洁生产，可依托开发区内煤电煤化工企业余热进行供热，实施建筑节能和推广采暖供热系统节能措施，鼓励入区单位采用节能工艺，增加有用资源回收量，降低消耗。开发区内企业必须按"三同时"要求，各生产装置必须配备完善的污染治理设施，以减少大气污染。

2. 水污染防治

按照开发区规划建设污水处理厂处理生活污水，处理达标后回收用于煤化工等项目生产用水或生态用水，不外排；各企业须根据本厂污水的性质自建专业污水厂，处理生产废水，处理达到相应标准后回收用于生产，对于暂时不能利用的高浓度盐水，处理至《污水综合排放标准》（GB8978-1996）的一级标准后，排入含盐水库储存。含盐水库按照规划布置和实施。在企业内积极推进清洁生产审核，通过审核促使企业减少单位产品水耗，提高水资源利用率。建议布置生活污水处理设施、建设含盐水库，尽快开展地质勘查工作，根据地勘确定生活污水处理厂和含盐水库的具体位置。

3. 噪声防治

对设计和各种机电产品选型时，既要满足工艺要求，还要考虑其良好的声学特征（高效低噪），或配套提供降噪设备；坚持源头把关的原则。强噪设备的基础采取减震措施，各类水管道、气管道连接处安装橡胶减震接头；对噪声较大、设备较集中的生产场所设置隔声控制室或值班室；对无法采取措施的作业场所，工作时操作人员佩带耳罩、耳塞和头盔等个人防护用品。

4. 固体废物处置

燃煤灰渣可用于矿区铺设道路或销售给当地建材企业。根据开发区内以煤电煤化工为主的产业结构特点，综合利用项目围绕着煤矿开采、燃煤发电产生的主要固体污染物，进行综合利用，形成粉煤灰制水泥产业、灰渣及矸石制砖项目，这将大大提高和扩展电厂、煤化工产业粉煤灰，以及煤炭采选业灰渣、矸石的综合利用，形成开发区内的粉煤灰、矸石灰渣的循环产业链。

5. 生态环境保护措施

制定规划区生态建设规划，保障生态建设有序进行；加强管理制度，保障区域生态良性发展；重点防治土地沙化，关注廊道工程建设。开发区建设中各种运输车辆和机具产生的噪声对评价区周围野生动物的惊扰影响较大，因此，应严格控制施工时段，优化施工方式。尽量降低交通工具和工程机械运行时的噪声强度，一般情况下应禁止汽车鸣笛。要求施工单位和人员严格遵守国家法令、坚决禁止捕猎任何野生动物，同时加强施工人员的管理，严禁对周围林地、灌木进行滥砍滥伐、破坏野生动植物的栖息环境。加强西北地区煤电化产业集群开发建设过程的环境监理，落实土壤保护与植被恢复，保护野生动物生存环境，建立生态补偿基金制度，开展科研和监测项目。

三 西北地区煤电化产业集群发展循环经济的
思路、模式及其途径、措施

（一）西北地区煤电化产业集群加快构建循环经济的思路、模式

近年来，我国一些学者和专家就煤炭产业发展循环经济的思路、模式进行了全面探讨，有许多很有价值的发展思路、模式。一些发展思路、模式虽然还有一些值得完善、商榷的地方，但在理论上、实践上具有可行性，与循环经济理论相一致。

1. 煤炭产业发展循环经济的思路

（1）发展思路的着重点是以煤炭的清洁生产和综合利用构建煤炭产业链的发展思路。即煤炭资源的清洁生产和综合利用达到减量化、再循环、再利用的目的。

（2）发展思路的着重点是利用煤化工技术对煤炭进行转换，实现连续开发思路。即煤炭的转换技术，煤制油、煤制甲醇及其下游产品的开发是其主要开发项目。

（3）产业集群的发展思路。即把洁净煤技术与煤化工技术、综合利用技术结合起来发展的思路，这种发展思路可在更多领域、更大范围进行再循环、再利用，从而获得更大的经济效益和环境保护效益。

（4）该发展思路是对以上应用技术、发展思路的综合。就是在城市附近，建设合成工业园的发展思路。即建设以煤炭为原料合成气工业园，以煤的气化为龙头，然后发电、向城市供应煤气、生产各种可以生产的化工产品，从而实现煤炭资源的循环利用、多级利用。

（5）是一种更高层次的发展思路。建设以煤炭开采为龙头的"循环经济工业区"的发展思路。即按照统一规划实施资源开发和相关产业的发展，在煤炭及共生、伴生资源富集区，建立以煤炭资源开发为龙头的"循环经济工业区"，按照循环经济的发展模式，对各种资源的开发、循环利用进行统一规划，使生态环境得到最好的保护，各种资源得到科学合理的开发利用，最大限度地避免由于区域和行业分割所造成的无序竞争。主要思路着眼点是煤炭资源富集区的开发以及大型煤炭基地的建设。

2. 以构建产业链为特征的循环经济发展模式的设计

当前，我国一些煤炭企业利用自身的资源优势，以构建产业链为特征，对资源的再循环、再利用进行了设计。

（1）以炼焦煤转换成焦炭过程中产生的副产品作为再循环、再利用的资源发展下游产业，从而形成若干个产业链，使炼焦煤资源及其副产品得到最大地循环利用，这种链模设计，基本没有废弃物的产生。即以炼焦为核心的产业链模式设计。在这个模式设计中，在炼焦煤 焦炭—焦油—焦油精制—精细化工—高附加值产品主体产业链下可以衍生出三条次一级产业链，这就是：发电产业链—煤矸石（煤泥、中煤），建材产业链—炉渣、粉煤灰和煤气—甲醇（民用）产业链。各种资源基本"吃干榨净"。

（2）这是一种比上面的设计更进一步的设计。在这种模式设计中，有三条主要产业链路线，这就是：发电，炼焦，电石生产。并从中衍生出更多的产业链。即以发电、炼焦和电石为核心的产业链模式设计（见图2）。

（3）以高硫煤或褐煤为原料的产业链模式设计。除了主体产业以外，可以衍生出更多的再循环、再利用的产业链。目前，该种发展模式主要有两种。这是两种高科技的发展模式，一是以高硫煤或褐煤为原料进行液化（煤制油）的发展模式设计；二是发电、甲醇及下游产业的发展模式设计。

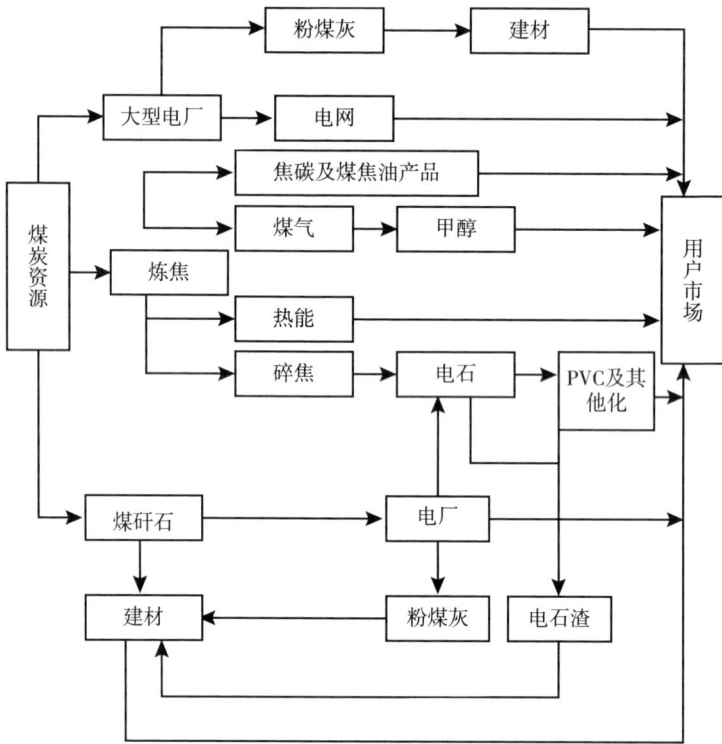

图 2 煤电焦化电石产业链模式设计示意

3. "循环经济工业"模式设计

这是一种以区域为单位的循环经济模式设计，针对煤炭资源富集区，尤其是巨型煤田。在这个模式设计中，核心是煤炭资源的开采、利用与生态环境保护的和谐统一，而生态环境保护是第一位的。大部分煤炭资源富集区生态环境相对脆弱，并伴有草场、湿地、湖泊的特点，根据煤炭资源及其他资源的分布状况，可以划分成不同的区域，如：禁采区、有限开采区和正常开采区。"禁采区"，就是禁止开采的区域，比如重要的草场、湿地、湖泊等。确保对区域生态环境具有决定性影响的这部分生态状况不受到破坏是划定"禁采区"的唯一目的。"有限开采区"，就是可以进行有限开采的区域。这一区域，煤炭资源极其丰富，生态环境相对脆弱，但在采取了有效措施后可以实施有限度的开采。"正常开采区",就是可以进行正常开采的区域。这一区域,不会因为煤炭资源和其他资源的开采而对生态环境造成不可弥补的破坏。在这个模式设计中,只有资源合理利用和生态环境得到最好保护的概念,没有行政区划和行业分割的概念;不论是哪一级政府、任何行业或企业,必须依照统一的规划,按照循环经济产业链中规定的产业进行发展。

"循环经济工业区"资源再利用再循环经济模式设计构想见图3。

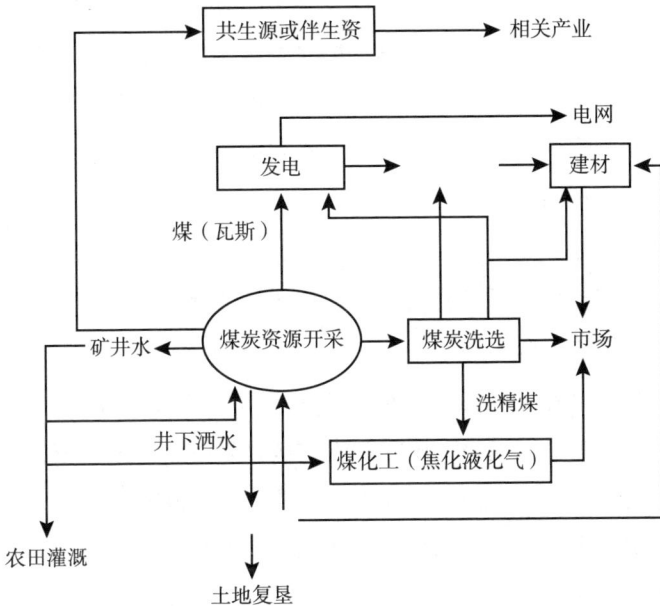

图3 循环经济工业区资源再利用再循环模式设计

(二)煤炭产业发展循环经济的途径、措施

1. 制定、颁布一系列法律和法规

对循环经济加以规范,做到有法可依,有章可循。同时,可使用经济激励手段,如价格、税收和财政政策。使政府在法制建设方面成为发展循环经济的责任主体。在国家、地方重点技术改造项目计划中,对重点行业、重点流域、重点企业清洁生产项目优先安排,并给予必要的贴息支持。中国

《清洁生产法》对煤炭、冶金、建材、化工、电力、轻工、有色金属等重点行业进行"结构性污染"治理，应该说，这是我国推行循环经济借鉴发达国家经验，制定《国家绿色消费法》和生产行业法律。近一个时期以来，我国先后颁布了《清洁生产促进法》、《节约能源法》和《环境影响评价法》，正在研究制定《国务院资源利用条例》，这些法律法规为发展循环经济提供了依据。另外，需要建立一套绿色保障制度体系来实现循环经济环境资源的有效配置，包括以下内容：首先是绿色制度环境，含绿色资源制度、绿色产权制度、绿色市场制度、绿色产业制度、绿色技术制度等；其次是绿色规范制度，含绿色生产制度、绿色消费制度等；最后是绿色激励制度，含绿色财政制度、绿色税收制度、绿色投资制度等。这些制度的建设离开政府的推动是无法实现的。

2. 利用矿区各种资源

因地制宜实施综合开发经营，延伸产业链，促进矿区资源合理开发，提高资源和废弃物的综合利用水平

（1）延伸产业链。推动单一煤炭资源矿区发展可持续产业和替代产业，把资源优势转化为经济优势，研究探索矿区开发的新模式。依托煤炭资源优势，通过吸收外资、多元持股、同下游产业的企业联营等多种方式，大力发展煤—电、煤—化工、煤—建材等高耗能、高附加值产业和煤—绿色生态农业以及煤的深度转化产业，实行多元化经营。

（2）做好劣质煤的综合利用。按照原煤生产及洗选加工过程中劣质煤的品种和数量，发展相匹配的综合利用项目。选择先进适用的锅炉燃烧技术，建设和改造劣质煤电厂，发展热电联产。建立动力配煤中心，向中小型煤炭用户提供优质对路的煤炭，提高炉窑燃烧效率，节约能源，减少污染。扩大煤矸石在建材产品生产和筑路、复垦、回填等方面的应用。

（3）开发利用与煤共伴生矿物。合理配置矿区生产力要素，发展共伴生资源的深加工，开拓新的经济增长点，提高企业经济效益。加强煤系地层中共伴生矿产资源，如高岭土、石膏、硫铁矿、耐火黏土、矿井水等的开发和利用。

（4）挖掘煤矿闲置地下和地面空间的经济价值。可主动与有关政府部门及企业联系，对煤矿开采后形成大量闲置的地下空间，寻求仓储或固体废物永久处置等；对地面建筑物，按其功能及需要进行优化配置，余下的闲置部分可考虑租赁或另作商业用途，以挖掘其经济价值。

（5）以土地复垦为重点，协调各方面力量，建立各种类型的矿区生态重建示范基地，逐步形成与生产同步的生态恢复建设机制，加强矿区环境综合治理。

3. 科学制定煤矿安全生产规程

生产过程中的每个环节都要符合科学规范，从源头把关，预防和减少废弃物的产生。生产属于循环经济中从资源到产品的过程，具体有以下三个原则：首先是减量化：在生产中，可以通过减少原料使用量和重复使用、重新设计生产工艺来节约资源和减少排放，旨在减少进入生产和消费过程中物质和能源流量。其次是标准化：减少非标准化的浪费，在生产设计中，尽量采用标准设计。最后是清洁化：要在生产过程中，尽量减少对人体健康和环境的不利影响。上述原则的实现，关键是积极依靠科技进步，大力降低原材料和能源的消耗，采用无害或低害新工艺、新技术，实现少投入、高产出、低污染。产品科学合理的设计和制造，是循环经济推行的首要环节。

4. 对废弃物加强综合利用

将废弃物转化为新的资源，使物质得到循环利用，是循环经济的第二个环节也是循环经济的重要原则和标志。对废弃物加强综合利用主要包括使废弃物减量化、无害化和资源化。减量化依靠重复利用，无害化则依靠填埋焚烧。"垃圾是放错了地方的资源"，在循环经济日益崛起的今天，这句话已经成为越来越多的人的共识。废弃物的资源化有两种方式：一是原级资源化，即把废弃物生成与原来相同的产品。二是次级资源化，即把废弃物变成与原来不同的新产品，通过这种利用方式，可减少原生材料量的25%。经过工业革命以来近300年的消耗之后，可供人类利用的自然资源已近枯竭，废物资源化不仅为人们提供了新的资源，而且减少了对环境的污染。新的文明时代必然伴随着新产业的出现，废物再利用产业的兴起就是人类社会步入环境文明时代的标志。在许多国家，再生资源的回收利用已经成为一个十分重要的产业。据不完全统计，目前世界上主要发达国家的再生资源回收总值已达到一年2.5亿美元，并且以每年15%～20%的速度增长。而且，利用再生资源进行生产，要比利用天然原料进行生产能耗低，污染物排放少。

5. 实施严格、科学的管理

循环经济是一种新型的、先进的经济形态。但是，不能设想仅靠先进的技术就能推行这种经济形态，它是一门集经济、技术和管理于一体的系统工程。严格、科学的管理是发展循环经济的重要条件。

首先政府要把发展循环经济作为煤炭产业的重要目标。工业生态园是推行循环经济的一种好方式，模仿自然生态系统，使资源和能源在这一个工业系统中循环使用，上家的废料成为下家的原料和动力，组成一个闭合型的产业链条。尽可能把各种资源都充分利用起来，做到资源共享，各得其利，共同发展。煤炭行业要有合理的产业结构，各产业之间按照生态规律，形成互相关联、互相依存的产业链。

其次要制订必要的法规，对循环经济加以规范，确保资源的合理开发、有偿利用，加大对环境污染的惩罚力度。一要严格限制污染企业的建设，从源头把关，以避免新建项目一建成就成了限期治理项目。二要改革现行的排污收费制度并提高收费标准，改变目前企业缴费买排污权的现象，并将逐步引入污染税或环境税，把一部分排污费改为在原料和产品环节征收污染附加税等，积极利用市场经济的调节手段，明确企事业单位和消费者的经济责任。

6. 增强人们的绿色发展观念和参与意识

推进循环经济还需提高人们环境保护和资源节约意识，一是要加强宣传教育，倡导生态价值观和绿色消费观，减少垃圾的产生，提倡人们选择包装物较少或者可循环使用的物品而不是一次性物品。二是我国西北应通过大力发展以文化消费为主的第三产业和以信息服务为主的新兴产业，改进居民的消费结构，促进社会消费多样化。可以引导居民逐渐将更多的消费投入到这些能源和原材料消耗低的项目中，同时也有利于环境的保护和建设；比如：

加大公园绿地、开放式运动与健身场地、文化教育与娱乐设施以及信息服务设施配置的比重。

发展循环经济，构建煤炭循环经济体系是新时代全球经济呈现出的一种新态势，是一场深刻的工业革命，也是西北地区煤电化产业集群构建煤炭循环经济体系的必经之路。走向循环经济要经历四个阶段：粗放型社会—初级工业化（以多做少的阶段）；集约型阶段—高级工业化（以多做多的阶段）；循环型阶段—初级生态化（以少做少的阶段）；持续型阶段—高级生态化（以少做多的阶段）。西北地区煤电化产业集群要紧紧跟随这一新的动向，发挥后发优势，实现科学跨越发展，用绿色技术改造传统产业，加快发展煤炭循环经济体系，使我国西北地区煤电化产业集群真正走上可持续发展的道路。

参考资料

国家发展改革委、国家能源局：《煤炭工业发展"十三五"规划》，2016 年 12 月 22 日。

《国家发展改革委国家能源局关于印发能源发展"十三五"规划的通知》（发改能源〔2016〕2744 号）。

《中共中央关于制定国民经济和社会发展第十三个五年规划的建议》。

《陕西省工业和信息化厅、陕西省发展和改革委员会〈关于印发陕西省"十三五"工业经济发展规划〉的通知》。

《陕西省国民经济和社会发展第十三个五年规划纲要》。

《国家能源局关于印发〈进一步支持贫困地区能源发展助推脱贫攻坚行动方案（2018～2020 年）〉的通知》。

陕西省统计局国家统计局陕西调查总队：《2017 年陕西省国民经济和社会发展统计公报》2018 年 3 月 12 日。

2018 年 1 月 24 日在甘肃省第十三届人民代表大会第一次会议上《政府工作报告》、《甘肃省国民经济和社会发展第十三个五年规划纲要》、《甘肃省 2017 年国民经济和社会发展统计公报》。

青海省发展和改革委员会：《青海省 2017 年国民经济和社会发展计划执行情况与 2018 计划草案的报告》、《青海省国民经济和社会发展第十三个五年规划纲要》、《青海省 2017 年国民经济和社会发展统计公报》。

《关于 2017 年国民经济和社会发展计划执行情况与 2018 年国民经济和社会发展计划草案的报告》2018 年 1 月 26 日、《宁夏回族自治区国民经济和社会发展第十三个五年规划纲要》、《宁夏回族自治区 2017 年国民经济和社会发展统计公报》。

《新疆生产建设兵团售电侧改革试点实施方案》。

《新疆维吾尔自治区电力体制改革综合试点方案》。

《新疆发布新型工业化"十三五"发展规划》。

白黎东：《绿洲循环经济论》，新疆科技出版社，2012。

白黎东：《水资源约束下的哈密煤电基地建设研究》，新疆科技出版社，2012。

B.9
西北地区资源型城市
产业转型发展调查报告

马继民 *

摘　要： 产业转型升级是经济持续健康发展的重要推动力，本文从供
给侧结构性改革的时代背景出发，在分析西北五省区资源型
城市产业发展状况的基础上，通过产业结构年均变动情况研
究西北地区资源型城市产业转型升级的方向和速度、产业转
型升级中存在的问题、面临的困境。最后从产业结构优化调
整、接续产业培育、创新驱动发展、财政资金支持、扩大开
放空间等方面提出了促进西北地区资源型城市转型升级的具
体对策建议。

关键词： 西北地区　资源型城市　转型升级

　　资源型城市产业转型是一个全球性难题，随着资源的日益枯竭，处于工
业化中后期的西北地区资源型城市，正面临着经济粗放型增长和资源环境约
束矛盾不断加剧等一系列制约因素。结合西北地区资源型城市产业转型升级
发展进程中存在的现实问题，探讨转型的发展路径和具体措施，对构建可持
续发展经济社会，具有重要的现实意义。

---

* 马继民，甘肃省社会科学院资源环境与城乡规划研究所副研究员，经济学学士，主要从事区
域经济、工业经济、城乡规划研究。

一 西北地区资源型城市分布及经济地位

西北地区是我国矿产资源和能源的富集区之一，在"一五"、"二五"和"三线"建设时期，在我国西北地区形成了一大批以矿产资源开采、资源初加工的资源型城市。依据《全国资源型城市可持续发展规划（2013～2020)》中资源型城市的概念和划分标准，全国共规划了262个资源型城市，其中西北五省区共有32个资源型城市，占全国资源型城市总数的12.2%。其中地级资源型城市19个，占西北五省区地级行政区总数的54.3%，县级13个。目前西北地区32个资源型城市（包括地级市、县级市）中，成熟型和衰退型城市共有18个，占比达到56.3%，逐步进入资源枯竭阶段趋势更为明显和集中，转型发展涉及面大、影响面广（见表1）。

表1 西北地区资源型城市分布及发展概况

所属省区	数量	城市名称	行政级别	资源城市类型	主导资源产业
陕西	9	延安市	地级	成长型城市	石油
		铜川市	地级	衰退型城市	煤炭
		渭南市	地级	成熟型城市	煤炭、矿产
		咸阳市	地级	成长型城市	煤炭
		宝鸡市	地级	成熟型城市	煤炭、矿产
		榆林市	地级	成长型城市	油气、煤炭
		潼关县	县级	衰退型城市	金矿工业
		略阳县	县级	成熟型城市	矿产
		洛南县	县级	成熟型城市	矿产
甘肃	10	金昌市	地级	成熟型城市	有色金属
		白银市、	地级	衰退型城市	有色金属
		武威市	地级	成长型城市	煤炭、矿产
		张掖市	地级	再生型城市	煤炭、矿产
		庆阳市	地级	成长型城市	油气、煤炭
		平凉市	地级	成熟型城市	煤炭
		陇南市	地级	成长型城市	铅锌
		玉门市	县级	衰退型城市	石油
		玛曲县	县级	成熟型城市	金属冶炼
		红古区	县级	衰退型城市	煤炭

所属省区	数量	城市名称	行政级别	资源城市类型	主导资源产业
青海	2	海西蒙古族藏族自治州	地级	成长型城市	盐化工、油气
		大通回族土族自治县	县级	成熟型城市	石英岩
宁夏	3	石嘴山市	地级	衰退型城市	煤炭
		灵武市	县级	成长型城市	煤炭
		中宁县	县级	成熟型城市	煤炭、矿石
新疆	8	克拉玛依市	地级	成熟型城市	油气
		巴音郭楞蒙古自治州	地级	成熟型城市	油气
		阿勒泰地区	地级	成长型城市	矿石
		和田市	县级	成熟型城市	矿石
		哈密市	地级	成长型城市	油气、煤炭
		阜康市	县级	成长型城市	煤炭、油气
		拜城县	县级	成熟型城市	煤炭、油气
		鄯善县	县级	成长型城市	油气

资料来源：根据《全国资源型城市可持续发展规划（2013～2020年）》整理。

西北地区资源型城市是我国重要的能源资源战略保障基地，对国民经济健康持续发展至关重要。如陕西榆林市，是我国煤、气、油、盐资源组合配置富集之地，开发潜力巨大；甘肃的庆阳市，是我国第二大油、煤、气三大能源资源富集并存地；宁夏的石嘴山市，是国家重要煤炭工业城市、能源重化工和原材料工业基地；新疆的克拉玛依市，是世界石油石化产业的聚集区，油气资源储量占全世界的近80%；青海的海西州矿产资源富集，矿产资源潜在经济价值达80.5万亿元。

矿产资源开发不仅是西北地区资源型城市的支柱产业，还是城市经济发展的强大推动力，资源型城市对本省区经济社会发展具有重要的地位，如青海海西州，2017年地区经济发展对全省的贡献率达到了25.4%。由于西北地区资源型城市数量众多，且县级资源型城市大多数历史数据难以取得，因此，在量化分析和统计测度中，课题组主要以西北五省区资源型城市中最具代表性的陕西榆林市、甘肃庆阳市、青海省海西蒙古族藏族自治州、宁夏石嘴山市和新疆克拉玛依5个典型资源型地级城市为研究对象。从图1可以看出，资源型城市经济发展总量和工业产值在各省（区）都占有较大的比重，如2017年石嘴山市工业产值占到了全区工业产值的35%以上，资源型城市在整个西北地区经济发展进程中具有举足轻重的地位。

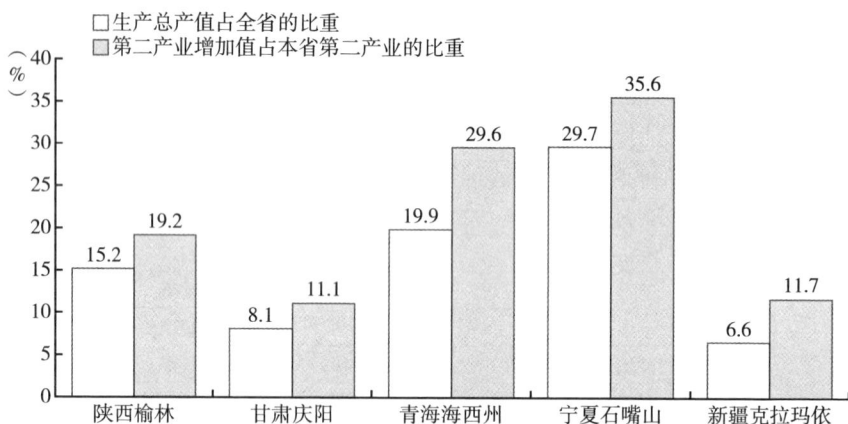

图1　我国西北地区典型资源型城市在本省经济中的占比情况（2017年）

资料来源：根据西北五省区各市2017年国民经济和社会发展统计公报整理。

二　西北地区资源型城市产业转型升级现状和困境

从20世纪80年代起，我国的资源枯竭型城市就已经开始了艰难的转型历程，从2000年起，国家采取了一系列相应措施来改善和促进资源型城市转型发展。2013年开始，经济结构转型升级成为资源型城市可持续发展的主攻方向，在政府主导推动和财政支持下，西北地区资源型城市纷纷开展了转型的创新探索和努力，不少资源枯竭型城市取得了较好的转型效果，涌现出一批再生型城市和现代化都市。

（一）西北地区资源型城市产业转型现状

1.产业结构调整不断趋于优化

从西北地区资源型城市产业转型成效来看，目前西北地区的资源型城市仍然以工业的转型发展为主要方向，第二产业比重基本大幅高于全国和所在省（区）的平均水平，第三产业发展仍然相对滞后。如以石油化工为主导产业的新疆克拉玛依市，2017 年其工业产值占比高出全区工业占比 30 个百分点，而第三产业比重则比全区水平低 15.3 个百分点（见表 2）。

表 2　西北地区典型资源型城市与全省三次产业结构对比（2017 年）

西北地区典型资源型城市产业结构比		所属省（区）产业结构比	
资源型城市	三次产业结构比	省（区）	三次产业结构比
榆林市	5.1∶62.8∶32.1	陕西省	7.9∶49.8∶42.3
庆阳市	14.2∶45.8∶40	甘肃省	13.85∶33.38∶52.77
海西州	5.6∶66.4∶28	青海省	9.0∶44.7∶46.3
石嘴山市	5.2∶60.4∶34.4	宁夏	7.6∶45.8∶46.6
克拉玛依市	0.68∶69.4∶29.9	新疆	15.5∶39.3∶45.2

资料来源：根据西北五省区各市 2017 年国民经济和社会发展统计公报整理。

但从西北地区资源型城市三次产业比重动态变化趋势来看，大多资源型城市的第二产业虽然居于主导地位，但受近年来地方经济增速下滑，工业投资放缓等因素的影响，各资源型城市第二产业比重均有不同程度下降。如 2010～2017 年新疆克拉玛依市第二产业增加值占国民经济的比重下降了 20.5 个百分点；甘肃庆阳下降了 14.3 个百分点。与此同时，第三产业在资源型城市经济发展中的贡献不断增大，比重呈上升趋势。如新疆克拉玛依市作为"丝绸之路经济带"的核心区，利用独特的区位和资源优势，在外部机遇和政策扶持下，该市三产结构优化变动趋势显著，2010～2017 年，其第三产业增加值占国民经济的比重上升了 20.3 个百分点，成为在西北五省区资源型城市中产业结构优化进程较快的地区（见表 3、图 2 和图 3）。

2. 积极培育发展新动能，接续产业发展迅猛

西北地区资源型城市在产业转型升级过程中，围绕产业多元化发展模式，多触角延伸探索新经济、新业态、新产业，探索城市经济发展接续产业培育，拓展城市经济发展空间，再造区域竞争优势。一些城市接替产业经济支持能力已高于所在省区的平均水平。如宁夏石嘴山市的新材料、装备制

表3　西北地区典型资源型城市三次产业比重变动情况（2010～2017年）

年份	陕西榆林市	甘肃庆阳市	青海海西州	宁夏石嘴山市	新疆克拉玛依市
2010	5.3∶68.6∶26.1	14.3∶60.1∶25.6	2.8∶79.1∶18.1	6∶62.6∶31.4	0.5∶89.9∶9.6
2011	4.9∶71.1∶24.0	12.8∶63.4∶23.8	2.8∶81.2∶16	5.7∶64.4∶29.9	0.5∶89.7∶9.8
2012	4.5∶73.3∶22.2	13.9∶62.1∶24	3.1∶81.4∶15.5	5.5∶64.8∶29.7	0.57∶88.1∶11.4
2013	4.9∶69.8∶25.3	13.2∶62.4∶24.4	3.6∶80.5∶15.9	5.4∶64.4∶30.2	0.59∶86.6∶12.8
2014	4.8∶68.3∶26.9	12.1∶63.4∶24.5	4.6∶76.4∶18.9	5.4∶65.1∶29.5	0.66∶84.9∶14.4
2015	5.5∶62.5∶32	13.5∶52.7∶33.8	6.1∶67.5∶26.4	5.4∶63.9∶30.7	0.76∶67.5∶31.7
2016	5.9∶60.6∶33.5	14.3∶48.2∶37.5	5.8∶67.1∶27.1	5.1∶63∶31.9	0.82∶70.8∶28.4
2017	5.1∶62.8∶32.1	14.2∶45.8∶40	5.6∶66.4∶28	5.2∶60.4∶34.4	0.68∶69.4∶29.9

资料来源：根据各市2010～2017年国民经济和社会发展统计公报整理。

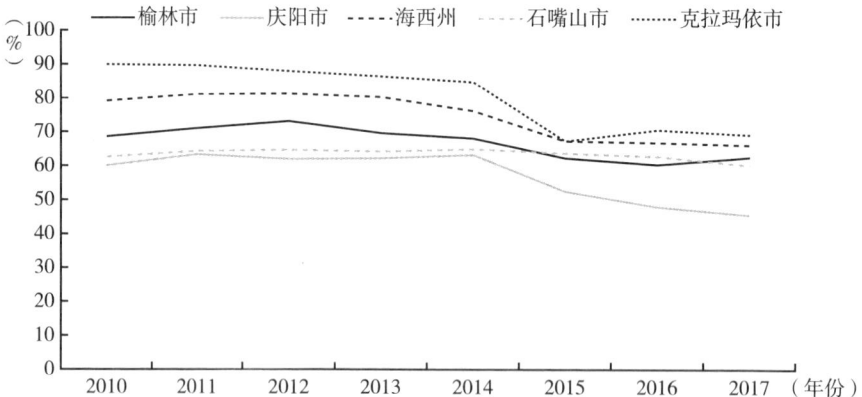

图2　西北地区典型资源型城市第二产业比重变动趋势（2010～2017年）

资料来源：根据各市2010～2017年国民经济和社会发展统计公报整理。

造、电石化工和冶金等优势产业集群和草畜、瓜菜、枸杞、酿酒等特色农业已初具规模，作为接续替代产业已能够支撑该市经济发展，并在宁夏排名前列。青海海西州通过倾力打造科技服务、生物医药、节能环保等9大新兴业态促进产业转型升级，2017年，全州高新技术产业、装备制造业和轻工业分别增长33.4%、104.9%、115%，成为经济增长的主动力。

同时，现代服务业已成为资源型城市经济发展的重要增长极，并为一、二产业提质增效提供了有效支撑。如甘肃金昌市以花卉产业为引领，大力发

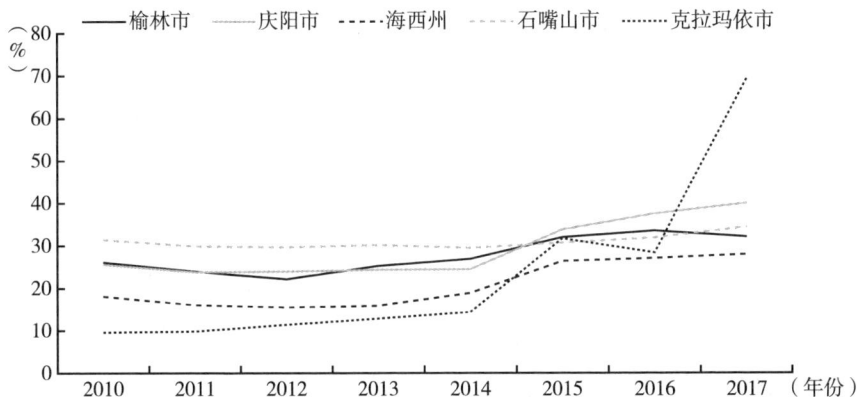

图 3　西北地区典型资源型城市第三产业比重变动趋势（2010～2017 年）

资料来源：根据各市 2010～2017 年国民经济和社会发展统计公报整理。

展文化旅游产业，2017 年实现旅游接待收入 22.5 亿元，较 2014 年增长了 1.9 倍；陕西榆林市大力发展以文化旅游、物流和金融服务为重点的现代服务业，规划到 2021 年，该市的服务业增加值占生产总值比重要达到 40% 左右，文化旅游业占 10% 以上。

3. 外向型经济成为促进产业转型升级的发动机

西北地区资源型城市抢抓"一带一路"机遇，充分发挥区位、资源和产业优势，积极与沿线国家和地区开展国际产能合作，加快对外贸易及推进外向型经济发展，以此来促进城市产业转型。如石嘴山市围绕宁夏内陆开放型经济试验区建设，通过大力培育外向型经济，加快传统对外贸易向现代国际贸易转型，2017 年，全市实现进出口总额 35 亿元，增长了 56%；地处"一带一路"核心区的新疆克拉玛依市，建立了面向中亚、西亚的特色石油石化及装备、铝锭等工业品和棉花、番茄酱等农产品国际商贸物流中心，2018 年一季度全市实现进出口总额 5451.1 万美元，同比上升 213.04%；地处"一带一路"黄金段的甘肃白银市，打造了辐射西北、联通中西亚的工业物流集散中心，2017 年全市实现进出口总额 49.6 亿元，增长 65.39%；作为"一带一路"新起点和桥头堡的陕西榆林市，致力于建设陆上丝路沿线旱作农业技术应用示范区、陕西北接中蒙俄经济走廊和文化旅游交汇集散

135

中心，极大拓展了榆林的产业转型发展的空间。

4. 积极探索各具特色的资源型城市产业转型发展新模式

近年来，西北地区资源型城市根据资源保障能力和可持续发展能力差异，明确了各类城市的发展方向和重点任务，积极探索符合本地实际的产业转型升级路径和模式。如甘肃省针对成长型、成熟型、衰退型三类资源型城市探索制定了各具特色的发展模式；宁夏石嘴山市作为全国首批老工业城市和资源型城市产业转型升级示范区，把推动工业产业转型升级作为主攻方向，瞄准产业高端，加快构建现代产业体系，积极探索老工业城市产业转型升级新路径和新模式。

（二）西北地区资源型城市转型升级中面临的困境

由于西北地区资源型城市的资源禀赋、区位和发展基础不同，在转型升级进程中面临的问题、困难既有共性又不乏特性，部分资源型城市在产业转型升级中陷入了困境。

1. 产业结构严重失衡，转型成效缓慢

由于资源禀赋的因素，西北地区资源型城市产业主要以矿产资源采掘和原材料粗加工为支柱产业，第三产业发展相对缓慢，缺乏综合发展的产业结构体系。2017 年我国三次产业的结构比为 7.9∶40.5∶51.6，以西北五省区中的典型资源型城市为例，资源型城市第二产业的比重，远超其所在省（区）和全国的水平，大部分城市的第二产业所占比重高达 60% 以上，产业结构严重失衡（见表 2）。虽然近几年西北地区资源型城市的产业结构有所优化调整，但煤炭、石油、冶金矿产等资源型产业及其附属产业仍占很大比重。如陕西榆林市 2017 年能源工业产值占全市规模以上工业产值的比重高达 79.1%，其中煤炭和石油采掘业占比达 59.3%。由于西北地区资源型城市长期以当地矿产资源为基础产业，在资源深加工和精加工等产业的投资力度相对较少，这就使得西北地区资源型城市产业延伸受限，产业转型成效很难在短期内有所体现。

2. 资源依赖程度偏高，接续替代产业培育缓慢

由于资源禀赋的优越和资源开发所带来的丰厚利润，西北地区资源型城市产业发展对资源的路径依赖性很强，西北地区典型资源型城市中，采掘业占二次产业的比重普遍超过70%，如陕西的榆林市、甘肃的白银市和新疆的克拉玛依市目前工业79%以上依然为能源、原材料和初加工产品。而现代制造业、高技术产业及战略新兴产业培育等还在起步阶段，传统产业仍占绝对主导地位，新兴产业对经济的贡献微乎其微。同时，由于目前扶持接续替代产业发展的政策体系不够完善，支持力度不足，导致资源型城市接续替代产业发展相对滞后，而传统产业对接续替代产业和新兴产业的辐射带动能力不足，造成新兴产业发育先天贫血，接续替代产业培育困难。

3. 经济下行压力增大，产业转型升级动力不足

目前，受国际国内经济变动因素的影响，西北五省区经济下行压力都在不断增大，西北地区资源型城市由于产业结构单一，也陷入了更为艰难的发展困境。如21世纪初以来，西北地区凭借资源禀赋优势获得高速发展，曾带动各自省（区）经济增长的一些资源型城市，在近几年的发展中，呈现出固定资产和工业投资大幅下滑，工业低速增长，甚至较长一段时间延续负增长，城市产业转型升级步伐放缓的问题（见图4和图5）。如甘肃庆阳市，由于石油、煤炭等能源产业在当地经济发展中所占比重较高，接续替代产业发展滞后，在经历了连续多年高速发展后，从2013年开始进入了断崖似的经济下行期。庆阳的GDP增速、规模以上工业增加值增速和固定资产投资总额增速从2012年的16.1%、19%和41.8%，分别下降为2017年的0.5%、−5%和−66%，规模以上工业和固定资产投资增速都出现了负增长，工业转型升级方向的行业投资增速下降，直接影响了工业经济发展潜力，使城市产业转型升级缺乏有力支撑。

4. 科技创新综合能力不强，产业转型升级缺乏新动能支撑

西北地区资源型城市长期以来，资源开发的规模化、低成本、高利润，抑制了资源生产的技术创新活动，当前西北地区资源型城市产业转型升级对科技支撑的强需求与现有创新能力的弱供给之间矛盾突出，科技创新对产业

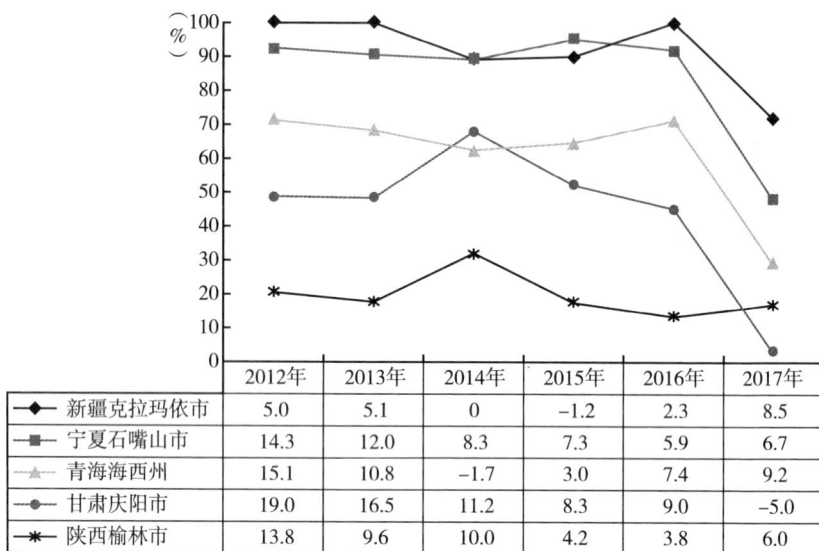

	2012年	2013年	2014年	2015年	2016年	2017年
◆ 新疆克拉玛依市	5.0	5.1	0	-1.2	2.3	8.5
■ 宁夏石嘴山市	14.3	12.0	8.3	7.3	5.9	6.7
▲ 青海海西州	15.1	10.8	-1.7	3.0	7.4	9.2
● 甘肃庆阳市	19.0	16.5	11.2	8.3	9.0	-5.0
✻ 陕西榆林市	13.8	9.6	10.0	4.2	3.8	6.0

图 4 西北地区典型资源型城市全市规模以上工业增加值增速（2012～2017 年）

资料来源：根据各市州 2012～2017 年国民经济和社会发展统计公报整理。

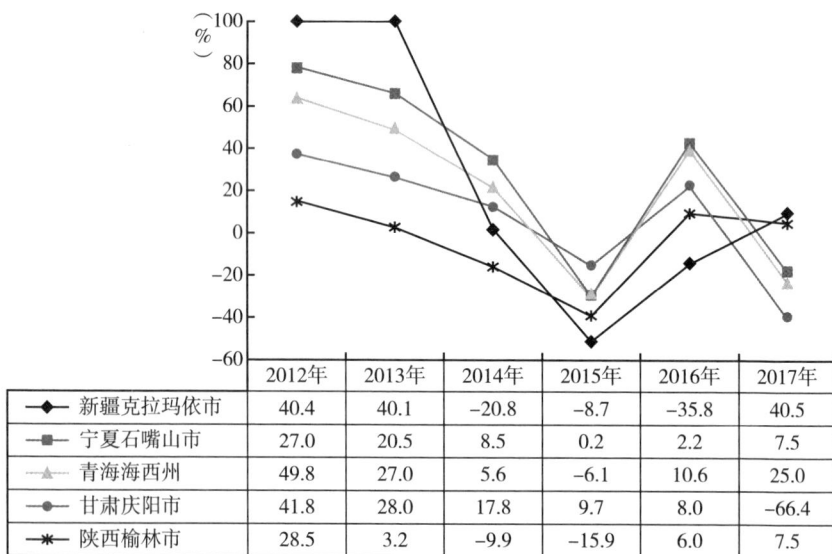

	2012年	2013年	2014年	2015年	2016年	2017年
◆ 新疆克拉玛依市	40.4	40.1	-20.8	-8.7	-35.8	40.5
■ 宁夏石嘴山市	27.0	20.5	8.5	0.2	2.2	7.5
▲ 青海海西州	49.8	27.0	5.6	-6.1	10.6	25.0
● 甘肃庆阳市	41.8	28.0	17.8	9.7	8.0	-66.4
✻ 陕西榆林市	28.5	3.2	-9.9	-15.9	6.0	7.5

图 5 西北地区典型资源型城市全市固定资产投资总额增速（2012～2017 年）

资料来源：根据各市州 2012～2017 年国民经济和社会发展统计公报整理。

转型升级的支撑明显不足。

一是科技创新资源的有效供给不足。地区性科研机构严重缺乏，科技资源供给不足、质量不高，科技成果转化渠道不通畅，产学研协同创新不够广泛和深入；二是科技人才的结构性短缺。产业领军人才、战略性新兴产业人才、高技能人才、技术工人短缺，严重影响着城市科技创新能力的提升，也制约着企业竞争力提升和产业转型升级；三是科技创新投入强度明显不足。2016年，我国研究与试验发展（R&D）经费投入强度为2.1%，而西北地区大部分资源型城市的R&D经费投入强度均明显落后全国及所在省（区）的平均水平（见表4）。

表4　西北地区典型资源型城市与其所在省（区）R&D经费投入强度情况（2016年）

西北地区典型资源型城市	R&D经费投入强度(%)	所属省(区)	R&D经费投入强度(%)
榆林市	0.2	陕西省	2.19
庆阳市	0.32	甘肃省	1.22
海西州	0.03	青海省	0.54
石嘴山市	0.89	宁夏	0.95
克拉玛依市	—	新疆	0.59

资料来源：根据《2016年全国科技经费投入统计公报》及西北五省区市2016年国民经济和社会发展统计公报整理。

三　加快西北地区资源型城市产业转型升级的对策建议

（一）大力推进资源型城市产业结构的调整优化

资源型城市转型升级是一个复杂和长期的过程，西北地区资源型城市现阶段产业转型的核心问题是产业内部的优化调整，尤其是第二产业内部的转型升级是重点。在转型升级发展过程中，深刻把握产业转型升级的规律，分阶段调整能源矿业与非能源产业的比例，不断提升非能源产业的比重，同时分阶段优化一二三产业的比例关系，切忌盲目追求产业结构高级化。西北地区资源型城市产业转型应以能源化工高端化为发展方向，着力构建城市以能源化工为特色、多元化的现代产业体系结构，依托高端能源化工优势，围绕各类优势资源条件深挖潜力，积极推动城市一二三产业深度融合发展，构建横向耦合的融合发展新模式，推进产业整体迈向中高端。

（二）培育壮大优势接续替代产业，增强转型升级新动能

西北地区资源型城市依托各地产业基础，发挥比较优势，大力培育接续替代产业，培育更多的新产业、新业态、新模式，以新动能支撑经济较快增长，以新动能优化升级产业结构。

一是大力发展战略性新兴产业。重点推进新能源、新材料、节能环保、生物医药、信息技术等新兴产业及高技术产业发展，拓展产业发展新空间，推动新兴产业集聚发展，凸显战略性新兴产业在城市产业转型升级中的引领作用。

二是推动现代服务业优质高效发展。优先发展现代物流等与当地资源型产业相关的生产性服务业。资源型城市依托自身交通区位优势，围绕能源化工、特色农业、旅游等优势产业，发展现代物流业体系。以新兴产业发展为依托，大力发展以文化、旅游、科技金融服务等为代表的第三产业。大力发展服务外包、文化创意、电子商务、人力资源、会展、咨询等现代服务业。

三是着力打造本地特色产业集群。依托城市资源和产业基础，重点打造高端装备制造业、现代煤化工、新能源产业集群。培育一批特色鲜明的专业化产业园区和集聚区，积极引导各类产业向重点园区集聚发展，发挥园区的强大带动和辐射作用，实现区域产业关联发展，促进资源型城市新兴产业不断发展壮大。

（三）实施创新驱动，增强转型升级的内生动力

一是实施区域创新联动。鼓励和支持龙头企业、科研院所联合组建技术研发机构，完善科技创新体系，开展重点领域技术攻关和新产品研发，通过

产品创新实现企业转型升级；二是大力支持鼓励中小微型企业双创发展。加快通过"双创"升级，鼓励大中型企业与科研院所开放创新资源，发展创新平台，形成线上线下、产学研协同融合发展的双创格局；三是加快创新人才集聚。着力打造有利于人才集聚、创新创业的发展环境，营造大众创业、万众创新的氛围。加快实施人才优先发展战略，推进人才发展体制改革和政策创新，培养具有工匠精神的本土高技能人才，造就具有创新精神的本土企业家队伍。鼓励回乡创业，努力形成产业高地、人才洼地。

（四）提升资源型城市区域产业协同发展和开放合作水平

西北地区资源型城市应尽快从内向型产业结构向外向型产业结构转换，挖掘产业布局的差异性和层次性，共同完成产业转型升级。在产业协同规划布局的基础上，打破各省（区）之间的封闭性和孤立性，加快产业合作和不同产业间的跨区域、跨产业融合，集中发展具有比较优势的产业，形成区域间的特色优势产业集群，从而带动整个区域产业结构优化升级。

充分依托"一带一路"建设，提升区域经济和产业发展的开放水平，加强同国内段沿线各省（市、区）之间的产业合作和经济区合作，主动融入京津冀一体化、长江经济带等国家战略，积极承接东中部产业转移。重点推进能源资源、化工、装备制造、商贸旅游、现代农业及中医药等产业领域同丝绸之路沿线国家和地区间的合作。

提高资源型城市开放型经济发展水平。提高传统优势产业竞争力，壮大新能源和装备制造等新的出口主导产业，带动优势产能、特色产品走出去，推进国际产能合作，不断拓展城市转型升级的新空间。

（五）强化政策支撑，推动城市产业转型升级

科学制定相关产业发展规划和产业政策，适时适度推动产业转型升级，并根据各产业和企业发展需要，提供良好的政策环境和优质高效服务。

进一步加大财税金融资金支持力度，促进产业提质增效、转型升级。提升财政资金转移支付力度，有效扩大战略性新兴产业以及交通、能源、水

利、信息公共基础设施、云计算大数据平台、人力资本培育、关键共性技术研发等领域投资；制定合理税收优惠政策，进一步降低资源型城市企业的实际税负。适当提高石油、煤炭等资源开发在这些城市中税收留成比例；加大对资源型城市的金融扶持力度。鼓励和推动各类金融机构在资源型城市设立分支机构。积极拓展利用国外贷款的领域，吸引世界银行、亚洲开发银行等国外资本参与资源型城市经济转型和接续替代产业发展。

参考文献

孔瑜、杨大光：《中国资源型城市产业转型的模式选择》，《资源开发与市场》2014年第30期。

曲建升、高峰、张旺锋等：《不同资源类型的资源型城市经济转型基础与模式比较——以典型资源型城市为例》，《干旱区资源与环境》2007年第2期。

涂蕾：《新常态下资源型城市产业转型研究——以湖南省娄底市为例》，湖南师范大学硕士学位论文，2016。

王素军、敖天平：《资源型城市转型模式比较研究——以甘肃省金昌市、白银市和玉门市为例》，《中国流通经济》2011年第1期。

徐充、刘志强：《东北地区产业转型发展的现存难点与对策研究》，《江淮论坛》2016年第1期。

徐君、李巧辉、王育红：《供给侧改革驱动资源型城市转型的机制分析》，《中国人口·资源与环境》2016年第10期。

张哨军：《资源型城市的界定和分类》，《中外企业家》2011年第24期。

B.10
西北地区工业园区提档升级调查报告*

摘　要： 工业园区是建设现代化经济体系的重要平台，加快工业园区的提档升级，对区域经济发展至关重要，将成为实体经济发展的新动力，成为拉动地方经济、拓展城市空间、承载体制机制和技术创新的重要载体，也成为区域经济高质量发展与创新驱动的"硬支撑"。从西北地区工业园区发展的现状、问题入手，坚持问题导向，提出要用规划引导与土地利用，来优化整合园区建设；合理布局与明确园区定位，推动产业园区转型升级；加强产城融合，完善服务配套；加强综合管理与考核，提升园区软环境等措施来促进西北地区工业园区提档升级。

关键词： 工业园区　提档升级　西北地区

我国自 1984 年设立首批国家级经济技术开发区以来，在 30 多年里各类开发区发展迅速，成为推动我国工业技术进步、城镇化加快发展和对外开放的重要平台，在社会与经济建设中发挥了不可替代的作用。国家按照因地制宜、整合资源、产业集聚、集约发展、定位清晰、数量控制、分类管理的原则，对各类开发区进行了扩区、转型、调区、升级、整合与撤销，截至

---

*　本文为 2018 年宁夏社会科学院重大现实问题研究西北蓝皮书项目成果，由宁夏社会科学院宁夏创新驱动战略研究中心完成。

**　王林伶，宁夏社会科学院综合经济研究所副研究员，主要研究方向：区域经济与产业经济、"一带一路"与中阿经贸关系、资源环境与可持续发展研究。

2018 年 9 月，我国共有开发区 2543 家，其中国家级开发区 552 家、省级开发区 1991 家；东部地区有 964 家开发区，中部地区有 625 家开发区，西部地区有 714 家开发区①，有力的促进和满足了我国及各地方发展需要。

一 西北五省区工业园区建设现状

从 2018 年国家公布的《中国开发区审核公告目录》中可知，西北五省区现在有各类开发区 238 家，其中国家级开发区 55 家、省级开发区 183 家；陕西有国家级与省级开发区 56 家、甘肃有国家级与省级开发区 66 家、宁夏有国家级与省级开发区 17 家、青海有国家级与省级开发区 15 家、新疆有国家级与省级开发区 84 家（见表1）。

表 1　2018 年西北五省区国家级工业园区情况汇总

省区	序号	国家级开发区名称	批准时间	核准面积（公顷）	主导产业
陕西省	1	西安经济技术开发区	2000.2	988	汽车、专用通用设备、新材料
	2	陕西航空经济技术开发区	2010.6	460	航空
	3	陕西航天经济技术开发区	2010.6	374	民用航天、太阳能光伏、卫星及卫星应用
	4	汉中经济技术开发区	2012.1	812.05	航空设备、装备制造、食品中药
	5	榆林经济技术开发区	2013.1	1200	煤电、化工
	6	西安高新技术产业开发区	1991.3	2235	半导体、智能终端、装备制造
	7	宝鸡高新技术产业开发区	1992.11	577	先进制造、新材料、电子信息
	8	咸阳高新技术产业开发区	2012.8	2037.45	电子信息、生物制药、合成材料
	9	杨凌农业高新技术产业示范区	1997.7	2212	绿色食品、生物医药、涉农装备
	10	渭南高新技术产业开发区	2010.9	1423.09	精细化工、装备制造、新能源、新材料
	11	榆林高新技术产业开发区	2012.8	1320	煤化工

---

① 2018 年中国开发区审核公告目录，国家发改委网站，2018 年 2 月 26 日，https：//mp. weixin. qq. com。

省区	序号	国家级开发区名称	批准时间	核准面积（公顷）	主导产业
陕西省	12	安康高新技术产业开发区	2015.9	213	富硒食品、生物医药、新材料
	13	西安综合保税区	2011.2	467	转口贸易、物流、展览展示
	14	陕西西安出口加工区	2002.6	280	航空、精密机械、电子信息、装备制造
	15	西安高新综合保税区	2012.9	364	电子信息、国际物流、保税维修
	16	西安航空基地综合保税区	2018.1	150	在建
甘肃省	1	兰州经济技术开发区	2002.3	953	装备制造、有色冶金、生物医药
	2	金昌经济技术开发区	2010.3	700	有色金属加工、化工循环、新能源
	3	天水经济技术开发区	2010.4	319.7	装备制造、医药、食品
	4	张掖经济技术开发区	2013.3	760	农副产品加工、生物制药、有色冶金
	5	酒泉经济技术开发区	2013.1	561.45	新能源装备、农副产品加工、生物制药
	6	兰州高新技术产业开发区	1991.3	1496	生物医药、电子信息、新材料、新能源
	7	白银高新技术产业开发区	2010.9	805.05	精细化工、有色金属、生物医药
	8	兰州新区综合保税区	2014.7	286	进出口贸易、生产加工跨境电商
宁夏回族自治区	1	银川经济技术开发区	2001.7	750	装备制造、新材料
	2	石嘴山经济技术开发区	2011.4	1500	冶金、电石化工、物流
	3	银川高新技术产业开发区	2010.11	106.7	羊绒及亚麻纺织、食品、再生资源循环利用
	4	石嘴山高新技术产业开发区	2013.12	890	新材料、装备制造、纺织
	5	银川综合保税区	2012.9	400	物流服务、加工贸易
青海省	1	西宁经济技术开发区	2000.7	440	机械加工、特色资源开发中藏药
	2	格尔木昆仑经济技术开发区	2012.1	1555	盐湖化工、新能源、冶金
	3	青海高新技术产业开发区	2010.11	403	装备制造、中藏医药、食品
新疆维吾尔自治区	1	乌鲁木齐经济技术开发区	1994.8	1566	先进制造、商贸物流
	2	乌鲁木齐甘泉堡经济技术开发区	2012.9	756	新能源、新材料、商贸物流
	3	新疆准东经济技术开发区	2012.9	981.34	煤电、煤化工、煤电冶
	4	库尔勒经济技术开发区	2011.4	1800	服装纺织、石化
	5	库车经济技术开发区	2015.4	912	石化、电力、建材

续表

省区	序号	国家级开发区名称	批准时间	核准面积（公顷）	主导产业
新疆维吾尔自治区	6	新疆奎屯—独山子经济技术开发区	2011.4	605.89	石化、纺织、冶金
	7	阿拉尔经济技术开发区	2012.8	1350	纺织、食品、天然气化工
	8	新疆五家渠经济技术开发区	2012.8	1480	农副产品加工、服装纺织、建材
	9	石河子经济技术开发区	2000.4	2110	食品饮料、纺织
	10	乌鲁木齐高新技术产业开发区	1992.11	980	新材料、电子信息、生物医药
	11	昌吉高新技术产业开发区	2010.9	1125.7	装备制造、生物科技、新材料
	12	新疆生产建设兵团石河子高新技术产业开发区	2013.12	25.96	信息技术、通用航空、节能环保
	13	乌鲁木齐综合保税区	2015.7	241	在建
	14	阿拉山口综合保税区	2011.5	560.8	农副产品加工、油气加工、木材加工
	15	喀什综合保税区	2014.9	356	在建
	16	中哈霍尔果斯国际边境合作中心中方配套区	2006.3	973	仓储物流、进口资源加工制造、电子
	17	博乐边境经济合作区	1992.12	783	纺织服装、石材集控、建材
	18	伊宁边境经济合作区	1992.12	650	生物、煤电煤化工农副产品加工
	19	中哈霍尔果斯国际边境合作中心	2006.3	343	商贸、跨境电商、会展
	20	塔城边境经济合作区	1992.12	650	商贸、物流、进出口加工、旅游文化
	21	吉木乃边境经济合作区	2011.9	1439	能源、资源进出口加工、装备组装制造
	22	喀什经济开发区（含新疆生产建设兵团片区）	2011.9	5000	文化、金融、新能源、纺织服装
	23	霍尔果斯经济开发区（含新疆生产建设兵团片区）	2011.9	7300	商贸仓储物流、优势资源精深加工、生物医药

注：资料来源，①2018新疆开发区，东方财富网，2018年3月10日，http://finance.eastmoney.com20180310html；

②2018宁夏开发，360网站，2018年5月23日，http://www.360doc.com/content/18/0523shtml。

1. 陕西

自 1991 年陕西省设立的第一家国家级西安高新技术产业开发区，到 2018 年 9 月，陕西省共有 56 家开发区，其中国家级开发区 16 家，省级开发区 40 家。截至 2017 年，根据陕西省科技厅统计年报数据，陕西 16 个国家级工业园区当年实现生产总值 5868.98 亿元，占全省 GDP 的 26.80%。固定资产投资 3194.89 亿元，同比增长 12.90%；当年新增注册企业 1.63 万家，同比增长 48.81%①。2017 年年底，高新工业园区内有 6542 家企业实现工业总产值 12983.52 亿元，园区内营业收入超过 1 亿元的企业达 744 家，营业收入 1.43 万亿元，其中营业收入超过 4 亿元的企业达 292 家。园区内营业收入低于 2000 万元的中小微型企业达 3397 家。7 个国家级高新工业园区中各类研发机构达 1146 个、各类创新服务机构 1206 家，其中企业技术中心约占 40%。拥有众创空间 86 家，科技企业孵化器 76 家，企业加速器 15 家。

2. 甘肃

工业园区中的各类开发区尤其是高新区作为技术研发、创新驱动、知识密集、产业培育等聚集地对促进地方经济发展、区域经济发展与提高技术创新能力方面起着积极的推动作用和引领作用。甘肃工业园区在推动本地区的技术创新、推动企业自主创新、发展高新技术产业、引进吸收创新成果、培育拥有自主知识产权的创新型企业、培育中小微企业等方面形成了自己的优势和特色，已成为西北地区经济发展成效最为显著与活跃的区域之一。

依照 2018 年版《中国开发区审核公告目录》，甘肃省共有 66 家开发区，其中国家级开发区 8 家，省级开发区 58 家。

3. 宁夏

经过多年的发展与积累，宁夏初步形成了"五大十特"工业园区格局。工业园区是宁夏经济发展的"发动机"，是宁夏产业发展最为集中的区域，也是宁夏产品研发的试验地、生产地与出品地，工业园区在宁夏具有工业强区、兴工强区的战略地位，成为拉动全区经济增长的"动力源"，无论在投

---

① 王嘉：《陕西高新区实现生产总值 5868.98 亿元》，《三秦都市报》2018 年 7 月 10 日。

资领域，在出口方面，还是在促进消费方面，都占有举足轻重的地位。截至2018年9月，宁夏共有各类国家级、省区级、市县级工业园区、开发区与高新技术区33家，其中，国家级园区5家，自治区级园区22家，县级园区6家。工业园区中有工业企业2000多家，规模以上企业近900户，占全区规模以上工业企业的72%；完成工业总产值3083.5亿元，占全区工业总产值的比重为74.5%。工业园区在宁夏地区经济总量中占比越来越大，对经济贡献率也越来越高，在经济发展中的支撑作用也越来越强。

4. 青海

青海省各类产业园区依托当地政策、区位、资源优势，充分发挥了园区"火车头"带动功能，出现了一个良好的发展局面，吸引和聚集了大批企业入驻园区，呈现出多点开花、竞相兴起、蓬勃发展的态势。依照2018年版《中国开发区审核公告目录》，青海省共有15家开发区家，其中国家级开发区3家，省级开发区12家。为了充分发挥园区聚集与带动功能，在青海省政府积极引导与鼓励下，除了国家级与省级产业园区，还成立了大批市县级产业园区，现有工业园区25家，农牧业园区43家，服务业集聚区14家。随着生产力布局向园区倾斜、产业向园区集中、要素向园区流动、企业向园区聚集的大格局正在形成，各层级园区不断发展，园区的创新能力不断增强，带动功能也不断增强，2017年西宁、柴达木、海东三大工业园区规上工业达到全省规模以上工业增加值的63.8%；平台作用不断拓展，已建成国家级重点实验室2个，国家地方联合工程研究中心13个，省级重点实验室25个，省级工程技术研究中心42个①。

5. 新疆

近年来，新疆积极抓住国家"一带一路"倡议，充分发挥打造丝绸之路经济带开放核心区的优势，依托各类产业园区有力地推动了全疆发展，构建起了园区招商平台、国际会展平台，吸引了国内外知名企业、百强企业到

---

① 青海省发展和改革委员会：《青海省推动各类产业园区改革和创新发展的意见》，2018年2月23日，http://www.qhfgw.gov.cn/zcjd/201802/t20180223_721966.shtml。

新疆投资置业，并通过产业园区平台，探索出国际、园内产业合作模式，推动钢铁、水泥、新能源等优势产能向周边国家转移，收到了良好效果。依照2018年版《中国开发区审核公告目录》，新疆维吾尔自治区共有84家开发区，其中国家级开发区23家，省级开发区61家。2015年，新疆84个国家级和自治区级工业园区实现营业收入10769.3亿元，实现工业增加值1472.2亿元，同比增长8.7%[①]，

二　西北五省区工业园区存在的问题

近年来，陕西、甘肃、宁夏、青海、新疆的各省区的工业园区，在各自省区经济总量中的比重越来越大、支撑作用越来越强，推动当地经济发展中取得了巨大成绩，但在快速发展的背后也隐藏着诸多问题，在其发展过程中已逐步显现出来。

1.园区数量过多，产业同质化严重

目前，陕西省国家级、省区级、市县级各级各类工业产业园区有近220家，同样，新疆国家级、省区级、市县级各级各类工业产业园区有近百家，甘肃、宁夏、青海虽然比不上陕西与新疆那么多，但仅从各省区工业园区建设的数量来看，工业产业园区如雨后春笋般拔地而起，遍地开花，存在着园区大量重复建设、重复投资。部分工业园区占地面积过大，园区内规划分区杂乱，如很多园区既有化学工业也有食品加工，既有重工业生产也有轻工业加工，说明在早期的规划与招商引资中并没有完全按照规划执行，就出现了只要招进来的商，不分类型就安排到园区，也没有做到"选商"，便出现了只要是企业就往"箩筐里装"的现象。

从产业结构上看，根据对五省区市县级、省区级、国家级等多个层次的工业园区不完全考察得出产业结构雷同严重，如陕西在有色金属冶炼及压延

---

① 《新疆全力推进园区转型升级创新发展》，天山网，2016年4月25日，http://news.ts.cn/content/2016-04/25.htm。

加工业分布在 51 个园区，化学原料与化学制品业分布在 55 个园区；甘肃在
有色金属冶炼及压延加工业分布在 37 个园区，化学原料与化学制品业分布
在 33 个园区；宁夏在有色金属冶炼及压延加工业分布在 15 个园区，化学原
料与化学制品业分布在 17 个园区；青海在有色金属冶炼及压延加工业分布
在 13 个园区，化学原料与化学制品业分布在 18 个园区；新疆在有色金属冶
炼及压延加工业分布在 58 个园区，化学原料与化学制品业分布在 52 个园
区；这些园区大多数均为综合性园区不仅有冶金、化工，还有纺织、建材、
洗选、电力类生产与制造业，不仅本省区园区间容易形成不良竞争，导致产
能过剩，而且与周边省区产业园区更容易形成竞争，导致同质化严重，发展
动力不足，创新能力弱小，部分园区因产业结构雷同、同质化竞争、缺乏特
色、园区间的差距拉大等因素，面临停产甚至是破产的风险。

2. 西北工业园区产业创新能力弱小，聚集度不强不高

根据同济大学发展研究院对全国国家级园区与高新开发区的 20 项指标
进行处理后，得到 2017 年全国国家级产业园区竞争力综合 100 强排名排行
榜，从进入 100 强的园区来看，东部地区有 64 家产业园区、中部地区有 21
家产业园区、西部地区有 15 家产业园区。再从西北五省区的国家级产业园
区来考察，共有 5 家产业园区进入全国 100 强产业园区，其中陕西省有 2 家
产业园区，排名分别为第 13 名、第 35 名；甘肃省有 2 家产业园区，排名分
别为第 76 名、第 84 名；宁夏 0 家产业园区，青海省 0 家产业园区、新疆有
1 家产业园区，排名为第 64 名。

从西北五省区的国家级与省区级的工业园区的产业规模来看，规模较
小、带动能力较弱。如宁夏 33 家工业园区中，产值超过 1000 亿元的只有 1
家、100 亿 ~ 500 亿元的有 9 家，不足 10 亿元的有 7 家。青海省国家级与省
级开发区 15 家产业园区中产值超过 1000 亿元的园区有 1 家、100 亿 ~ 500
亿元的园区不到 5 家。新疆工业园区中产值超过 500 亿元的园区只有 1 家、
100 亿 ~ 500 亿元的园区 14 家、50 亿 ~ 100 亿元的 8 家、10 亿 ~ 50 亿元的
园区 28 家。大部分的市县级产业园区存在缺少龙头项目、特色产业不明显、
产业链较短、关联度较低，创新能力弱小，聚集能力较低等问题。

3. 产业结构偏高能耗能源化工，资源型企业多被央企国企占据

依据 2017 年陕西、甘肃、宁夏、青海、新疆，西北五省区各自公布的百强企业名录可知（见表 2），为了便于观察本文从 100 强企业名录中，选取每个省区前 10 强企业。

表 2   2017 年西北五省区百强企业中前 10 强企业名录及营业收入

省区	序号	前 10 强企业名称	2016 年营业收入（万元）
陕西省	1	陕西延长石油(集团)有限责任公司	23529219
	2	陕西煤业化工集团有限责任公司	21209513
	3	陕西有色金属控股集团有限责任公司	12412110
	4	东岭集团股份有限公司	9640568
	5	西安迈科金属国际集团有限公司	7917063
	6	陕西建工集团有限公司	7610219
	7	国网陕西省公司	4685400
	8	陕西汽车控股集团有限公司	3681227
	9	中交第二公路工程局有限公司	3525816
	10	陕西省农村信用社联合社	3142927
甘肃省	1	金昌金川集团有限公司	285252
	2	兰州卷烟厂	206199
	3	庆阳中国石油长庆油田分公司	138447
	4	兰州中国石油天然气股份有限公司兰州石化分公司	129657
	5	天水兰州卷烟厂天水分公司	112611
	6	嘉峪关甘肃酒钢集团宏兴钢铁股份有限公司	82903
	7	嘉峪关酒泉钢铁(集团)有限责任公司	61362
	8	兰州甘肃省电力公司	41581
	9	酒泉中国石油天然气股份有限公司玉门石油分公司	37797
	10	平凉甘肃华亭煤电股份有限公司	37778
宁夏	1	神华宁夏煤业集团有限责任公司	
	2	国网宁夏电力公司	
	3	宝塔石化集团有限公司	
	4	中国石油天然气股份有限公司宁夏石化分公司	
	5	中国烟草总公司宁夏回族自治区公司	
	6	银川新华百货商业集团股份有限公司	
	7	宁夏银行股份有限公司	

续表

省区	序号	前10强企业名称	2016年营业收入（万元）
宁夏	8	宁夏宁鲁石化有限公司	
	9	中国国电集团公司宁夏分公司	
	10	宁夏钢铁（集团）有限责任公司	
青海省	1	西部矿业集团有限公司	3555080
	2	国网青海电力公司	2438035
	3	中国水利水电第四工程局有限公司	1632427
	4	青海省投资集团有限公司	1630222
	5	国家电投集团黄河上游水电开发有限责任公司	1487112
	6	中国石油天然气股份有限公司青海油田分公司	1393779
	7	青海盐湖工业股份有限公司	1036413
	8	西宁五金矿产进出口（集团）有限公司	1014928
	9	中国石油天然气股份有限公司青海销售分公司	947291
	10	西宁特殊钢集团有限责任公司	739541
新疆	1	中国石油天然气股份有限公司新疆油田分公司	20441390
	2	中国石油股份有限公司独山子石化分公司	12500150
	3	中国石油天然气股份有限公司塔里木油田分公司	12089960
	4	中国石油天然气乌鲁木齐石化分公司	10942490
	5	新疆维吾尔自治区石油管理局	10118347
	6	中国石油克拉玛依石化公司	6732210
	7	新疆八一钢铁股份有限公司	6675452
	8	中国石油天然气股份有限公司吐哈油田分公司	5979179
	9	中国石化集团西北石油局	4811418
	10	新疆八一钢铁集团有限责任公司	3678810

资料来源：根据以下网站整理而得：

① 《2017年青海企业50强》，凤凰资讯，2017年7月5日，http：//news. ifeng. com/a/20170705. shtml；

② 《2017年宁夏企业100强榜单》，石嘴山市工信局网站，2017年12月8日，http：//gongxinju. nxszs. gov. cn. 20171208。

根据表2，西北五省区的大部分企业来自各省区的产业园区，从这些前10强的企业看出产业倚重倚能特征明显，大多数集中在煤炭、电力、化工三大产业上，这些产业多为重资产、高能耗、传统型产业：陕西有7家企业、甘肃有8家企业、宁夏有7家企业、青海有9家企业、新疆有10家企业，由此可以说明目前西北五省区的工业园区的产业多为能源、电力、化工、钢铁金属类主导的产业占到了 70%～80%，多数为原材型产业，处于产业链前端和价值链低端。同时，也反映出能源化工产业在西北五省区各自产业园区与产业体系中均为"一业独大"，导致能源化工产业出现产能过剩的局面和不健康的竞争局面。

另外，西北五省区各自省区前 10 强的企业都有一个共同的特点，资源型企业多为央企国企占据，经济发展主要集中在大型国有企业，民营企业占据的数量份额较少，各自省区前 10 强企业中，陕西央企国企占 80%，甘肃央企国企占 80%，宁夏央企国企占 70%，青海央企国企占 80%，新疆央企国企占 90%。

4. 水气环境设施滞后，环境治理难度加大

西北五省区工业园区均存在水环境治理基础设施滞后，水处理需求与能力不匹配。如宁夏还有两个工业园区未建成污水处理设施（石嘴山市生态经济开发区、同心县同德慈善产业园区），14 个工业园区依托城镇生活污水厂处理污水，存在一定的安全隐患。部分工业园区企业预处理和集中处理设施规划建设滞后。其他 4 个省区都出现了水处理需求与能力不匹配，园区基础设施滞后，提供服务与需求能力不足现象，还有部分企业没有集聚到工业园区中来，出现污水乱排乱放现象。

三 西北地区工业园区提档升级对策建议

1. 用规划引导与土地利用，来优化整合园区建设

要抓住《国务院办公厅关于促进国家级经济技术开发区转型升级创新发展的若干意见》的契机，从规划引导、土地利用等方面优化整合园区建设，合理布局产业体系。一是要坚持规划引领作用，有针对性的制订国家级、省区级工业园区、经济开发区中长期发展规划，要用规划引领产业及园区的发展，从追求园区的数量上向追求质量转变，要依托科技进步、技术创新、自主知识产权、工业现代化、智能化改造等推动园区转型升级与产业转

型升级；还要通过规划的目标追求与任务导向促进和提高园区的产值。二是要依据土地利用来整合优化园区建设，以控制增量，盘活存量，坚持合理、节约、集约、高效开发利用土地为原则与导向。通过建立土地的集约利用、考核评价来对园区的管理，对有升级要求的国家级、省区级产业园区，根据对园区的考核与评价准许其申请调整扩区，依据考核、评价与动态监管，要对经济贡献低、产业层次低、产值较低、环境污染大，规模小、布局散的园区进行整合优化，尤其要加大对市县级产业园区的整合力度，如果是土地面积较小、人口较少的省区建议一个市县区原则上只保留 1 个工业园区。如果省区面积较大也建议对其进行合理整合，尤其要加大对低效用地的处置力度，探索存量建设用地二次开发机制。

2. 合理布局与明确园区定位，推动产业园区转型升级

各省区的工业园区要围绕国家的发展规划与发展战略，国家"一带一路"倡议，并结合本省区的中长期发展规划来的定位园区与产业发展方向。要通过转变发展理念、转变管理方式来定位园区与推动产业园区转型升级。一是要明确园区定位，尤其要明确国家级与省区级园区的定位，将其定位为推动当地经济发展的"火车头"成为带动区域经济发展的"助推器"、实体经济发展的新动力与"硬支撑"；成为本省区吸引外资、发展开放型经济、招商引资、招商引智、拓展城市空间、产业升级的"大平台"；成为本省区经济实力、创新驱动、技术进步、科学管理、绿色发展的示范区。二是要用创新推动产业转型升级。运用新技术、新工艺、新装备来改造提升煤炭、电力、冶金化工、建材等传统产业；用互联网、信息化、高端化、智能化来升级产业与园区。三是通过加大科技研发投入，加强人才、技术引进与培养的资金保障，构建产业转型升级的省区级、国家级、企业级研发平台和协同创新平台，注重保护知识产权，用科学技术提升创新能力，使产业园区从追求速度型向追求质量效益型转变，形成产业创新集群。四是要强化专业化集约化发展路径。要明确工业园区主攻方向、培育主导产业，各园区要形成特色鲜明、相互协助、优势互补的发展格局。要加大对产业结构调整升级的力度，通过补齐产业链、加强产业链、延长产业链，优化产业结构

与布局，达到延出附加值，补出新动能①；达到由产业同质化竞争转向差异化发展，园区由数量增长型向质量产值型转变，由产业低端型向产业中高端型迈进。

3. 加强产城融合，完善服务配套

要加大园区与城镇、与社区的相关配套基础设施建设，增强配套服务功能不足的短板。一是解决部分园区人员上下班流动的"潮汐"现象，要通过园区相关配套设施的建设，尤其要建设配套住宅来增强园区与产城融合度，以产城融合发展留住技术工人，通过提供大量廉租房、周转房、技术奖励房、经济房等多项综合举措，吸引技术工人参与园区建设与发展，为园区提供强有的人力资源，实现产业功能、生活功能、产城功能、生态功能的有机融合，形成产城融合、互动发展的格局。二是要以产兴城、以园促产。坚持产业发展与城市功能同步推进，产业发展与商贸服务、学校、医院、商业、休闲、社区服务同步进行，在园区、社区布局配套服务设施，建立综合服务配套保障体系。要统筹协调产业集群、人口集聚，也要防止盲目扩大园区周边配套服务，达到有产有城，有园有人，园区产业人口与空间规模相适应的原则。

4. 加强综合管理与考核，提升园区软环境

要建立园区管理上与运行上的配套服务体系。一是通过应用互联网与信息化的手段，推行"不见面马上办"，"一个窗口、一站式服务"模式，提供进园前咨询服务、进园代办服务、进园后的各项配套服务，做到从管理者向提供全方位配套服务转变，促进园区服务升级。二是要建立科学的考核机制。加强园区考核，实行以亩产效益为中心的综合评价方法，从投资强度、产业方向、环保、能耗、建设周期等编制投资效益量化评估标准，强化考核机制运行。三是要按照资源环境承载的压力来严格把控环境准入门槛，尤其是在招商进园过程中要以环境保护把好第一道准入关。要全面推进产业园区

---

① 王林伶：《打造煤化工完整产业链推进关联产业融合发展》，《华兴时报》2018年6月11日。

的循环化、低碳化、生态化改造。要加强对园区的废气、废水、废渣的治理建设和循环利用，要通过采用新技术、新工艺、新设施、新手段，补齐、增加相关配套产业，达到"吃干榨尽"，提高能源资源利用效率，减少污染物排放，走绿色低碳循环发展的道路。

B.11
西北田园综合体建设模式探讨

宋春玲*

摘　要： 随着中央一号文件关于"田园综合体"这一理念的提出，全国上下都在努力打造田园综合体，田园综合体成为解决"三农"问题的有力抓手。然而这是一新兴的概念，没有范例可循，没有统一模式，对于政策的解读也存在偏差，因此，田园综合体的建设依然是在探索过程中。中央一号文件关于田园综合体提出了三个关键词：一是农民合作社，是田园综合体的建设载体；二是农民，强调农民是自始至终的参与者和受益者；三是农业，强调田园综合体的核心产业是农业。因此，田园综合体一定要姓"农"，要以农业为本，以田园为根。本文主要探讨西北地区田园综合体的构建模式，田园综合体是有文化标识的产业联动与融合，是集生产、生活、娱乐于一身的"人本"空间的构建。

关键词： 西北地区　田园综合体　模式研究

一　田园综合体概念的提出

"田园综合体"这一概念是由 2017 年中央一号文件中提出的，一经提

---

* 宋春玲，硕士，宁夏社会科学院农村经济研究所助理研究员，研究方向：农村经济与生态经济。

出就迅速引起了各界的高度重视，成为当前的一大重要热词。田园综合体不是农业＋旅游＋地产＋生态"四菜一汤"，也不是农业旅游空间规划，"田园综合体"有文化标识性、有产业深度联动融合、有一二三产业链创新整合，是集生产生活娱乐于一体的"人本"空间的构建。

（一）田园综合体的由来

2017 年 2 月 5 日，中共中央、国务院公开发布《关于深入推进农业供给侧结构性改革加快培育农业农村发展新动能的若干意见》，《意见》中指出："支持有条件的乡村建设以农民合作社为主要载体、让农民充分参与和受益，集循环农业、创意农业、农事体验于一体的田园综合体，通过农业综合开发、农村综合改革转移支付等渠道开展试点示范。"① 从此以后，田园综合体成为最高决策层作为全国乡村振兴战略建设过程中农业供给侧结构性改革和农业发展转型升级的重要内容提上了日程。财政部随后也印发了《关于开展田园综合体建设试点工作的通知》，为了开展农村发展新模式，实现村庄美、产业兴、农民富、环境优，财政部决定开展田园综合体建设试点工作。从 2017 年起在山东、河南、河北、山西、内蒙古、重庆、四川、云南、陕西、甘肃、江苏、浙江、福建、江西、湖南、广东、广西、海南 18 个省份开展田园综合体试点工作②。

（二）田园综合体的本质及特征

中央一号文件中提出了三个关键词：一是农民合作社，它是建设田园综合体的主要载体；二是农民，田园综合体的建设既可以让农民全程参与，还可以让农民增收，让大量农民重返农村；三是农业，从农业模式转成"农业＋"的模式，田园综合体的核心产业是农业。田园综合体要姓

---

① 2017 年中央一号文件《中共中央、国务院关于深入推进农业供给侧结构性改革加快培育农业农村发展新动能的若干意见》，2017 年 2 月 5 日印发。
② 财政部《关于开展田园综合体建设试点工作的通知》（财办〔2017〕29 号），2017 年 5 月 24 日印发。

"农"，要以农业为本，以田园为根，这也正是田园综合体的最本质的特征，以农业尤其是现代农业为基础，形成当地社会的基础性产业；把当地世代形成的风土民情、乡规民约、民俗演艺等发掘出来，开发一个"本来"的村子；强调城乡互动，秉持开放、共建思维，着力解决农民、市民、政府、投资者及其他利益相关者等几类人群的需求。田园综合体特征具体见图1。

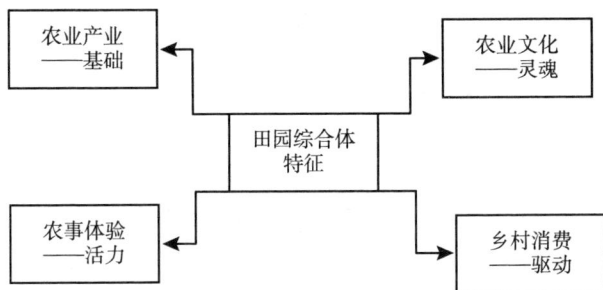

图1　田园综合体特征

（三）建设田园综合体的意义

1. 社会方面

当今社会，生活、生产、生态三者互为因果，相互促进，高品质、高效率、高文明的生活是田园综合体努力的最高境界。同时城市与乡村相互配合、分工明确，在城市病加剧的背景下，人们发现田园才是最宜居的环境，田园综合体的终极目标就是打造城乡共享的开放型社区。田园综合体建设过程中能够带动就业、原料供给、休闲娱乐、生态保育、文化传承等功能，成为满足人类生活价值、经济价值、社会价值、文化价值以及生态价值的"美丽空间"。

2. 文化方面

随着田园综合体建设的不断完善，人们既可以感受自然风光，也可以参与农事体验，还可以感受与城市文明完全不同的农业文明。自古以来，乡村就是传统文明的发源地，是人类乡愁的寄托地。田园综合体建设可以突出独特的村居风貌、传统的风土人情和田园风光。田园综合体尊重农耕文明，就是要做好"发源与发扬"、"传统与传承"的大文章。

3.生态方面

田园综合体是绿色发展背景下的产物，是打破城乡二元结构的产物，是人与自然和谐统一的复合社会。在这样的大环境下，每一个生活在其中的个体都会自觉地对生态环境产生认同感。同时田园综合体也是生命的共同体，以农业文化为灵魂，组成这个共同体的每一份子，都会受到灵魂的牵引，形成自觉、自律的生态保育意识。

二 田园综合体建设模式研究

近年来，全国上下已经探索建设了一批具有田园综合体雏形的试点，都是以农业产业为支撑，以美丽乡村为依托，以农耕文明为背景，以农旅融合为核心，虽然模式不一，均取得了良好的成效。

（一）田园综合体的建设与运作思路

田园综合体的建设要始终坚持以"姓农为农"为理念，以保护耕地为前提，发展现代农业，提高农业综合竞争力。同时注重各种资源要素的融合，坚持产业引领，三产融合。田园综合体产业体系构建不是普通的农业＋旅游业，而是产业链的创新整合。田园综合体的建设过程中，要始终把生态理念贯穿其中，保持好田园生态风光，保护好青山绿水，保障好生态的可持续发展。我国的田园综合体目前还处于初级阶段，没有统一模式，也完全没有必要统一模式，应该因地制宜，突出"创新"，要注重保护和发扬原汁原味的本地特色，在这一点上可以说田园综合体不具有可复制性。而田园综合体的回报机制主要由政府补贴、社会资本、农民创收三个方面组成，具体见图2。

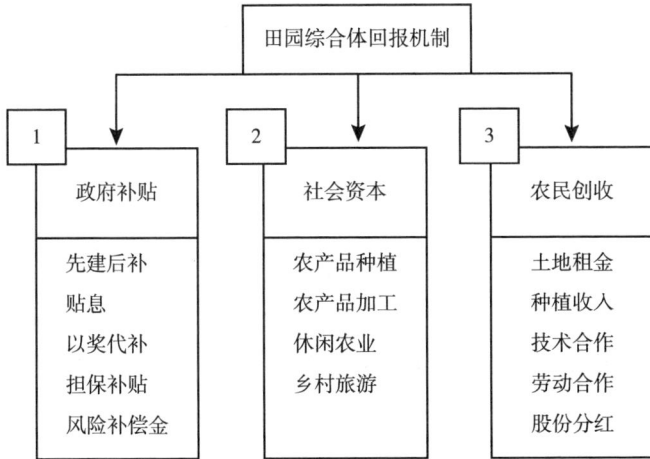

图 2　田园综合体回报机制

（二）田园综合体的发展模式

目前国内出现了许多田园综合体模式，因地制宜，具备当地特色，总结起来可以分为四类，为我们建设更高水平的田园综合体提供样本和借鉴。

1. 农业特色产业园

这种模式以当地的优势特色产业为主导，通过参与产业、提供就业、乡村旅游、土地租赁等方式，从农产品生产、加工、销告、经营、开发等环节入手，打造优势特色产业园，把产业链建设与价值链拓展有机结合起来，建立健全促进农民持续增收的长效机制。

2. 文创产业园

这种模式一般建在具有文化关联性的产业规模集聚区域，是具有鲜明文化形象并对外界产生一定吸引力的集生产、交易、休闲、居住为一体的多功能园区。以农村一二三产业融合发展为基础，形成乡村民俗和特色文化结合、乡村文明与生态休闲旅游结合的农旅综合体。

3. 农业观光园

这种模式主要建立在城市与农村的衔接处，利用近郊的区位优势，借助科技、相关辅助设施等进行创新性的规划、设计，从而形成的集聚科技示范、旅游观光、科普教育以及休闲娱乐功能为一体的综合型园区让人们可以感受到农耕文化、参与体验田园生活，形成以休闲体验为主要特色的生活型综合体。

4. 农事体验区

该模式是休闲农业与乡村旅游相结合后独有的休闲娱乐活动聚集区。结合活动的劳动性与趣味性，融入一些休闲娱乐元素，使农事体验活动娱乐化。传承乡土文化精华，让人们回归田园，可以开发一些精品民宿、民艺体验、农事体验等特色产品，建设一批传承乡土文明，以农事体验为核心的创意型综合体。[①]

国内的田园综合体建设模式基本可归结为以上四类，这些田园综合体在建设过程中同样存在短板和瓶颈，对于中央关于田园综合体建设的整体把握和文件解读还不够全面。我们要在探索实践中提升理念认识，精准定位、健全功能、补齐短板，建设具有引领示范作用的田园综合体。

三 西北地区田园综合体发展模式探讨

中央一号文件提出，要建设让农业增效、农民增收、农村增绿的田园综合体。将各产业进行融合、渗透，拓展田园综合体的产业链，形成以市场为导向，以农村的生产、生活、生态为资源，将农产品与文化、休闲度假、艺术创意相结合，以提升现代农业的价值与产值，创造出优质农产品，拓展农村消费市场和旅游市场。实现农村生产生活生态"三生同步"、一二三产业"三产融合"、农业文化旅游"三位一体"全面发展的新模式、新业态、新路径，逐步建成集循环农业、创意农业、农事体验于一体的田园综合体。

---

① 刘竞文：《绿色发展与田园综合体建设：模式、经验与路径》，《世界农业》2018 年第 2 期，第 35~41 页。

（一）西北田园综合体建设发展现状

1. 陕西省田园综合体建设发展现状

陕西省政府选择农村综合改革基础工作好、组织领导坚强有力、代表性典型性强，有乡村田园基础、有村级集体经济的县开展试点，为全国田园综合体建设工作探索可借鉴、可推广、可复制的经验和做法。比如铜川市耀州区香山果语田园综合体项目，作为国家级农业综合开发田园综合体试点项目特色鲜明，思路清晰，充分践行了中央"绿水青山就是金山银山"的伟大理念，用特色产品和科技创新引领农业发展，有力推动了农业供给侧结构性改革，使农民增产增收，效果突出。该项目位于耀州区小丘镇，涉及 9 个行政村，规划占地总面积 38081 亩，规划建设期三年。规划内容主要围绕农业生产、生活居住、文化景观、休闲聚集和综合服务 5 大板块，着力打造 1 带 2 心 2 园 5 区，即：百果长廊景观带；现代农业高科技孵化中心、管理服务中心；苹果文化主题公园、台塬风情庄园；特色果品标准化种植区、农产品加工物流区、体验农业区（智慧农庄）、田园小镇示范区、渭北民俗文化体验区。项目建成后，年可实现总产值 11.06 亿元左右，年利润 2.7 亿元，农民从农业产业中获得的收入将提高 50% 。

2. 宁夏田园综合体发展现状

宁夏大力实施脱贫富民战略，同时通过"经营田园好风光、带动农民好收入"的模式建立多个田园综合体，打破固有思维模式和传统路径依赖，因地制宜发展优势特色农业，加快培育合作社、农庄等新型经营主体，大力发展民宿、农家乐等业态，构建现代农业产业体系、生产体系和经营体系。比如固原市在"融"字上下功夫，大力发展乡村新兴产业。西吉龙王坝村、隆德新和村、泾源杨岭村，坚持因势利导，挖潜提升，推进现代农业与全域旅游、生态、文化等深度融合，让农业有文化说头、有景观看头、有休闲玩头，让农民有更多赚头。以"农"为景、以"特"聚客、"土"中求精，加强基础设施配套建设，做好"农业 +""田园 +"文章，建设一批田园综合体、特色生态旅游小镇等，发展观光农业、乡村民宿、采摘体验、生态休闲、健康养生等特色游，使田园变公园、农房变客房、劳作变体验。

3. 青海省田园综合体发展现状

青海省认真落实党的十九大提出的乡村振兴战略，按照"产业兴旺、生态宜居、乡风文明、治理有效、生活富裕"的"二十字"总要求，统筹推进城乡融合发展，推动乡村振兴区域布局。推进休闲农牧业与旅游、文化、体育等深度融合，扶持发展观光农牧业、循环农牧业、特色小镇、农牧家乐，集中打造30个具有鲜明特色的休闲农牧业示范基地、现代庄园牧场、田园综合体。比如大通汇丰景园位于大通县景阳镇大寨村，距离西宁市30公里，交通便利。沿着主干道前行，一路皆是鸟语花香。大通汇丰景园占地总面积120公顷，打造了以"一轴、一带、七区"即一个景观暨民俗文化轴、一个亲水景带和七大特色功能区为主格局的新型参与型农业旅游景区。大通汇丰景园根据农业田园综合体发展的需要，依凭田园情怀，有效利用既有的农业资源、开拓了农业发展新方向，将农业与旅游、服务业、科教相结合，带领当地村民为游客提供体验式旅游、差异化餐饮、农业科普教育、住宿配套及休闲娱乐等全域旅游新概念，构建设施农业与观光农业相结合的新型参与型农业旅游基地。农耕文化是现代人挥不去的乡愁，大通汇丰景园在新、特、奇方面深入挖掘，不断提升发展内涵，实现资源文化优势向产业经济优势转变的目标，并将乡村振兴战略落在实处，将成为青海乡村旅游的又一道亮丽风景，打造全国休闲农业、乡村旅游示范点，成为带动周边乡村、辐射全区经济发展的田园综合体。

4. 甘肃省田园综合体发展现状

甘肃将统筹推进十大生态产业的构建和脱贫攻坚协同发展，加快发展循环农业产业，重点实施农业废弃物循环利用、戈壁生态农业、国家绿色生态农产品生产加工基地、农村一二三产业融合发展、田园综合体建设、农产品冷链物流建设等工程，到2020年初步形成产业融合发展、资源高效利用、环境持续改善、产品优质安全的循环农业发展格局。选择部分基础较好的县区，积极探索开展田园综合体试点建设，主要包括完善乡村治理机制、健全村级集体经济发展机制、构建农民持续增收机制、建立农村生态文明发展机制等，推进农村人居环境不断改善，生活垃圾处置体系基本完善，生活垃圾污水乱排乱放得到有效管控，村内道路通行条件明显改善，村庄环境干净整洁，农民环境卫生意识普遍增强。比如，建立在兰州市周边的榆中县李家庄田园综合体试点项目——榆兴农庄，打造以农民充分参与和受益为核心、以综合开发为手段、以观光休闲为主题、以一二三产业融合为重点的农业综合体示范园。李家庄田园综合体将按照烂漫花海区、李家庄小镇、生态田园区、养生养老区、田园野趣区、亲子体验区、生态养殖区、榆兴农庄体验区、智慧农业生产区等9大功能区域规划布局，建成后，每年可实现产值3亿多元，吸引游客200万人。加快推广农村资源变资产、资金变股金、农民变股民——"三变"发展模式，为农业增产、农民增收、农村发展注入新活力，再造发展新引擎。

5. 新疆田园综合体发展现状

新疆以习近平新时代中国特色社会主义思想为指导，深刻学习领会习近平总书记"三农"思想的深刻内涵和核心要义，要把发展现代农业作为重要内容，加快构建产业体系、生产体系、经营体系，深化农业供给侧结构性改革。贯彻落实美丽乡村战略，把生态环境优势转化为生态农业、生态工业、生态旅游等生态经济的优势，建设田园综合体，不断提高农业综合效益。比如新疆伊犁丝路花都樱花主题景区，该景区位于察布查尔县，占地面积约1300亩，距伊宁市中心18公里，这是中国西北五省区首个以樱花为主题的旅游景区，也是一个以花卉观赏和农业休闲娱乐为主的田园综合体。目前，该景区首期建设已经完成，占地220亩，共种植各类中国樱花3000余株，还举办了美食街、创意手工集市、民族歌舞表演、天鹅观赏、车展等丰富的活动，为伊犁广大市民提供了最佳的踏青娱乐场所，让大家在浪漫的樱花下娱乐，同时还能享受一场舌尖上的盛宴。樱花主题只是景区建设的第一步，要在春赏樱花的基础上建成夏观荷花、秋看红叶地肤、冬游冰灯的以四季花卉为主题的旅游景区。同时兴建皇家园林、天鹅湖、奇异瓜果园、亲子乐园、荷花世界农业综合体等景点，致力于打造中国西北规模最大的以赏花为主题的田园综合体。

（二）西北田园综合体建设模式探讨

西北地区田园综合体的建设思路应该是一产稳固基础，二产增加财富，三产新增业态。拓展农业产品的新功能，延伸产业链条，在一二三产业融合发展上下功夫，增加农民收入，改善农民生活水平和品质。积极落实中央一号文件精神，将先进的科学技术、生产方式和经营模式带入农村，鼓励高校毕业生、企业主、农业科技人员、留学归国人员等各类人才回乡创业，引入新型经营主体、社会资本，增加农村创业收益。

根据西北五省区田园综合体发展的现状分析，西北地区建设田园综合体主要从以下三方面入手。

1. 产业模式要由单一的农业生产向泛休闲农业产业化发展

营造农作物大地景观，成片花海景观与美食、文创、亲子、农事体验等休闲项目结合；或是集中种植果蔬，上山能采果摘茶、下地能挖野菜干农活，池塘边还可以垂钓；又可以通过生态农业科技发展开发农业科普教育示范项目、农业科技示范项目、生态农业示范项目等。

2. 产品模式由单一产品向复合型休闲类产品发展

民俗体验区，可以是以家庭为单位，从事种花、种菜、修剪果树、采摘蔬果等乡间劳作，体验亲近自然的乐趣；生态水产养殖度假区，利用自然水体发展养殖业，让游客体验垂钓、观鱼的乐趣；生态养生度假区，依靠山体种植茶树，通过体验采茶、品茶，感悟其中禅意；葡萄酒庄园度假区，将成熟的葡萄进行酿造，让游客体验从采摘到酿造葡萄酒的全过程。[①]

3. 土地开发模式由传统地产向康养、体验等综合地产发展

田园综合体土地开发模式的终极目标是建设集养老、养生、度假为一体的综合配套的休闲康养地产；或是将空余不住的房产重新以不同风格进行装

---

① 卢贵敏：《田园综合体试点：理念、模式与推进思路》，《地方财政研究》2017 年第 7 期，第 8～13 页。

修，以度假村的形式出租给游客，从而为农民带来收入，形成田园体验度假村运营地产。西北地区田园综合体建设模式如图 3 所示。

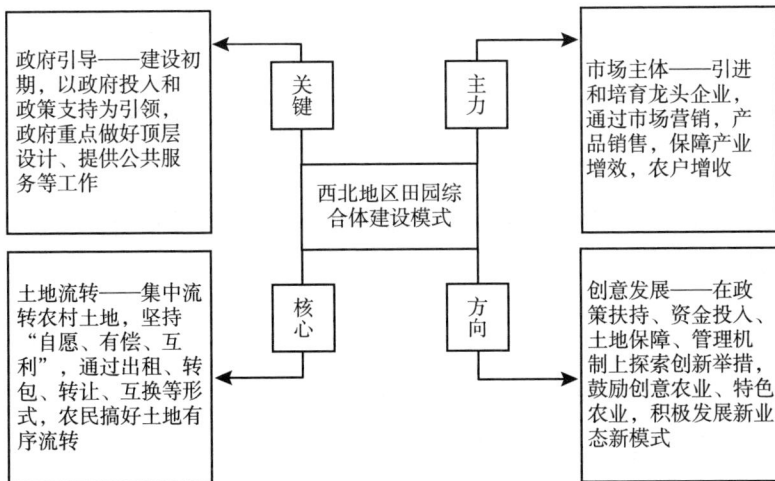

图 3　西北地区田园综合体建设模式

（三）西北田园综合体建设过程中的不足之处

1. 一二三产融合发展不够充分

目前，西北地区田园综合体主要做的还是第一产业和第三产业的融合，没有将农业产业链做长做精做细，园区企业产业发展较为单一，很难建设自己的农产品品牌。有的企业虽有土地，但重点还是做旅游，一二三产融合发展还不够。

2. 休闲体验活动还处在低层次发展阶段

西北地区田园综合体建设过程中主要表现在多数休闲农业企业还是采用以观光农业为主要特征的初级经营模式，休闲体验活动也主要以低端产品为主，如采摘、餐饮、住宿、休闲等。很多企业的休闲活动创意与产业发展、品牌打造很少有对应关系，存在两张皮现象。

3. 与田园综合体内涵要求还有差距

田园综合体一般由农业产业、文创产业和乡村社区三大部分组成，其中乡村社区建设要满足三个条件：一是原居民能安居乐业；二是城市旅客能休闲度假；三是能吸引新居民在此就业创业。显而易见，西北地区田园综合体的建设还达不到如此要求。

四　促进西北田园综合体建设的对策建议

（一）西北五省区应积极争取国家级田园综合体试点

国家级田园综合体的申报部门是财政部农业司，财政部规定田园综合体建设试点项目由省级财政部门统一组织以竞争立项的方式确定，省级财政部门根据竞争立项的结果，将试点规划和实施方案报财政部备案。而西北地区田园综合体试点省份只有陕西省，宁夏、新疆、甘肃、青海要抓紧择优选项争取开展国家级田园综合体建设发展的试点，建立健全公开透明、客观公正、科学规范的项目竞争立项机制，推动现有田园综合体向更高水平、更高档次、更好方向发展。

（二）坚持以产业发展为基础，实现一二三产融合发展

田园综合体建设要坚持一产是基础，没有基础，一切都是空谈；二产是重点，没有农产品的加工增值，农业就没有效益；三产是亮点，没有服务，也就没有游客。建议西北地区田园综合体建设将现有规划进行进一步细化，将农业生产进行科学布局，依托农业资源，结合农业生产发展文化创意产业，打造田园综合体特色项目。

（三）做好专业人才培养工作

田园综合体的文化创意产品是否受到游客的青睐主要在于专业人才水平的高低，因此，政府主管部门要把人才培养放到十分重要的位置。产业发展人才培养先行，政府要与当地农业院校展开合作，建立全日制学历与短期培训相结合的专业人才培养班，开展休闲农业专业人才的培养工作。

（四）守好农民才是最终受益者的思维底线

农民是田园综合体的核心，也是田园综合体的主要参与者与受益者，把农民合作社作为项目承载主体，让农民分享发展红利。土地是农民最后的退路，切忌把农民挤出农业、挤出农村、挤出土地。将社会资本引入参与建设田园综合体，一定要守住农民基本保障的思维底线。

（五）坚持以农民为主体，积极听取农民意见

田园综合体是新时期农业多功能性的实体性表现。在项目设计上应尽量灵活，多听取农民的意见。比如防护林网可以布局在村庄旁、坑塘旁，尽量避免遮挡农田；比如群众不习惯使用的井房那就不要再统一建设；再比如农民可以以土地入股方式参与田园综合体建设。这些有利于调动区域内农民参与的积极性和主动性，有利于田园综合体项目的顺利推进。从长远看，能否真正保证农民的主体地位，是田园综合体开发建设能否成功的关键。

作为新事物，田园综合体发展尚处于初级阶段，基本围绕着主要农产品的观赏、品尝、休闲、购买等，未来田园综合体建设需要借鉴"一村一品"经验，使田园综合体真正"综合"起来。西北地区田园综合体建设要做精做细，不需要遍地开花。关于西北地区田园综合体的建设定位，"姓农为农"的根本宗旨不能动摇。田园综合体的建设，关键在"综合性"，不是搞新型农村社区，让农民离土上楼，我们最终目标是宜居宜业的新农村。

参考文献

冯建国、张燕、朱文颉：《浅论田园综合体》，《北京农业职业学院学报》2017 年第 5 期。

徐胜、羊杏平：《培育田园综合体宜居宜业特色村镇新路径探讨》，《安徽农业科学》2017 年第 21 期。

赵新：《"田园综合体"如何让人"归园田居"》，《中国国土资源报》2017 年第 3 期。

王甫园、王开泳、陈田：《国家级休闲农业园区的分布、类型与优化布局》，《农业现代化研究》2016 年第 6 期。

小康社会篇

Well – off Society Chapters

B.12
西北地区城乡居民收入增长比较分析

甘晓莹 魏珍*

摘　要： 改革开放以来，西北地区经济社会得到快速发展，城乡居民收入取得了较大的增长。特别是党的十八大以来，城乡居民收入增速超过经济增速，中等收入群体持续扩大。城乡居民收入水平不断提高的同时，收入差距也在发生着变化。城乡居民收入差距过大，已成为维持社会稳定和民族地区经济持续健康发展所面临的重大问题。党的十九大报告提出2020～2035年，城乡区域发展差距和居民生活水平差距显著缩小的目标，作为我国经济发展落后地区，对西北地区城乡居民收入增长及存在的差距进行分析研究，针对西北地区如何增加农牧民收入，稳定城乡收入增长率，缩小城乡差距提出

---

* 甘晓莹，硕士，青海省社会科学院经济研究所助理研究员，研究方向为区域经济；魏珍，硕士学位，青海省社会科学院经济研究所助理研究员，研究方向为区域经济。

几点建议，有利于西北地区经济均衡发展，维护社会和谐稳定。

关键词： 西北地区　城乡收入　区域比较

改革开放以来，我国经济经历了 40 年的快速发展，综合实力显著增强，经济总量大幅提高，发展质量不断提升，发展迈上了新台阶。十八大以来，人民生活不断改善，城乡居民收入增速超过经济增速，中等收入群体持续扩大。但是城乡经济发展失调，社会贫富差距拉大，各区域发展失衡的现象依然存在，成为我国经济健康发展和社会稳定和谐的主要制约因素。2016 年国家统计局发布的居民收入基尼系数为 0.465，2017 年也超过 0.4，超过国际一般标准。西北地区深处祖国内陆，多民族聚居，经济发展相对滞后，城乡居民收入基数小，增长缓慢，收入差距大，一定程度上影响着区域的发展和民族团结进步。党的十九大报告指出，我国社会主要矛盾已经转化为人民日益增长的美好生活需要和不平衡不充分的发展之间的矛盾，并提出了 2020～2035 年，城乡区域发展差距和居民生活水平差距显著缩小的目标。作为我国的后发展地区，西北地区城乡居民收入持续增长，收入差距不断缩小，是实现区域均衡发展解决社会主要矛盾的主要抓手，不但关系西北地区的经济社会进步和人民生活改善，影响着全国全面建成小康社会的进程，更是实现我国"两个一百年"奋斗目标的重要保障。

一　西北地区城乡居民收入增长现状分析

西北地区包括陕西省、甘肃省、青海省、宁夏回族自治区及新疆维吾尔自治区。改革开放 40 年来，特别是西部大开发战略实施以来，我国西部地区五省区经济发展快速，取得了一系列举世瞩目的成就，人民生活水平持续提高，生活质量大幅改善，城乡居民收入稳定增长。西北地区位于我国西北边陲，是我国经济后发展地区，多民族聚居，受地域、区位要素、自然环境、交通等因素的影响，经济发展相对滞后，城乡收入差距较为突出，近几年来，城乡差距不仅没有缩小，反而有扩大的趋势。

（一）西北五省区城乡收入水平与全国比较分析

十八大以来，我国城镇人口与农村人口收入呈现出稳定增长的态势，从全国来看，城镇居民人均可支配收入由 2013 年的 26467 元增长到 2017 年的 36396 元，年均增长率为 8.3%，农村居民人均可支配收入由 2013 年的 9430 元增长到 2017 年的 13432 元，年均增长率为 9.2%，相比于城镇居民人均可支配收入，农村居民人均可支配收入年均增长率稍高，但由于绝对数基数小增长值较低。

从西北地区来看，五省区城乡收入稳定增长，其中陕西省城镇居民人均可支配收入由 2013 年的 22346 元增长到 2017 年的 30810 元，年均增长率为 8.4%，农村居民可支配收入由 2013 年的 7092 元增长到 2017 年的 10265 元，年均增长率为 9.7%；甘肃省城镇居民人均可支配收入由 2013 年的 19873 元增长为 2017 年的 27763 元，年均增长率为 8.7%，农村居民人均可支配收入由 2013 年的 5589 元增长为 2017 年的 8076 元，年均增长率为 9.6%；宁夏回族自治区城镇居民人均可支配收入由 2013 年的 21476 元增长为 2017 年的 29472 元，年均增长率为 8.2%，农村居民可支配收入由 2013 年的 7559 元增长为 2017 年的 10738 元，年均增长率为 9.0%；青海省城镇居民人均可支配收入由 2013 年的 20352 元，增长为 2017 年的 29169 元，年均增长率为 9.4%，农村居民人均可支配收入由 2013 年的 6462 元增长为 2017 年的 9462 元，年均增长率为 10%；新疆维吾尔自治区城镇居民可支配收入由 2013 年的 21091 元增长为 2017 年的 30775 元，年均增长率为 9.9%；农村居民人均可支配收入由 2013 年的 7847 元增长为 2017 年的 11045 元，年均增长率为 8.9%。可见 2013 年以来西北五省区城乡居民收入年均增长率比较稳定，城镇居民人均可支配收入年均增长率稳定在 8% ~10% 左右，农村居民人均可支配收入稳定在 9% 左右，除新疆维吾尔自治区外，其他4省区城乡收入增长率与全国水平相同，呈现出农村高，城镇低的特点，其中陕西、甘肃、青海城镇居民人均可支配收入和农村居民人均可支配收入年均增长率都高于全国水平。但西北五省区的城乡居民人均可支配收入与全国平均水平相比在绝对数上有较大差距（见图1）。

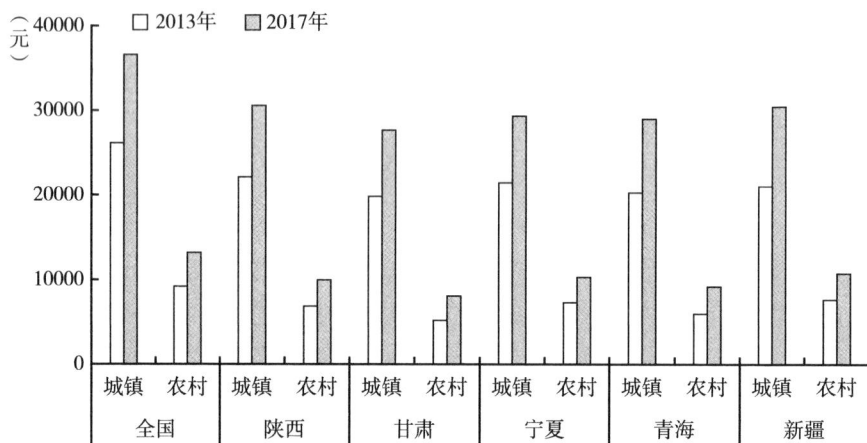

图1　全国与西北五省区城乡人均可支配收入水平

从西北地区城乡居民收入水平占全国平均数的比重来看（见表1），城乡居民收入均与全国水平有一定的差距，尤其是农村人均可支配收入占比更低。2013年，西北五省区城镇居民人均可支配收入占全国平均水平的比重在80%左右，其中陕西省84.43%排名五省区第一位，甘肃省75.09%，与全国水平差距最大。新疆农村人均可支配收入水平占全国平均水平的比重83.21%在五省区排名第一，其他省区与全国平均水平差距较大。2017年，城镇居民人均可支配收入占全国平均水平的比重在80%左右，其中陕西省仍以84.65%排名五省区第一位，新疆农村人均可支配收入水平占全国平均水平的比重82.23%在五省区排名第一，其他省区虽较2013年所占比重有所上升，但上升空间较小，在全国收入占比较低。

表1　全国与西北五省区城乡收入水平及各省区占全国城乡收入比重

地区　　年份		2013 年	2017 年	2013 年	2017 年
全国	城镇	26467 元	36396 元	100%	100%
	农村	9430 元	13432 元	100%	100%
陕西	城镇	22346 元	30810 元	84.43%	84.65%
	农村	7092 元	10265 元	75.21%	76.42%
甘肃	城镇	19873 元	27763 元	75.09%	76.28%
	农村	5589 元	8076 元	59.27%	60.13%
宁夏	城镇	21476 元	29472 元	81.14%	80.98%
	农村	7599 元	10738 元	80.58%	79.94%
青海	城镇	20352 元	29169 元	76.90%	80.14%
	农村	6462 元	9462 元	68.52%	70.44%
新疆	城镇	21091 元	30775 元	79.69%	84.56%
	农村	7847 元	11045 元	83.21%	82.23%

资料来源：根据国家统计局官网、各省统计年鉴整理得出。

（二）西北五省区城乡收入增长率与全国比较分析

从同比来看，2013～2017 年，全国和西北五省区的年城乡居民人均可支配收入增长率稳定（见表2）且变化趋势接近，在 2013 年，西北五省区的城镇居民人均可支配收入增长率均高于全国平均水平，2015 年以来，基本与全国平均水平持平，同比增长率中农村居民人均可支配收入增长率均高

表2　2013~2017 年全国和西北五省区城乡居民可支配收入增长率

单位：%

年份	全国		陕西		甘肃		宁夏		青海		新疆	
	城镇	农村	城镇	农村	城镇	农村	城镇	农村	城镇	农村	城镇	农村
2013	9.7	12.4	10.2	12.8	10.5	13.3	10.1	12.2	11.0	15.5	10.9	14.1
2014	8.9	11.2	9.0	11.8	9.7	12.3	8.4	10.7	9.6	12.7	10.1	11.2
2015	8.2	8.9	8.4	9.5	9.0	10.5	8.2	8.4	10.0	8.9	13.2	8.0
2016	7.8	8.2	7.6	8.1	8.1	7.5	7.8	8.0	9.0	9.2	8.3	8.0
2017	8.3	8.6	8.3	9.2	8.1	8.3	8.5	9.0	9.0	9.2	8.1	8.5

资料来源：《中国统计年鉴》、国家统计局、各省区统计公报。

于城镇居民人均可支配收入，但由于农村居民人均可支配收入基数小，增长率高出的部分较低，农村居民人均可支配收入仍较低。

（三）西北五省区城乡收入增长与经济增长比较分析

城乡居民收入增长与经济发展同步是我国经济社会发展的主要目标之一，将全国与西北五省区城乡收入增长率与经济增长率相比，无论是从全国，还是西北五省区来看，经济增长率与城乡收入增长基本保持同步增长，且城乡收入增长率略高于地区生产总值的增长率。这说明，自我国经济步入新常态以来，GDP增长增速放缓，西北地区积极应对发展中的各种困难挑战，坚持调结构、惠民生，人民生活水平和生活质量稳步提升。

表3 2013～2017年全国及西北五省区经济增长情况

单位：%

年份	全国	陕西	甘肃	宁夏	青海	新疆
2013	7.1	11.0	10.8	9.8	10.8	11.0
2014	8.3	9.7	8.9	8.0	9.2	10.0
2015	6.4	7.9	8.1	8.0	8.2	8.8
2016	6.7	7.6	7.6	8.1	8.0	7.6
2017	6.9	8.0	3.6	7.8	7.3	7.6

资料来源：国家统计局网站，http://data.stats.gov.cn/index.htm。

（四）全国与西北五省区城乡收入差距比较

十八大以来，随着经济的快速发展，城乡居民共同分享了改革的成果。但是，收入分配差距的扩大，尤其是城乡居民收入差距的扩大成为一个不可回避的现实问题，成为阻碍我国经济体制改革的重要因素之一。单从增长率来看，无法判断西北五省区与全国相比城乡收入差距。城乡居民收入比是测度城镇居民和农村居民收入比率最常用的指标。此比值表示城镇居民收入与农村居民收入之间的倍数关系①，从城乡收入之比来看，五年来，西北五省区除新疆2013年、2014年外的城乡收入之比均高于全国水平，其中甘肃省城乡收入之比最高，说明收入差距最大，但是无论是全国还是西北五省区，收入差距之比都呈现出缓慢降低的趋势（见表4）。

表4　2013～2017年全国与西北五省区城乡收入之比

年份	全国	陕西	甘肃	宁夏	青海	新疆
2013	2.81	3.15	3.56	2.83	3.15	2.69
2014	2.75	3.07	3.47	2.77	3.06	2.66
2015	2.73	3.04	3.43	2.76	3.09	2.79
2016	2.72	3.03	3.45	2.76	3.09	2.80
2017	2.71	3.00	3.44	2.74	3.08	2.79

资料来源：根据统计数据计算得出。

2013年以来，全国和西北地区的名义城乡收入差距在持续扩大，虽然西北五省区的城乡居民收入差距绝对数略低于全国水平，但是城乡收入之比高，城乡收入差距程度深，农民的增收高度依赖经营性收入，且西北五省区无论是城镇居民人均可支配收入还是农村居民人均可支配收入基数都低于全国水平。西北五省区在努力缩小城乡收入差距的同时，大力发展经济，提升整体经济实力的发展任务依然繁重。

二　西北地区城乡收入差距原因分析

（一）自然条件制约

我国西北地区气候干旱，属温带大陆性气候区，以大面积的山地、石质戈壁、荒漠、荒漠草地、高原草地，少量的山麓绿洲组成，生态环境脆弱地

---

① 齐福全：《北京市城乡居民收入分配差距变化的实证分析》，《北京社会科学》2010年第1期，第18～26页。

区占比高，适合种植业发展的土地面积少，经济作物数量少，成活率较低，且自然灾害频发，抵御自然灾害的能力较弱，农村的基础条件与城市相比更为落后。由于深处祖国内陆，西北地区相对中东部地区，受自然条件制约，区位优势不明显，交通较为闭塞。

（二）西北地区整体经济实力较弱

西北地区受自然条件、区位、交通等因素的影响，整体经济实力不佳，一是经济总量低，除陕西省外，甘肃省、宁夏回族自治区、青海省、新疆维吾尔自治区四省区地区生产总值在全国 31 个省市区中排名靠后。城镇数量少、人口规模小，农村现代化程度低，发展滞后。二是产业结构不合理，以 2017 年为例，西北地区五省区第一产业占地区生产总值比重均超过全国水平，三大产业内部发展层次低，第一产业以种植业为主，第二产业以原材料工业和一般加工工业为主，附加值低，工业产业缺乏竞争力，第三产业综合竞争力低，现代服务业不发达，且企业规模小、产业集中度低，提供就业机会少。三是科技应用水平低，科技人才短缺，科技成果转化慢。四是劳动力队伍能力不强，自我发展能力不足，劳动力队伍综合素质不高，由于西北地区生活条件相对艰苦，引进人才、留住人才难。

（三）农业发展基础薄弱

农业是社会效益高而自身效益低的弱势产业。农牧业受自然条件的影响较大，风险高、比较效益低。尤其是生态环境脆弱的西北地区，干旱少雨，自然灾害频发，抵御风险能力弱，不可预期性强，农村经济以典型的小农经济为主，与农业产业化发展速度较快的地区比较仍有较大差距，农业基础设施落后，机械化专业化水平低，生产方式滞后，传统粗放型农业依然占主导地位，靠天吃饭的状况没有得到根本改变，难以形成规模效应。加之当地农民文化水平有限，接受新技术的能力较低，收入高度依赖转移支付。一系列因素导致了农民收入低，增收渠道窄，困难大。

（四）城乡公共服务不均衡

城乡居民收入的差距只能从显性方面体现出城乡收入差距，并不能全面反映城乡的真实差距。如果将城镇居民享有的公共服务如医疗、教育、交通等福利考虑进去，二者的差距会更大。长期以来，由于城镇拥有区域内大部分资源，能够为群众提供更优质的公共服务。对农村群众有巨大的吸引和拉动作用，为缩小这种差距，城镇的优质公共服务资源吸引大量的农村人口去城镇打工，增加工资性收入，导致农村的资源短缺，农村产业凋敝和乡村衰败。以教育为例，城乡学生在享受教育资源分配和受教育条件方面的差距会扩大到未来城乡居民在知识结构、社会地位和经济收入等方面。另外，西北地区发展滞后，历史欠账较多。区域内的城乡居民人均受教育年限与中东部地区仍有相当差距，是西北地区城乡收入低于全国水平的一个重要因素。

三 统筹西北地区城乡居民收入增长的对策建议

通过对西北地区城乡居民收入的比较分析可知，西北地区城乡居民收入呈上升态势，总体上农牧区居民收入增速快于城镇，但城镇居民总体收入水平高于农牧区居民收入水平，城乡收入比高于全国水平但在缓慢降低，名义收入绝对数差距持续扩大。因此，需要协调城乡居民之间的收入差距，维持城镇居民收入增长的同时实现农牧区居民收入快速增长并缩小两者之间的差距。

（一）融入国家乡村振兴战略大局

加快经济发展是增加收入水平、缩小城乡差距的必要途径。经济发展是一切社会发展的基础，是每一个国家和地区追求的共同目标。西北地区省域间资源禀赋，经济发展程度不同，这就需要各省区科学认识优势和不足，转变经济发展方式，提升集约化水平，突出生态效应，用好、落实国家出台的西部大开发、支持藏区发展等政策，继续推动经济持续、健康、稳定、快速发展。乡村振兴战略，是在深刻认识城乡关系、变化趋势和城乡发展规律的基础上提出的重大战略。积极融入国家乡村振兴战略，是保证西北地区城乡收入增长，缩小收入差距的重要抓手。营造良好的城乡发展氛围，应加快农牧区改革，破除长期存在的城乡二元体制障碍，实现城乡间生产要素的自由流动和资源合理配置，使乡村振兴与新型工业化和城镇化相结合，实现城镇和乡村共同繁荣发展。一方面降低已经迁入城镇的农牧区人口落户门槛，加快农牧区转移人口市民化，加大城镇公办学校对农牧区随迁子女开放，保证他们享受公平的教育。另一方面要鼓励人才投入乡村建设中，想方设法创造条件营造良好发展环境，让农牧区机会吸引人，农牧区环境留住人，提升乡村人才质量。

（二）深化土地制度改革，发展农业现代化

推进农业现代化的核心是增加农民收入，要进一步完善农牧区土地承包制，加快土地流转制度改革，实现土地资源的高效配置和规模经营。加快现代农牧业发展，形成产业互动，确保农牧民经营性收入增长，促进农牧业的新型工业化建设。只有"新型工业化"才能为西北地区农牧区剩余劳动力转移提供足够的就业空间，才能推动二元经济结构顺利转换，才能使农牧业占GDP份额与农牧业就业人口同步下降，使得劳动生产率得以提高，扭转城乡居民收入差距扩大的困境。通过区域比较优势的发挥和专业化生产者水平的提高，逐步提高西北地区农产品的国际竞争力。合理调整市场结构，大力提倡特色产业的发展。根据本地区资源禀赋及各种优势，努力加强特色产业的开发与发展，以形成本地的比较优势和后发优势。积极创造就业环境，促进当地剩余劳动力的充分就业，有效保护生态环境和人文社会环境，实现规模经济和范围经济。

（三）加大对农牧区的财政金融支持力度

财政转移支付是实现基本公共服务均等化、调节收入再分配和实现政府目标的重要手段之一。为了有效调节和保障西北地区城乡之间均衡发展，各省份之间应该加强沟通，在强化政府财政转移支付作用的同时，相互借鉴学

习，推出更加合适的符合区域发展水平的财政转移支付力度，尤其加大对农牧区的倾斜。需要注意的是，财政金融支持一是符合西北地区工业与农业阶段、城市与农牧区新关系的要求，调整国民收入分配格局和财政支出结构，使国民收入和财政支出更多地向农牧区倾斜，建立健全财政支农资金稳定增长机制。二是调整财政支农资金分配结构，增加对农牧区支出比重，增加民生投入，以提高农牧民生活水平，注重农牧民生活质量为基本，以均等化为目标，逐步缩小城乡间基本公共服务的差距。

（四）推进城乡公共服务均等化

为了能够缩小西北地区城乡居民收入差距，要加大对农牧区公共服务的投入力度，消除城乡基本公共服务均等化的现实困境，强化农牧区基本公共服务水平。一要明确各级政府在农牧区教育方面的支出责任，通过增加教育经费，逐步缩小城乡教育办学条件和教育质量的差距。二是协调城乡公共医疗卫生事业，逐步实现城乡均等化，建立起农牧区公共卫生经费保障机制，推广新型农牧区合作医疗制度，确保农民享有卫生保健和基本医疗服务。三是逐步建立城乡可衔接的农牧区社会保障体系，妥善解决失地农民和进城农民工的社会保障问题，积极探索建立符合农牧区特点的养老保障制度。四是统筹城乡基础设施建设。将农牧区基础设施建设纳入国家长期发展规划，增加农牧区公共基础设施建设项目，实现农牧区公共服务全覆盖，持续改善农牧民的生产生活条件。这样一来，在提升农牧区基本公共服务之后，势必会提升农牧区吸引力，这对实现农牧区城镇化，实现生态环境和人口之间的协调发展、和谐共处是有重要意义的。

（五）推进新型城镇化建设建立一体化劳动力市场

目前，在新型城镇化推进过程中，农牧区劳动力流动和人口转移更多地体现为农牧区的精英人才流向城市，这种现象在西北地区尤为明显，农牧区的少数富裕人口和农牧区精英人才将他们积累的物质和人力资本转移至城市，使城乡居民收入差距进一步扩大。造成这种现状主要是因为城乡二元体制结构影响下的劳动力市场分割。只有继续深化改革，建立城乡一体化的劳动力市场，使得农牧民在城市平等就业、获得公平福利待遇和在城市安居乐业的机会，这样的城市化进程才能促进人口合理迁移，通过要素报酬的均等化，实现缩小城乡居民收入差距。同时，在城镇和农牧区设立专门为农牧民提供劳动就业服务的机构主要抓好劳动政策法规咨询、就业培训信息和职业能力指导、职业介绍等多种服务，并运用现代化手段实现城乡劳动力资源与就业用工岗位信息的快速有效对接，降低农牧区剩余劳动力向城镇转移的交易成本。此外，还需要建立保障农牧民合法权益的机制，主要包括：一是建立农牧民工资按时发放和合理增长的长效机制，实行农牧民工资保障金制度，从制度上加强管理，杜绝欠薪行为，并按照"同工同酬"的原则使农牧民工资与城镇居民工资同步增长；二是加强农牧民用工企业劳动合同执行情况的监督，建立高效便捷的劳动仲裁制度，并针对农牧民提供法律援助，使劳动违法行为得到及时纠正和处罚。

（六）脱贫攻坚增强农牧区自我发展能力

西北地区贫困地区众多，是脱贫攻坚战主战场。针对贫困地区发展的困难，政府在给予帮助支持的同时，要看到内因是事物变化的依据。只有摆脱意识和思路的贫困，才能真真正正实现物质精神双脱贫。扶贫开发最为重要的是要激发内生动力，提高自我发展能力，注重扶贫扶志和扶智相结合，充分调动贫困群众的积极性和主动性，在群众中宣传依靠自身能力脱贫的光荣意义，培养他们脱贫致富的意识，增强自信心；深刻认识教育脱贫的重要性，加大对教育扶贫的支持力度，从根本上解决贫困代际传递的问题，逐步将"输血"扶贫模式转变为"造血"模式。

参考文献

习近平：《决胜全面建成小康社会夺取新时代中国特色社会主义伟大胜利——在中

国共产党第十九次全国代表大会上的报告》，人民出版社，2017。

梁凯膺：《中国东北地区城乡居民收入差距问题研究》，吉林大学博士学位论文，2016。

花蕊：《内蒙古自治区城乡居民收入增长比较分析》，《前沿》2015年第5期。

温涛、王小华、董文杰：《金融发展、人力资本投入与缩小城乡收入差距——基于中国西部地区40个区县的经验研究》，《吉林大学社会科学学报》2014年第2期。

李伟：《我国城乡居民收入差距问题研究综述》，《经济研究参考》2013年第24期。

张玉周：《我国城乡居民收入与消费关系比较分析》，《统计与决策》2013年第23期。

张鑫：《中国城乡居民收入差距及其成因的演化路径研究》，经济管理出版社，2011。

B.13
西北深度贫困地区精准脱贫的
难点及其对策建议

侯万锋*

摘　要： 深度贫困是当前西北地区精准脱贫最难啃的硬骨头。总体上
看，西北深度贫困地区精准脱贫的难点主要有重点区域的整
体脱贫、重点群体的增收脱贫，扶贫产业的发展滞缓、贫困
村村集体经济收入低、扶贫与扶志扶智的融合不足等。与之
相对应，进一步推进西北深度贫困地区精准脱贫应突出深度
贫困与区域经济发展的关联性、建立特困群体精准脱贫的长
效机制、坚持把产业扶贫作为精准脱贫的重要抓手、发展壮
大深度贫困村的村集体经济、促进扶贫与扶志扶智的深度
融合。

关键词： 西北地区　深度贫困　精准脱贫

习近平总书记在深度贫困地区脱贫攻坚座谈会上的讲话中强调，脱贫攻
坚本来就是一场硬仗，而深度贫困地区脱贫攻坚是这场硬仗中的硬仗。西北
深度贫困地区集区域性、民族性、阶层性等特征于一体，使得这一区域成为
当前西北脱贫攻坚的重点、难点和关键点，是精准脱贫最难啃的硬骨头。深
入剖析西北深度贫困地区精准脱贫的难点，提出与之相对应的对策建议，对

＊ 侯万锋，法学硕士，甘肃省社会科学院公共政策研究所副所长（主持工作）、副研究员，主
要研究方向：政治社会学、农村社会学、地方治理研究。

于西北五省区如期实现深度贫困地区脱贫攻坚目标，不仅十分重要，而且尤为迫切。

一 西北地区深度贫困地区分布状况及贫困特征

在国家层面，"深度贫困地区主要指西藏、四省藏区、南疆四地州和四川凉山州、云南怒江州、甘肃临夏州（简称'三区三州'），以及贫困发生率超过18%的贫困县和贫困发生率超过20%的贫困村。[①]"具体包括三个层次："一是连片的深度贫困地区，西藏和四省藏区、南疆四地州、四川凉山、云南怒江、甘肃临夏等地区；二是深度贫困县，贫困发生率平均在23%，县均贫困人口近3万人，分布在14个省区；三是贫困村，全国12.8万个建档立卡贫困村居住着60%的贫困人口。[②]"

从西北五省区看，陕西的深度贫困地区主要分布在汉中市略阳县、镇巴县，安康市汉滨区、紫阳县、岚皋县、白河县，商洛市山阳县、柞水县、商南县、丹凤县和镇安县11个县（区），500个深度贫困村。甘肃的深度贫困地区主要分布在"一区（甘南藏族自治州、武威市天祝藏族自治县）一州（临夏回族自治州）"，有23个深度贫困县区，40个深度贫困乡镇、3720个深度贫困村。宁夏的深度贫困地区主要分布在"五县一片"，"五县"，即原州区、西吉县、海原县、同心县、红寺堡区，"一片"，即中部干旱带西部片，包括中宁县和沙坡头区，共53个乡（镇）、170个深度贫困村。青海包括大通县、湟中县、平安县、民和县、乐都区、化隆县、循化县、泽库县等15个深度贫困县、129个深度困难乡镇。新疆的深度贫困地区主要分布在南疆四地州，包括新疆和田地区、喀什地区、克孜勒苏柯尔克孜自治州和阿克苏地区，有22个深度贫困县、192个深度贫困乡镇、1962个深度贫困村。

---

① 《中办国办印发意见支持深度贫困地区脱贫攻坚》，《人民日报》2017年11月22日，第1版。

② 习近平：《在深度贫困地区脱贫攻坚座谈会上的讲话》，《人民日报》2017年9月1日，第2版。

深度贫困地区是西北五省区精准脱贫的主战场。这些地区的致贫原因和贫困现象有许多共同的特征。具体表现在七个方面：一是从地域分布看，西北深度贫困地区大多处于革命老区、民族地区、边疆地区，自然地理、经济、民族、宗教、国防等问题交织交融。二是从基础设施看，西北深度贫困地区基础建设薄弱，修缮或重建任务重，基础设施和基本公共服务较为薄弱，提升难度很大。三是从文明程度看，西北深度贫困地区人口出生率偏高，文化程度低，文明法治意识淡薄，家族宗教势力影响大，脱贫内生动力严重不足。四是从生态环境看，西北深度贫困地区生态环境脆弱，生存环境恶劣，生态保护同经济发展之间的矛盾较为突出。五是从经济发展看，西北深度贫困地区区域经济发展落差大，缺乏产业发展基础，产业培育难度高，在全国区域发展排名中大多处于末端。六是从基本公共服务看，西北深度贫困地区接受正规教育的贫困人口比例不高，贫困人口地方病发病率高，医疗保险和养老保险的参保率和报销水平远低于全国平均水平。七是从贫困人群看，西北深度贫困人口在投资理财意识、教育机会、饮水卫生及健康、社会资本、社会排斥等能力指标上均落后于平均水平，"等、靠、要"思想较重，等等。西北深度贫困地区的共同特征决定了这一地区脱贫攻坚的难度更大。

二　西北地区深度贫困地区精准脱贫的难点

党的十八大以来，西北五省区结合省区特点和贫困实际，很好地贯彻了中央统筹、省负总责、市县抓落实的管理体制，构筑了脱贫攻坚顶层设计的四梁八柱，很好地落实了中央各项扶贫决策部署，农村居民收入增幅高于全国平均水平，贫困群众生活水平明显提高，贫困地区面貌明显改善。要实现西北地区脱贫攻坚目标，首先要从深度贫困实际出发，选准脱贫攻坚的切入点，精准把握深度贫困地区精准脱贫的难点。

（一）区域整体性脱贫难

西北地区有甘肃临夏州、甘肃藏区（甘南州、天祝县）、青海藏区和南疆四地州等区域深度贫困区域，这些区域集少数民族地区与边疆地区于一体，如甘肃临夏州大多分布在干旱半干旱山区和高寒阴湿区，自然条件恶劣，基础设施薄弱，公共服务滞后，脱贫攻坚成本高、难度大。甘肃和青海藏区是全国典型集中连片和特殊类型贫困地区，贫困程度深，致贫原因多重叠加。新疆南疆四地州也是全国14个集中连片特困地区之一，基础设施条件薄弱，贫困人口脱贫能力低，自我发展能力弱。就国家划定的深度贫困县看，西北五省区有78个。其中陕西有11个，甘肃有23个，宁夏有7个县区，青海有15个，新疆有22个。这些连片深度贫困和深度贫困县的脱贫攻坚面临市场、地域、文化、生态和可持续发展等多种挑战。正确应对这些挑战，是西北深度贫困地区脱贫攻坚的重中之重。

（二）重点群体增收难

从西北五省区看，陕西有建档立卡贫困户78.3万户228.7万人，其中因病致贫20.2万户，患病人数77.8万人。甘肃贫困发生率在20%以上的3720个深度贫困村，256万贫困人口因病、因学、因残、因灾致贫返贫和住房不安全的群体规模大。宁夏仍有41.8万未脱贫人口，有患病人口2.06万人，残疾人2.98万人，单老双老户（60岁以上）1.27万户2.15万人；单老双老户中患大病和重度残疾的0.28万户0.37万人是重点兜底保障群体。其中"五县一片"170个深度贫困村的贫困人口32.4万，占全区贫困人口总数的77.5%。青海有129个深度困难乡镇和24.1万深度贫困人口，6.4万特困人口，其中重大病患者2.9万人，重度残疾贫困人口1.4万人，60岁以上贫困孤寡老人约4000人，大龄未婚贫困青年约1万人，单亲家庭贫困人口约7000人。新疆有192个深度贫困乡镇、1962个深度贫困村、162.75万深度贫困人口。这些群体是西北五省区脱贫攻坚的重点对象，也是西北深度贫困地区精准脱贫亟待突破的困中之困。

（三）扶贫产业培育难

陕西以11个深度贫困县和年度摘帽县为重点，推进农林、旅游、电商、光伏及加工营销等产业覆盖，通过国有、民营、产业化龙头企业和农民合作社的主体带动，培育陕果、陕茶、陕药、陕牧等公用品牌倒逼绿色发展，推进深度贫困地区产业扶贫取得实质性进展。甘肃培育壮大牛、羊、蔬菜、马铃薯、中药材、果品等六大特色产业，推进产业发展与"一户一策"精准脱贫计划的需求对接，建立完善"龙头企业 + 合作社"带贫困户的产业扶贫连接机制，全面落实产业扶贫到户资金扶持政策。宁夏在发展节水农业、现代农业上下功夫，因地制宜试验新品种，科学有效培育新产业，提高了产业扶贫的精准度和可持续性。青海按照县有优势主导产业、乡镇有扶贫产业园区、村有集体经济、特色产业、致富带头人，加快推进扶贫产业发展。新疆引入企业、商会、社会组织等进行产业扶贫，建立多元化利益联结模式，从根本上激发了贫困户自身"造血"功能。西北深度贫困地区可复制、可推广的"脱贫带动型"龙头企业等经济实体数量偏少；经济实体存在着内在动力不足、带动吸引力不强、参与其中的贫困户占比不高等。显然，扶贫产业的精准培育，依然是西北深度贫困地区精准脱贫的弱中之弱。

（四）提高村集体经济收入难

增加农村集体收入是减轻农民负担、促进农民增收、实现农民富裕的有效途径。针对贫困村村集体经济薄弱问题，陕西以行政村集体经济组织为项目实施主体，支持贫困村探索联村共建、村企合建等多种合作经营形式，发展村级光伏电站、农村电子商务、村域品牌、休闲农业、乡村旅游、特色小镇、农副产品加工业，开发传统工艺产品和文化项目；发展农业、公益、建筑、家政、劳务等营利性服务业，壮大发展集体经济。[1] 甘肃"积极推进农村'三变'改革，开发集体'四荒'地（荒山、荒沟、荒丘、荒滩）等土地资源和其他可利用的集体资源，支持村级组织牵头领办、组建农民合作社、劳务中介公司、运输公司等服务组织，选择资产盘活型、资源开发型、

---

[1] 田毅：《陕西省出台支持贫困村发展壮大集体经济指导意见》，西部网－陕西新闻网，2018年6月25日。

为农服务型、项目带动型、多元合作型等多种模式增加村级集体经济收入，基本消除村级集体经济'空壳村'"。① 宁夏中卫市积极探索企业驱动型、产业服务型、培育产业型、市场带动型、盘活资产型、旅游牵引型、城乡统筹型、以地生财型等"八种"发展村级集体经济发展模式。青海探索"集体股份分红型、盘活集体资产型、利用集体资源型、推进土地经营型、兴办经济实体型、发展物业经济型、开展服务创收型 7 种贫困村村集体经济'破零'发展模式，实现'破零'工程全覆盖。"② 新疆阿勒泰地区针对集体经济薄弱村，建立"一村一策"发展壮大村集体经济制度，"通过有偿转让、租赁等办法，有效盘活了村级资产；结合村内林地、旅游等资源，通过'党支部＋合作社＋基地＋农户'模式，依托奶驼肉鹅育肥、牧家乐、观光农业等集体资源优势借助村级土地、矿业等优势，按照企业效益和村集体入股份额分红模式，全面提高村级集体经济收入。"③ 尽管西北深度贫困地区村集体经济发展仍不平衡，有的村虽然成立集体经济组织，但并未开展经营业务；一些乡镇干部，缺乏开拓创新意识，对发展集体经济能力不足等。破解这些问题无疑是西北深度贫困地区精准脱贫的坚中之坚。

（五）扶贫与扶志扶智的深度融合难

扶贫与扶志扶智深度融合，既是实现脱贫攻坚目标的历史选择，又是深度贫困地区持续发展的必然要求。陕西汉中市"开展'明理·感恩·自强'教育，通过千场宣讲明形势、千场讨论话恩情、千场演出展变化、千张榜单促动能、千所学校强本领，让群众在明理感恩中自强自立；实施'百镇千村乡贤文化促进会'工程，积极开展道德评议会，通过'一说、二论、三亮榜'即群众说，乡贤论、党员论，亮乡贤榜、善行义举榜、红黑榜等方

① 洪文泉、白永萍：《年底前全省基本消除贫困村村级集体经济"空壳村"》，《甘肃日报》2018 年 7 月 29 日，第 1 版。
② 何敏：《青海："破零"将摘掉村集体经济"空壳帽"》，《青海日报》2018 年 7 月 16 日，第 5 版。
③ 中共新疆阿勒泰地委组织部：《新疆阿勒泰地区："一村一策"发展壮大村集体经济助力脱贫攻坚》中国共产党新闻网，2017 年 8 月 14 日。

式，培养和激发贫困群众的脱贫斗志，从根源上解决精神贫困、思想贫困、志气贫困、动力贫困问题。"① 甘肃临夏市率先提出并开展"扶志、扶德、扶能"的以德扶贫促进精准脱贫，采取健康扶贫、以德扶贫等形式，通过教育引导、调解矛盾、就业倾斜和政府兜底等措施，帮助"失德致贫返贫"家庭彻底转变"等靠要"的思想观念，鼓励外出打工、发展养殖、参加培训等，有效帮助贫困群众就近就业、防范风险、持续稳定增收脱贫。② 宁夏盐池县"探索建立以村级党组织为核心，种养基地、合作社等为支撑的扶贫组织体系；整合各类资源，充分发挥县职业技能培训中心优势，开展订单、定岗、定向、菜单式培训，真正让贫困群众都有拿得出手、立得住脚的一技之长。③"青海海西州开展电商培训、餐饮服务、牛羊养殖、枸杞育苗、掐丝唐卡等"雨露计划"短期技能培训，做到扶贫先扶智，激发贫困人员的主观能动性，实现技能脱贫致富。④ 新疆克孜勒苏柯尔克孜自治州阿图什市把"农民夜校"变身脱贫攻坚"扶智学堂"；阿合奇县助推文化精准脱贫，在乡村开办"立志讲习所"；乌恰县健全完善文化室管理运行保障机制，创造条件让农牧民免费享受文化服务；阿克陶县以"乡村文化大院"为载体，发挥乡村文化能人作用。⑤ 尽管如此，西北深度贫困地区干部群众观念落后致使主动脱贫的动力不足。破解精神扶贫这一"贫中之贫"难题，无疑是增强西北深度贫困地区内生动力的重要现实问题。

三 推进西北地区深度贫困地区精准脱贫的对策建议

习近平总书记指出，打好深度贫困地区脱贫攻坚"硬仗中的硬仗"，要

---

① 肖力伟、胡明宝：《要鼓"口袋"先富"脑袋"——陕西汉中以扶志扶智激发贫困户内生动力纪实》，《农民日报》2018 年 7 月 23 日，第 4 版。
② 程小旭、仲瑞：《扶德扶志扶智 甘肃临夏激发脱贫内生动力》，《中国经济时报》2017 年 12 月 28 日，第 7 版。
③ 杜晓明：《盐池：激发内生动力释放脱贫动能》，《吴忠日报》2018 年 7 月 18 日，第 1 版。
④ 万玛加：《青海海西州实现整体脱贫》，《光明日报》2017 年 2 月 22 日，第 4 版。
⑤ 蒋娟娟：《文化扶贫：激活脱贫攻坚内生动力》，（汉）《克孜勒苏日报》2018 年 7 月 20 日，第 1 版。

更加注重提高脱贫效果的可持续性，增强"造血"功能，建立健全稳定脱贫长效机制。西北各省区要把新增脱贫攻坚资金、项目、政策和举措集中于深度贫困地区，充分发挥金融、土地政策作用，加大交通、水利、产业、教育、健康扶贫等支持力度，加强东西部扶贫协作和对口支援，党政机关定点扶贫、社会扶贫向乡村基层延伸，着力构建推进深度贫困地区精准脱贫的长效机制。

（一）突出深度贫困与区域经济发展的关联性

西北五省区应突破深度贫困地区精准扶贫与区域经济发展关联性不强的发展模式，促进该地区经济发展与脱贫攻坚协同推进。一是要用发展的眼光看待区域性整体贫困。五省区要突出脱贫攻坚与区域经济发展的关联性，考虑破除束缚西北深度贫困地区要素在省份之间和省内片区的自由流动的篱笆和限制，让农村经济发展要素，比如劳动力、土地要素能够顺畅流动。二是要加强东西部扶贫协作。东西部扶贫协作的根本目的是加强深度贫困地区"自我造血"能力，彻底解决区域性整体贫困。西北五省区要利用好对口支援新疆、对口支援四省藏区、对口支援革命老区等政策和机遇，构建多层次、多形式、全方位的扶贫协作格局，始终围绕"脱贫摘帽"的重任开展工作，创新东西部扶贫协作方式，探索大扶贫格局运行的新机制和新工具，善于发现脱贫攻坚的良方，进而逐步扭转区域发展差距扩大趋势。三是坚持精准脱贫与生态治理相结合。五省区要在精准脱贫实践中，创新生态扶贫手段，坚持保护和恢复生态环境优先，通过挖掘地方特色的旅游、独特的文化等资源优势，促进生态保护与经济发展协同推进。

（二）建立特困群体精准脱贫的长效机制

从根本上解决西北深度贫困地区特困群体增收脱贫，必须建立特困群体精准脱贫的长效机制。一是要健全完善社会保障机制。通过就业保障制度建设，构建平等的就业服务体系，拓展特困群体就业渠道。二是要加强社会救助支持。充分发挥社会救助救急、托底线功能，实行最低生活保障紧急救助制度和借助必要的商业保险等，扩大救助范围，提高覆盖率，增强抗风险能力，缓解贫困。三是要促进兜底保障和扶贫相关政策的无缝对接。各地要根据特困群体类型，从加强农村低保及特困人员救助制度与扶贫开发政策衔接入手，实现农村低保对象、特困人员与建档立卡贫困人口台账数据互联互通、资源共享，使特困群体得到精准兜底保障。四是要健全新型合作医疗政策、重大疾病医疗救助制度，提高医疗、养老等保险水平和社会参保扩面。五是要拓宽筹资渠道，设立特困群体开发基金等筹措资金，引导和动员社会团体、企业、民间组织参与扶贫工作，增强脱贫发展后劲。

（三）坚持把产业扶贫作为精准脱贫的重要抓手

产业扶贫是提升精准扶贫效率的重要保障。五省区应以提升经济薄弱村和低收入农户自我发展能力为目标，充分发挥政府在扶贫开发中的主导作用，处理好市场配置资源的决定性作用和政府在扶贫攻坚中的作用两者之间的关系。一是要科学规划特色产业。坚持以市场需求和市场容量为主导，不断优化扶持的产业和产品结构，发展高产优质、高效生态农业。二是要做好三产融合。改变扶贫项目集中于低端种养领域，逐步向产前、产后延伸产业链，拓展增值空间。三是要支持发展生态农业。充分利用自然资源优势，增加绿色、有机等优质农产品和特色农产品供给。四是加大农业保险力度。因地制宜开展特色农产品保险，开展覆盖农业产业链的保险业务。五是完善产业扶贫利益联结机制。一方面，通过签订合同，让低收入农户参与到各类主体利用扶贫资金运行的产业项目，把扶贫投入真正体现到为低收入农户增加收入、创造财富上；另一方面，充分发挥农民合作社对产业的带动，开展资产收益扶贫，实施金融扶贫，促进科技助推扶贫。

（四）发展壮大深度贫困村的村集体经济

发展壮大村级集体经济是精准脱贫的重点和难点，也是解决村集体"有钱办事"的根本途径。一是加强村级班子建设。选好配强村"两委"班子，特别要选好村支部书记，要打破行业、身份界限，真正把那些事业心强、有激情、懂经营、会管理的致富能人、种养大户等选进村"两委"班子；注重对村级班子的学习培训，不断解放思想、转变观念、开拓思路，强化对发展村级集体经济的认识，拓展村级集体经济发展的路子，提升工作能力和管理水平。二是拓宽村级集体经济发展壮大的有效途径。结合农村"三变"改革，构建资产盘活型、特色产业型、政策扶持型、休闲旅游型等多种模式，通过"集体 + 资产""集体 + 特色产业""集体 + 企业（合作社)"、"集体 + 休闲农业""集体 + 乡村旅游"等途径，建立股份合作、资金整合、经营主体培育、产权交易、融资支持、权益保障、风险防控、积累收益等机制。三是有效整合项目资金。加强与上级各职能部门的对接，积极争取政策、项目、资金等支持。在扶持政策上，要抓住上级各项产业扶持政策机遇，发展集体产业项目。四是培育壮大经营主体。加大政策扶持力度，采取"壮大一批、引进一批、新建一批"的办法，积极争取引进企业和新型经营主体，大力支持返乡创业、退伍军人、种养大户等创业致富能人发展新型经营主体。四是加强监管，科学经营。加大对乡村集体资产的监管力度，摸清各乡（镇）村集体经济收入底数，引导乡村集体经济步入长期稳定增长的良性发展轨道。

（五）促进扶贫与扶志扶智的深度融合

促进扶贫与扶志扶智的深度融合：一是要坚持扶贫与扶志相结合。通过扶"志愿"激发脱贫致富的勇气和勤劳实干的精神；通过扶"志气"，形成艰苦奋斗、"你追我赶"的良好氛围；通过扶"志向"鼓励贫困地区群众树立脱贫致富的坚定志向，树立积极脱贫致富的信念和态度。二是要坚持扶贫与扶智相结合。通过扶"智力"，全面提升贫困地区人口的教育水平；通过扶"智能"，提高培育贫困地区人口的基本素质和专业技能；通过扶"智囊"，建设好精准扶贫领导班子和业务骨干，发挥其对精准脱贫的领航作用，带领贫困地区群众脱贫致富。三是建立文化扶贫综合协调机构，制定文化扶贫倾斜政策，强化贫困地区公共文化服务体系建设。四是加强贫困地区教育设施建设，加大贫困地区惠民教育资金投入，全面提升贫困人口智力水平和综合素质。五是构建多层次科技扶贫投入体系，支持科技扶贫多元化、多渠道、多层次的投资融资体系，完善科技服务网络体系，在横向上把服务内容拓展到示范、培训、咨询、合作等科技服务，在纵向上向产前、产后延伸。

B.14
西北地区实施
乡村振兴战略研究

杨永芳*

摘　要： 西北地区实施乡村振兴战略既具有艰巨性，也具有一定特殊性。乡村振兴战略与脱贫攻坚战略在目标上是完全一致的，两者必须统筹联动、同向发力。西北地区要确保乡村全面振兴，必须以产业振兴支撑乡村振兴，以人才振兴推动乡村振兴，以文化振兴引领乡村振兴，以生态振兴助推乡村振兴，以组织振兴带动乡村振兴。

关键词： 乡村振兴　脱贫攻坚　西北地区

实施乡村振兴战略是党的十九大确定的重大国家战略，对全面建成小康社会，实现"两个百年"奋斗目标具有十分重要意义。当前，我国发展不平衡不充分问题在乡村最为突出，而西北地区贫困面大，贫困程度深、脱贫任务重，是我国脱贫攻坚的主战场，西北地区实施乡村振兴战略既具有艰巨性，也具有一定的特殊性。为此，必须抓重点、补短板、强弱项，推动产业振兴、人才振兴、文化振兴、生态振兴、组织振兴，确保乡村振兴目标如期实现。

---

* 杨永芳，宁夏社会科学院社会学法学所副所长，副研究员，主要研究方向：贫困和移民问题。

一 西北地区实施乡村振兴战略的主要亮点举措

为实现乡村振兴战略目标，西北各省区精心筹划、全力推进，采取了一系列卓有成效的举措，主要表现如下。

（一）聚焦打赢精准脱贫攻坚战

乡村振兴，脱贫是基础。为此，西北各省区将实施乡村振兴战略融入具体的脱贫攻坚行动中，统筹脱贫攻坚与乡村振兴之间的有机衔接，精准发力，统筹推进。针对区域攻坚，各省区都抓住深度贫困县、深度贫困乡镇、深度贫困村；针对群体攻坚，紧盯低保贫困户、残疾贫困户、纯老年户等深度贫困人口；针对短板弱项攻坚，着力解决产业增收、住危房、因病致贫和因贫辍学等突出问题。财政资金安排、金融优惠政策、重大项目建设、惠民政策支持、工作力量配置向深度贫困地区和深度贫困人口倾斜，全力打牢乡村振兴的基础。

（二）构建特色鲜明的优势产业体系

乡村振兴，产业兴旺是重点。西北各省区充分发挥自身的独特优势，不断提高农业供给体系的质量和效益，加速推进农业大省（区）向农业强省（区）迈进。宁夏主要致力于"特色产业增效、现代农业园区提升、农业企业升级、农业品牌创优、新市民培训、智慧农业引领示范"六大工程，使产业体系更加完善。新疆把增加绿色优质农产品供给放在突出位置，着力培育优势特色农业，坚持稳粮、优棉、促畜、强果，突出绿色化、优质化、特色化、品牌化，扎实推进种植业、养殖业结构调整。甘肃省针对产业集中度不高，通过专项资金安排、专业技术突破、专门品牌培育等手段，强化农业区划布局和优势产业带建设，积极发展以大漠风光、雪域高原、田园古镇、红色旅游、传统民俗等为依托的乡村旅游和休闲农业，培育"旅游＋""文化＋""生态＋"等新产业新业态。青海则以工业化理念发展农牧业，高标准规划建设特色优势明显、产业集中度高、功能定位清晰、三产融合发展的现代农牧业产业园，提升草地生态畜牧业建设水平。

（三）构建山川秀美的绿色生态体系

西北各省区牢固树立绿水青山就是金山银山的理念，严守生态红线底线，实施最严格的生态保护制度和空间用途管制制度、最严格的水资源管理制度，着力构建宜居宜业的绿色生态体系。新疆全面落实河长、湖长制，严禁搞过剩产能下乡、污染下乡、非法开荒。甘肃省推行绿色生产方式和生活方式，发展绿色有机高效"戈壁农业"，加强生态环境保护与修复，全面推进全省60个自然保护区环境整治与建设，建立以祁连山国家公园为主体的自然保护地体系。青海省把资源消耗、环境损害、生态效益纳入经济社会发展评价体系，健全符合乡村生态文明建设要求的目标体系、考核办法、奖惩机制。

（四）构建党坚强领导的村民共建共治的乡村治理体系

乡村振兴，社会稳定是基础。西北地区是我国少数民族集中地区，各省区把党的领导贯穿到实施乡村振兴战略全过程，不断健全完善乡村治理体制机制。重点是加强农村基层党组织建设。选优配强村"两委"班子和驻村帮扶工作队，向所有贫困村、软弱涣散村和集体经济薄弱村选派第一书记，强化村党支部组织力和政治功能，培养千千万万名优秀的农村基层党组织书记，打造懂农业、爱农村、爱农民的"三农"工作队伍。

二　西北地区实施乡村振兴战略面临的突出问题

当前，我国发展不平衡不充分问题在乡村最为突出，西北地区实施乡村振兴战略面临的突出问题，主要表现在以下方面。

（一）乡村振兴战略的规划设计在县、乡镇的进展不一致

乡村振兴，规划先行。目前，西北各省自治区均出台了乡村振兴规划的

实施意见，但市县在落实意见方面起步进度不同。特别是规划在编制设计过程中，有的省区的县（市）区政府主体责任未落实到位，部分县、乡镇、村的乡村振兴规划编制进展缓慢，甚至尚未启动规划编制。有的已编制的规划，思路不够清晰，存在对乡村产业发展、基础设施、居住状况、水系湿地等基本情况调查了解不全面、不细致的情形，编制规划的基础调查工作不够扎实。进村入户征求农民群众对产业发展、村居建设、社会治理等方面的意见建议较少，农民群众振兴乡村的主体作用没有得到充分发挥。

（二）农村基础设施和民生领域欠账较多，农村人居环境有待改善

受城乡二元结构体制影响，乡村基础设施建设和公共服务由于投入资金不足，历史欠账较多。农村医疗卫生、教育、文化等各项事业发展滞后，人才紧缺，特别是乡村全科医生比较匮乏，农村教育师资力量不足，医疗卫生和社会保障的城乡待遇差距较大。从基础设施建设来看，有的乡村由于部分老庄点布局、宅基地管理混乱，区域住户分布凌乱，加之缺少长效保洁制度，居民环保意识薄弱等因素，导致私搭乱建、田间建房、生产物资乱堆乱放、生活垃圾随意丢弃、污水乱倒乱排等问题仍然存在，村庄供水、排污、供热、燃气、垃圾处理等基础设施和教育、卫生、养老等公共服务设施配置低。改厨改厕进展慢、面积小，偏远庄点缺乏基本的环保设施设备，缺乏行之有效的整治方法和措施。推进农村人居环境整治行动投入少，资金缺口大，也不利于巩固整治成果。

（三）农村改革步伐需进一步加快

对深化农村改革存在的困难预计不足，特别是农村土地"三权分置"制度落实不彻底，农村承包土地经营权和农民住房财产权"两权"抵押贷款环节不通畅，部分农业企业、经营大户贷款难融资难问题依然存在。大部分村集体经营性资产股份改革尚处于清产核资、成员界定等初始阶段，尚未取得效益。农村集体经营性建设用地利用率低，入市规模不大，盘活路径不宽，集体产权流转交易需强化具体举措。

（四）农民增收面临诸多挑战

新的增收动力没有形成，农民收入增长速度放缓，持续稳定增收的压力加大。从宁夏银川市乡村来看，2018 年上半年，全市农村居民人均可支配收入 6731 元，同比增长 8.1%，比全区同期增速的 8.9% 低 0.8 个百分点，比全国的 8.8% 低 0.7 个百分点。增速缓慢的原因主要是：农业产业化水平低，产业链条纵深拓展不够，农产品品牌培育引领能力不强；新型经营主体培育不够，规模不大，经营水平不高和市场竞争力不强，发展后劲不足；农资、人工成本等其他农业费用不断增长，农业种植利润空间逐年缩小；受经济结构调整、产能压缩和环保等因素影响，一些续建项目处于停工状态，新建项目开工不足，致使转移就业劳务收入增幅不高；农民务工技能水平整体偏低，多集中在劳动密集型、技术含量低的行业，这些因素都影响了农业效益的提高和农民收入的增加。

（五）乡村治理体系和治理能力亟待强化

目前，乡村部分党支部凝聚力不强，基层政府的服务、组织、动员能力较弱。一方面，缺乏带领群众致富奔小康的思路和办法，另一方面，积极性主动性不足。村级财务管理监督不严，导致村干部违纪、违法现象较多，乡村"微腐败"已成为当前乡村社会治理的难点。村干部中的党员干部年龄普遍偏大，文化程度低、思想观念保守，缺乏创新突破精神，导致村级基层组织特别是贫困村的发展活力不足。在乡风文明建设方面，由于重硬件建设，轻文化建设，乡村特色风貌不明显，缺少"乡愁"底蕴。部分村庄红白理事会发挥作用不明显，农村婚丧陋习、高价彩礼、人情比附、盲目攀比、不守孝道等不良风气一定程度上依然存在。随着互联网的迅猛发展，乡村人际交往的形式纽带发生了较大变化，乡村婚姻家庭的稳定性受到很大冲击，一些乡村离婚率近年来出现持续增长态势，乡风文明建设任重道远。

（六）支农体系相对薄弱导致乡村债务负担较重

由于多年来国家的支农体系不完善，西北乡村基础设施建设欠账较多。在乡村振兴战略的背景下，新的乡村基础设施建设需要大量项目资金支撑，一些新争取到的项目需要地方财政配套，虽然上级明文规定禁止乡村举债，但在项目建设中往往由于地方配套资金比例高、难以足额落实等原因，造成乡村两级旧账未除、又添新账，面临"干得多负债多"的窘境，严重影响了基层政府争项目和干事创业的积极性。

（七）乡村生态环境问题比较突出

西北乡村受自然环境影响，农业产业发展面临水资源紧缺、生产方式落后等诸多问题。传统粗放的农业生产方式使得化肥、农药等使用强度较高，给大气、水、土壤等带来严重污染。农作物秸秆、畜禽粪便污水、农用残膜回收等农业面源污染问题依然突出，推进西北乡村农业由增产导向转向提质导向的任务非常艰巨。

（八）乡村基础教育发展不容乐观

受快速发展的城镇化和人口流动影响，西北乡村基础教育发展面临诸多困难。以宁夏回族自治区固原市为例，乡村小规模学校教师结构性短缺问题非常突出。小规模学校微型班级数量大，按师生比核算，教师数量不足，尤其是音体美和英语教师短缺，有的教师身兼数职，不利于教学质量的提升。有的乡村小学地理位置偏僻，交通不便，近年来招聘的特岗教师60%以上是女性，在偏远山区工作确有诸多困难，造成教师分配难、流动性大、流失比较严重。

三　西北地区实施乡村振兴战略的对策建议

西北地区实施乡村振兴战略必须围绕国家大战略，精心筹划，因地制宜，采取以下对策。

（一）以产业振兴支撑乡村振兴

产业兴，则乡村兴，产业振兴是推进西北乡村振兴与脱贫攻坚的最有力"抓手"。为此，必须采取以下举措：一是紧盯主攻方向。各省区要立足于各自的资源优势，明确主攻的特色产业方向，持续推进特色产业提质增效。二是加大资金投入。整合资金，支持贫困户发展产业、入股合作社和龙头企业，鼓励吸引社会资本投资农业农村，助力乡村振兴。三是提高金融服务水平。拓宽金融支农渠道，鼓励银行、保险等金融机构创新金融产品，通过建立担保基金、风险补偿金等方式，解决贷款难贷款繁的问题，为乡村提供覆盖面更广、品质更高的普惠金融服务。保险业要针对不同主体的种植、养殖风险及易发频发的自然灾害，提供差异化的保险产品，更好地满足乡村振兴多样化金融需求。四是培育经营主体。通过"外引"和"自建"两种模式招引龙头企业，实现贫困村全覆盖。五是深化农业农村改革。完善农村承包地"三权分置"制度，适度放活宅基地和农民房屋使用权，使农民闲置住房用于发展乡村振兴进程中的养老、休闲农家乐等，成为乡村的靓丽风景线。六是强化政策落实促进增收。全面兑现各类普惠性农业补贴政策，突出抓好农产品销售等工作，激活家庭经营活动主体。足额兑付农民工工资，切实提高劳务输出组织化程度。七是构建西北农业对外走出去的新格局。实施特色优势农产品出口行动，深化与"一带一路"沿线国家贸易关系，支持西北地区的特色优势农产品走出去。

（二）以人才振兴推动乡村振兴

人才是乡村振兴的基础。一是完善教育培训体系。编制本地区农村人才培养培训计划，包括地方院校、职业教育、专业培训等，壮大农村人才队伍。要重视乡村小学基础教育，培养乡村振兴的后备力量。有效化解小规模学校教师短缺和课程开设不齐全、开设不足的困难，通过"定向培养""定岗招聘""定时服务（5年以上）"等方式，解决小规模学校教师不足的困境，培养一批"下得去、留得住、教得好"，能胜任小学各门课程及具备指导学生生活能力的村小或教学点教师。二是开展有针对性、专业性和实效性的涉农培训。地方政府要通过整合来自国家部委的培训资金，提高职业教育和培训资金的使用效益，重点加强县乡村干部的培训。三是发挥地方单位的共建作用。提升县直相关部门，如农业、科技、教育、规划、环保、卫生等部门的服务意识，为乡村振兴提供更多的专业技术支持。四是发挥好涉农高校及研究机构的智库作用。涉农高校及研究机构要在政策调研、决策咨询、发展规划等方面为党委政府的决策当好参谋助手。围绕乡村振兴战略，探索设立"乡村振兴特聘教授、研究员"等制度，引导专家深入基层一线服务乡村振兴。

（三）以文化振兴引领乡村振兴

乡村振兴既要塑形，也要铸魂。一是要以社会主义核心价值观为引领，弘扬民族精神和时代精神。收集整理乡规民约、族谱家训等道德资源，继承弘扬民族传统美德，教育引导村民积极向善，强化农民的责任意识和主人翁意识。倡导文明新风，遏制大操大办、厚葬薄养、人情攀比等陈规陋习，阻断各类错误思想在农村的传播。培育富有时代精神的新乡贤文化，以乡情乡愁为纽带，吸引支持各类人才等，为乡村文化振兴贡献智慧。培育和建设良好家风，使好家风延绵不断、薪火相传。二是致力于乡村文化兴盛。加大对乡村文化建设的投入，保障村民的基本文化权益。加强农村文化建设，深入开展"星级文明户""五好文明家庭"等创建活动，培育文明乡风、优良家风、新乡贤文化。三是发掘和弘扬优秀地方历史文化资源。加强对遗址遗迹、宗族祠堂、田野文物等乡村文化地标资源的开发保护，激活乡土历史文化资源，传承乡村文脉，通过发掘乡村传统文化的底蕴、精神和价值，并赋予其时代内涵，使之成为推动乡村振兴的精神支撑和道德引领。四是传承革命文化。西北地区是革命老区，有着深厚的革命文化基因，要依托乡村本地红色资源，采用喜闻乐见的方式，推动红色薪火代代相传，使之成为实施乡村振兴战略的精神坐标和道德引领。

（四）以生态振兴助推乡村振兴

乡村振兴，生态宜居是关键。一是统筹山水林田湖草系统治理。扩大退耕还林还草、退牧还草，建立成果巩固长效机制。加强生态环境保护与修复，全面推进自然保护区环境整治与建设，确保新一轮退耕还林还草任务，引导农牧民依法依规发展生态种养业、生态旅游业。二是加强农村突出环境问题综合治理。严格控制农业面源污染，加大农作物秸秆焚烧、农用残膜回收利用、河道及排水沟两侧畜禽养殖污染防治、加强河湖水生态保护、控制大气污染等专项整治工作。采取市场化办法、辅之以适当财政奖补，支持地方多渠道筹集资金，实施各省区垃圾专项治理。借鉴甘肃省甘南州在4.5万平方公里范围内实现全域无垃圾的成功经验，推广宁夏中卫市城市"以克论净"深度保洁机制，建立完善垃圾无害化处理体系。开展农村人居环境整治行动，解决垃圾乱堆、院落破旧、人畜混居等突出问题，推进农村"厕所革命"。三是建立市场化多元化生态补偿机制。鼓励地方在重点生态区位推行商品林赎买制度，提供更多生态公益岗位。四是增加农业生态产品和服务供给。运用现代科技和管理手段，将乡村生态优势变为经济优势，打造绿色生态环保的乡村生态旅游产业链。

（五）以组织振兴带动乡村振兴

乡村振兴，治理有效是关键。一是加强农村基层党组织建设。完善党的农村工作领导体制机制，强化实施乡村振兴战略领导责任制，充分发挥各级党委农村工作部门在乡村振兴中咨询调研、建言献策的作用。对党组织书记空缺或能力不足、工作不在状态、严重影响班子整体战斗力、不能有效组织开展工作的，从机关选派得力党员干部担任党组织书记或"第一书记"，注重提拔使用实绩优秀的干部。全面落实《关于进一步激励广大干部新时代新担当新作为的意见》，坚持正向激励和反向追责，强化干部的责任担当。二是完善乡村自治制度。推动乡村治理重心下移，加强基层的服务和治理，健全和创新村党组织领导的充满活力的村民自治机制。严格依法实行民主选举，加强村委会班子建设。积极发展农村社会工作和志愿服务，着力满足农民个性化、多样化需求。三是推动法治乡村建设。推进乡村法治建设，要完善乡村治理的立法体系，制定和实施乡村立法规划，确保乡村治理有法可依。加强乡村普法宣传教育，在村民中创造良好的学法用法氛围，树立规则意识、法治意识。要加强基层干部的法治意识和红线意识，健全干部学法用法制度，确保行政执法有法律依据，程序正当、政务公开。四是提升乡村德治水平。要发挥道德教化的作用，结合时代要求进行创新，通过完善村规民约、居民公约等，培育规则意识、诚信观念，在村民中形成普遍认同的道德准则、道德规范和道德心理，并将其内化为村民的行为指南。

参考文献

邸敏学：《乡村振兴的文化之维》，《光明日报》2018 年 5 月 25 日。

张铁军：《健全"三治结合"的乡村治理体系》，《宁夏日报》2018 年 8 月 1 日。

张东祥：《自治法治德治三结合推动乡村治理现代化》《宁夏日报》2018 年 7 月 30 日。

吴国宝：《将乡村振兴战略融入脱贫攻坚之中》，光明网，2018 年 1 月 6 日。

骆郁廷、刘彦东：《以文化为乡村振兴铸魂》，《光明日报》2018 年 5 月 8 日。

温源：《乡村振兴如何增优势补短板》，《光明日报》2018 年 8 月 7 日

唐仁健：《统筹推进乡村振兴与脱贫攻坚》，《农民日报》2018 年 8 月 3 日。

B.15
西北地区实施健康中国战略的
主要制约因素及其对策措施

董西彩*

摘　要： 健康不仅是个人的福祉，更关系一个民族和国家的发展与富强。随着社会生活水平的提高，人们对健康的诉求日益提升，健康更是成为国家发展的一项重要战略。当前，西北地区影响健康的因素相对错综复杂，实施健康中国战略，对于促进西北地区的经济社会发展和社会和谐稳定，都具有重要而独特的意义。

关键词： 西北地区　健康中国　制约因素

习近平总书记在十九大报告中指出，要进一步实施健康中国战略，强调人民健康是民族昌盛和国家富强的重要标志，将健康提升到了前所未有的高度。实施健康中国战略，在新时代中国特色社会主义事业中，具有重要的意义和作用。无论是社会经济的协调发展，还是医疗卫生事业的内在改革，都呼唤着健康中国战略的实施。相较于东部沿海地区，西北地区经济和社会发展相对滞后，实施健康中国战略，对于西北地区解决工业化、城镇化、人口老龄化等社会经济发展所面临的一系列问题，实现全面建成小康社会目标和促成社会稳定和谐都具有特殊而重要的现实意义。

---

* 董西彩，硕士，新疆社会科学院宗教研究所，助理研究员，主要研究方向：宗教学理论与当代新疆宗教问题。

一　西北地区健康中国战略实施现状

在加快经济发展的同时，西北地区同样注重发展健康事业。认真贯彻国家和相关部门的决策部署，取得了阶段性的成果和长足进步。主要表现在：深化医改的工作取得阶段性突破，医疗卫生资源日益丰富，服务能力逐步提高，公共卫生和疾病防控的能力不断增强，生育服务和管理工作进一步加强，中医药等工作得到稳步发展，人民的健康水平稳步提高。

（一）政府高度重视，健康事业取得长足进展

西北地区各级党委和政府始终高度重视发展卫生与健康事业，加快推进实施健康中国战略的步伐。相关部门都出台了各种方案和措施。在各级党委政府的努力下，西北地区的健康事业不断取得新的进展。

《健康陕西 2030 规划纲要》颁布后，健康陕西建设上升为全省战略。在指导思想上高度重视，在行动上认真落实。在全省范围内构筑大健康和大卫生的格局和理念。无论是在重大政策的制定还是重要规划的编制，都把健康融入其中。努力守住健康的红线和底线，消除影响健康的各种隐患和因素。异地就医在省内能够直接结算，城乡低保标准逐渐提高，分别达到 8%和 15%。101 个医联体覆盖 90%县级医院和 50%乡镇卫生院，医疗援外援藏工作成效显著，陕西省的宝鸡市、子长县被列为国家公立医院改革示范。

甘肃省不断深化医药卫生体制改革，在改善医疗服务流程、提高医疗服务质量和效率、创新服务模式等方面取得了积极的成效。人均卫生总费用进一步提高，个人卫生支出降至 29.78%，人均门诊、住院费用继续保持除西藏外全国最低。全省范围内普遍推开公立医院的综合改革。长达 60 多年的公立医院药品加成政策被取消。不断推进和完善分级诊疗制度，其疗效开始逐步显现。家庭医生签约服务工作进一步得到推动，医联体建设有了新的发展。

青海省继续推进家庭医生签约服务和分级诊疗，不断完善现代医院管理

制度和提高医疗服务水平。大型体育场馆免费、低收费开放率达100%。注重加强医疗人才队伍建设，推进城乡健康事业和谐发展，把医疗资源进一步向基层倾斜，发展富有地方特色的中藏医药事业。建设了一批医养结合服务机构。人均期望寿命提高到71.7岁，各族群众健康保障水平不断提升。

宁夏全面推进全区医疗联合体建设，2017年出台了《关于推进全区医疗联合体建设和发展的实施方案》。不断探索和深化医药卫生体制改革，建立健全医疗卫生服务体系和管理制度。卫生服务能力和效率都得到进一步提升。乡村医疗卫生事业取得新的突破，实现了乡镇远程会诊和村级标准化卫生室全覆盖。妇幼卫生保健工作取得新的进步。2017年，5岁以下儿童死亡率8.77‰，婴儿死亡率6.72‰，新生儿死亡率4.35‰，分别比上年下降了0.47、0.46、0.70个百分点。孕产妇死亡率由2016年的19.98/10万下降到了2017年的18.01/10万。

新疆高度重视医疗惠民，服务力度不断加大。在全疆范围内免费对城乡居民进行体检。不断完善社会救助体系，增强社会保障能力，推动养老健康事业日渐发展。加强和完善五级医疗服务体系建设，乡镇卫生院标准化率达到88%，村卫生室标准化率也提高到84%。全区人民的健康意识不断增强，身体素质不断得到加强，在十三届全运会上获得了最好的历史成绩。

（二）医疗机构日益完善，服务群众的能力不断提高

截至2017年末，西北地区共有医疗卫生机构91064个（宁夏4272个，青海6370个，陕西35862个，甘肃28878个，新疆15682个），其中医院、卫生院共有55252个（宁夏429个，青海620个，陕西2709个，甘肃1902个，新疆1632个），社区卫生服务中心（站）1625个（宁夏166个，青海254个，陕西603个，甘肃602个），村卫生室31797个（宁夏2301个，青海4518个，陕西24978个）。

宁夏基层医疗卫生机构有3966个，其中有87个专业公共卫生机构。青海妇幼保健院（所、站）50个，疾病预防控制中心（防疫站）56个。甘肃妇幼保健院（所、站）99个，专科疾病防治院（所、站）7个。新疆妇幼

保健院（所、站）91 个，专科疾病防治院（所、站）3 个。

西北地区共有卫生技术人员 785614 人（宁夏 49714 人，青海 4.78 万人，陕西 31.03 万人，甘肃 14.7 万人，新疆 14.71 万人）。其中，执业医师和执业助理医师共计 452487 人（宁夏 18187 人，青海 1.54 万人，陕西 9.3 万人，甘肃 5.6 万人，新疆 5.26 万人），注册护士共有 813068 人（宁夏 21568 人，青海 1.65 万人，陕西 12.7 万人，甘肃 5.9 万人，新疆 5.89 万人）。共有床位 603320 张（宁夏全区医疗卫生机构实有床位 39820 张，青海床位 3.75 万张，陕西 24.1 万张，甘肃 14.7 万张，新疆 13.80 万张）。2017 年宁夏全年总诊疗人次 4026.85 万人次，出院人 115.73 万人次；甘肃全年总诊疗人次 13563.97 万人次，出院人数 432.60 万人。

此外，社会服务机构和养老服务机构的数量也在不断增加。截至 2017 年末，宁夏共有 122 个提供住宿的社会服务机构，包含 14905 张养老床位（不包括社会日间照料床位 3538 张、社会留宿床位 2891 张），儿童服务床位 1022 张。年末全区共有社区服务机构和设施 2658 个，其中社区服务中心 68 个，社区服务站 2081 个。2017 年青海省有 57 个社会服务机构，其中有 37 个养老服务机构。甘肃省 2017 年社会服务机构和养老机构分别为 352 个和 245 个。新疆 2017 年末各类收养性社会服务机构及设施 2181 个，其中，综合性社区服务中心 218 个。随着社会经济的发展，西北地区的医疗机构日益增多，医疗资源也不断丰富，为居民提供卫生健康服务的能力也日益增强。

（三）全面加强健康知识与技能的普及，人们的健康知识不断增强

健康教育作为实施"健康中国"的重要组成部分，是一项系统工程、民心工程。当前，我们饮食和生活方式的不良行为，已经成为威胁和引发慢性疾病的主要因素之一。传播预防为主的主导思想，宣传科学的健康知识与技能，引导群众树立大健康理念，养成科学合理的饮食习惯，是我们健康教育与健康促进工作的重要内容，也是健康中国战略的一项重要主旨。西北地

区仅仅围绕中央的健康中国行活动,结合本地区的实际,开展了丰富多彩的健康教育和知识普及等的宣传工作,取得了良好的成效。

陕西省近年来高度重视健康教育与健康促进工作,以健康中国、健康陕西建设为中心,积极打造《陕西百姓健康》系列品牌宣传栏目,加快推进1市15县健康卫星传播网建设,不断扩大健康教育覆盖人群,有力促进了全省健康素养水平的提升。

2018年,甘肃省民政厅、武威市民政局主办,武威市壹加壹公益联合会发起并承办的"健康中国娃示范项目",该项目旨在为凉州区边远学校的留守儿童提供健康安全教育及心理辅导,以解决孩子们身心健康等问题。

青海省通过"健康西宁"战略的全面实施和国家卫生城市、全国文明城市的创建,西宁市健康教育工作得到了前所未有的发展,基层健康教育网络不断健全,健康促进行动广泛深入开展,居民健康素养水平明显提高。重点突出健康素养88条、重大传染病和地方病防治、科学健身、科学就医等内容,依托各区县医学优质技术资源和各级各类健康教育讲师团队伍,以进机关、社区、学校等"七进"活动为载体,通过开展一次健康教育技能培训、举行一场大型宣传义诊咨询等"五个一"活动,将健康文明生活理念、方式和健康素养知识深入人心。

(四)医疗改革进一步深化,精准健康扶贫继续推进

2018年,新疆进一步完善医疗服务体系建设,构建国家、自治区、地(州、市)、县(市、区)四级医疗卫生服务体系。深入实施精准健康扶贫,推进农村贫困人口大病专项救治工作,在原来的7种大病救治上新增肺癌、乳腺癌、宫颈癌、儿童肿瘤、尘肺病、结核病、包虫病7个病种,减轻大病患者、贫困患者看病就医的负担。2018年畅通双向转诊通道开启,上级医疗机构要为基层转诊患者预留20%号源,到年底实现由上级医疗机构下转患者数量较2017年增长50%。

青海省的多个部门于2018年出台了《青海省健康扶贫工程"三个一批"行动实施方案》,在全省范围内深入推进医疗扶贫工作。为广大农牧民

建立了贫困人口档案。除了国家确定救治的 9 种大病外，根据本省的具体情况，又增加了青海新增儿童先天性动脉导管未闭症等其他 14 种大病，这些贫困人口在定点医院可以达到救治。2017 年底，已经实现了 40% 的救治比例，2018 年实现了全覆盖。在深入推进家庭医生签约服务工作方面，有慢性病的农村牧区贫困人口优先得到签约。增加慢性病民政救助的范围，由以前的 4 种扩大为现在的 25 种，为特困供养对象发放每年 360 元的门诊救助金。完善重病兜底保障政策，特大疾病医疗救助的范围扩大到所有的农牧区贫困人口，大大减轻了贫困人口的就医负担。不断提高对重大和特大疾病的救助水平，确保农牧区贫困人口住院医疗费政策内或合规费用自付比例低于 10%。

甘肃持续发力"健康扶贫"不让"病根"变"穷根"。2018 年甘肃省卫计委等 7 部门联合出台《甘肃省建档立卡贫困人口因病致贫返贫户"一人一策"健康帮扶指导方案》，将由省、市、县、乡、村五级医疗机构医务人员共同组成家庭医生签约服务团队，通过分片包干联合入户的方式，为贫困人口制定"一人一策"帮扶措施，把保障群众健康作为推进脱贫攻坚和全面建成小康社会的重要抓手，持续深入推进健康扶贫工作。2018 年 3 月，甘肃省启动推进深度贫困地区"组团式"健康扶贫行动。截至目前，甘肃省 9 家"组团式"健康扶贫省级医院与深度贫困的"两州一县"17 个县级分院实现全部挂牌。为了减轻农村贫困人口的负担，从 2018 年 6 月 1 日开始，他们在一些定点医疗机构看病时，可以先就医后付费。

2017 年，国家对于医联体建设寄予厚望，更将医联体建设定性为"深化医改的重要步骤和制度创新"。以陕西省医联体建设为例，全省分别以陕西省肿瘤医院、西安市红会医院、西京医院、延大附院、安康市中医医院等各级医院为中心的 20 余个区域及专科医联体，在陕西省构建了一个"四通八达"的多级医疗协作网络。其中，安康市医联体尤为典型，其携手心医国际构建了以安康市中医医院为中心的"省市县乡村五级一体化"分级诊疗网络，实现上接国内知名三级医院，下联县、镇、村 75 家基层医疗单位，完成医疗服务覆盖到村级卫生室，真正实现了"纵向到底"。健康扶贫攻坚战取得重要进展。建立了新农合、大病保险、医疗救助、补充医疗保障"四重保障"体系,并将贫困人口大病起付线降至 3000 元,住院报销比例提高 10%、慢性病封顶线提高 20%,免除门诊一般诊疗费、乡镇卫生院起付线、定点医院住院押金,将县级医院和省市级医院非合规费用控制在 5% 和 8% 以内。

在深化医疗改革方面,宁夏也做了深入的探索。医疗联合体的形式多种多样,为了更好地服务基层,推动千名医师到乡镇农村诊病看病。加强基层医疗卫生机构建设,目前已有 300 所医疗卫生机构达到群众满意的标准。加强乡镇信息建设,实现了网络远程会诊,有效地实现了疾病早发现和及时救治。在医保的支付方式上也大力进行改革,完善"一免一降四提高一兜底"医疗保障体系。为减轻群众看大病的费用负担,对于一些患"两癌"的贫困妇女给予物质上的帮助。加强全科和专科医学人才的培养。多方面开拓办医的途径,充分鼓励社会资本的进入,为群众多层次、多方面提供便捷的医疗卫生服务。

二 影响西北地区实施健康中国战略的主要制约因素

(一)经济社会发展相对滞后,贫困人口较多

贫困地区、贫困人口的卫生与健康状况已经成为健康中国建设的突出短板。西北地区由于历史因素和生态条件等原因,在经济和社会发展方面滞后于东部地区,贫困人口相对较多,使得医疗资源发展不平衡和居民健康保障能力存在着东西部地区间发展的不平衡,如人均卫生总费用、千人口医疗卫生机构床位数、千人口卫生技术人员、5 岁以下儿童死亡率、婴儿死亡率等健康指标等都存在一定差距。2017 年陕西省依然有 151 万贫困人口,有 50 个国家扶贫重点县。甘肃省的贫困人口为 189 万,其中就有 24.8 万的患病人口,占贫困人口的比例达到 13%,其中又有 3.45 万人患有大病。新疆南疆四地州是全国确定的 14 个特困片区之一。截至 2017 年,南疆四地州的贫

困县和贫困村分别为 26 个和 2605 个，贫困总人口达到 218.67 万，分别占全疆的 74%、86% 和 84%．边疆地区贫困呈带状分布，34 个边境县中有一半是贫困县，分布着 479 个贫困村、38 万贫困人口。这两大区域整体性贫困突出，脱贫任务重，攻坚难度大。贫困人口的脱贫任务艰巨，而贫困人口中的患病人群更是健康扶贫工作的难点，保障贫困人口的基本医疗需求的任务十分艰巨。

（二）社会转型

当今世界是一个全球化、信息化的时代，社会飞速发展，而我国正处于社会转型时期，既享受着工业化、城镇化发展带来的红利，也面临着环境污染、社会竞争压力加大、生活方式转变和人口老龄化等带来的阵痛。由于一味追求经济利润和缺乏环保意识等，食品安全、药品安全、饮水安全等社会问题突出，成为影响居民身心健康的危险因素，重大传染病和慢性非传染性疾病也使人们面临着双重威胁。此外，由于生活方式的转变，青少年近视眼、肥胖儿逐年增加，一些"富贵病"也日益增多，诸如高血压、糖尿病等。此外一些不健康的生活方式也对健康产生了消极的影响，主要包括过量饮酒、偏重脑力劳动而身体活动不足、营养搭配不合理、偏食厌食、过度抽烟等。生活压力加大也使得焦虑症、抑郁症的发病率有所上升。这些都对保障国民健康带来新的压力。

（三）居民看病负担较重

疾病发病和死亡模式转变，城乡居民疾病负担沉重。随着经济社会快速变化，我国绝大部分地区已经完成了疾病发病、死亡模式的转变。当前，我们既面临发达国家的健康问题，也存在着发展中国家的疾病和健康问题，疾病负担日益加重，已经成为社会和经济发展的沉重包袱，而其中以重大慢性病造成的疾病负担最为严重。目前，烟草使用、身体活动不足、膳食不合理、过度饮酒等不健康生活方式与行为，处于流行高水平或进行性上升趋势。

（四）重大健康问题依然突出

在现阶段，西北地区的传染病面临着新的问题，主要表现在艾滋病、肺结核和病毒性肝炎发病率日趋提高，成为防控的一个重点问题。与此同时，一些重大的地方病和感染性疾病还没有得到很好的控制。患有慢性疾病的居民死亡率依然呈现上升态势。在一些偏远和贫困地区，一些新生儿的母亲还存在营养不良现象，婴儿也患有一些疾病，这些都对群众的健康和生命安全带来不良影响。西北地区由于特殊的地理位置、环境气候等因素，也有一些属于本地区突出的健康问题。如在青海，因为环境特殊以及藏族的饮食结构较为特殊，与平原地区相比，高血脂、高血压、肥胖等疾病都是低发的。但随着这些年的发展，环境的改变，尤其是生活方式的改变、饮食方式的改变，使得原来的肥胖低发人群向肥胖高危人群转化，这对青海人民是一个非常严峻的挑战。目前在青海，代谢综合征已经是一个大问题，主要表现在高血压、高体重、高血脂和冠心病、高血糖和糖尿病、高尿酸血症（痛风）这"五高"上。

（五）医疗卫生服务供给与人民群众的健康需求还有较大差距

随着经济的发展和人民生活水平的提高，人们的健康意识有了很大提高，对身心健康的追求成为日常生活的一个重要内容。但目前我国各地、城乡之间发展不平衡，而西北地区的经济社会发展又相对滞后，无论是卫生资源总量还是卫生人才都不足以满足人们的充分需求，医疗资源分布不均衡、结构不合理仍是困扰西北健康战略实施和和谐社会构建的一个相对普遍的难题。优质的医疗资源主要集中在城市，在一些偏远农村地区和贫困地区看病难的问题依然十分突出，尽管在政策上有所倾斜，但一时还难以见到好的成效。此外，面对社会的转型和群众的需求，相关部门在政策的制定上还存在滞后的现象，在现代医院的管理、提高医疗服务水平和药物政策的制定等方面还缺乏体制上的创新和高效的推进。

三 西北地区深入推进健康中国战略的对策建议

（一）进一步改善健康环境和条件

要进一步改善人们的生产、生活、生态和社会环境，积极开展全民健身运动，在全社会范围内推广健康生活方式，保障人们的食品和饮用水安全，对一些特定的群体，如儿童、老年人等进行科学合理膳食指导，引导群众更加重视健康问题和注重营养搭配。对于饮食、营养与身体健康的关系，要加强研究，及时进行相关信息的监测和发布。积极向居民传授一些健康知识，诸如高血压的防控等。进一步改善重点人群的营养状况。更加关注偏远地区和贫困地区学生的营养状况，提出进一步的改善项目和措施。要把全民健康事业提升到一个新的高度，统筹纳入到政府的各种社会发展规划和财政预算中，努力参与到社会事业的各个方面。其中，构筑政府起主导和引领作用、各个部门协作、全体社会成员参与的大健康格局。同时，要充分利用媒体和网络，加强对健康知识的教育和健康理念的培养，培养居民形成健康的生活方式。

（二）持续提升公共卫生服务能力

要更好地实施"健康中国"战略，必须进一步提升西北各省区的公共卫生服务能力，使基本公共卫生服务全覆盖、均等化、可获取性的程度不断提高，继续坚持预防为主、防治结合。对一些传染病、慢性病和地方病进一步加强防控力度。要继续加强居民健康档案管理，对一些特定群体，如孕产妇、老年人、儿童的健康管理要格外关注，提高对慢性病患者、严重精神障碍患者和结核病患者的管理和服务能力。进一步提高突发公共卫生事件应急能力，完善对突发公共卫生事件的应急和处理制度。不断扩大基本公共卫生服务的惠及面，对一些特定群体如流动人口等，要进一步提高和改善对他们的公共卫生服务能力。对威胁居民身体健康的一些特重大疾病和危险因素，要专门制定相关项目，有相应的应对措施。对一些传染病要做到及早发现和预警，对一些流行的地方病能坐到有效控制。高度重视人们的精神卫生健康状况，提高服务能力，对一些常见的精神障碍如抑郁症和焦虑症等能有效进行干预，关注居民的心理健康，能对人们的心理危机进行有效干预。

（三）提高医疗卫生服务质量

医疗服务的不均衡性是当前面临的一个普遍问题，要想更好地提高医疗服务，就必须持续地扩大医疗服务的优质供给，持续增加医疗卫生服务体系资源要素，提升医疗卫生资源的可及性和便利性，进一步建立和整合优质高效的医疗卫生服务体系，不断提高医疗服务的质量和效率。同时，要优化和完善药品供应体系，切实解决居民"看病难"的问题。注重培养医药卫生人才，充分利用民间和社会力量，开办一些非营利性医疗机构，提高非营利性民营医院的地位和待遇，充分利用现有的医师队伍，鼓励他们到基层开办诊所或工作室。增强农村医疗卫生服务能力，要在医疗卫生体制上给予基层支持，使得优质的医疗资源、服务机构和医务人员走向乡村，惠及民众。进一步改善基层和农村医疗条件，要构筑对重大疾病的系统性的防控机制。推动现代化的医疗信息建设，有效实现资源信息的共享和互联互通机制，对一些重大的慢性病进一步实现医防结合。进一步完善药品供应保障体系。

（四）逐步健全全民医疗保障体系

要进一步增强居民抵御疾病和治疗疾病的能力，必须增强居民的医疗保障能力。要构筑复合型、多层次、覆盖多领域的医疗保障体系，除了基本的医疗保障外，也要让多种形式的补充保险和商业健康保险参与进来，充分发挥其应有的作用，并增强其可持续性。在人人都享有基本医疗保障的基础上，更好地提高城乡居民抗御疾病的保障能力，解除其后顾之忧。对一些价格高昂但又具有重大临床价值的专利独家药品，政府要出面组织医保药品谈判，切实降低药价，使老百姓能用得起用的上。对于严重威胁居民身体健康的重大疾病，要不断完善城乡居民重特大疾病的医疗保障制度。逐步全面落实居民大病保险。要出台有效措施和项目，推动和提高农村贫困人口医疗保障水平，对农村贫困人口实现城乡居民医保、大病保险全覆盖。

参考文献

国务院新闻办公室：《中国健康事业的发展与人权进步》，《人民日报》2017 年 9 月 30 日。

青海省统计局、国家统计局青海调查总队：《青海省 2017 年国民经济和社会发展统计公报》，《青海日报》2018 年 2 月 20 日。

咸辉：《政府工作报告》，《宁夏日报》2018 年 2 月 5 日。

雪克来提·扎克尔：《政府工作报告》，《新疆日报（汉）》2018 年 1 月 28 日。

薛寒、周垚：《陕西着力构建大健康格局》，《健康报》2018 年 2 月 10 日。

B.16
西北地区流动人口现状、问题及其对策

张芙蓉* 陕西流动人口处

摘　要： 本文以西北地区流动人口监测数据为基础，对西北地区流动
人口的规模、流向、流动范围进行统计梳理，对西北地区流
动人口年龄、性别、教育、婚姻、就业等特征进行分析，对
流动人口规模以及不同特征的变化趋势进行预测。分析了人
口流动给流出地和流入地带来的问题和影响，并从农村养老
服务建设、县域经济圈建设、流动人口融合政策完善等方面
提出对策建议。

关键词： 西北地区　流动人口　流动模式

人口的流动迁移对当前以及未来较长时期人口变化与经济发展都会产生
重要影响。准确把握人口流动现状、特点、变化趋势，对于促进经济社会发
展具有重要意义。本报告通过 2017 年陕西和甘肃省流动人口监测数据，以
及其他省份流动人口相关资料，对西北五省区流动人口概况以及发展趋势进
行分析，对人口流动过程造成的问题进行剖析，并提出解决办法。

一　西北地区流动人口概况

西北地区人口流动以城乡转移模式为主，在流向上大部分省份呈现为净

---

* 张芙蓉，硕士研究生，陕西省社会科学院助理研究员，研究方向：人口学。

流出状态，流动比例约占总人口的 10%。青壮年劳动力是流动人口的主力军，流动人口主要在二、三产业的低端产业链就业。流入地主要以省会城市和经济发达市、区为主。西北地区流动人口的模式、特征对该区域的经济社会发展产生了重要的影响。

（一）人口流动与影响因素

人口流动是当前和未来我国重要的经济社会现象。人口流动主要受经济发展水平与人口政策影响。区域间经济发展不平衡推动了人口由经济欠发达地区向经济发达地区、由农村向城市的流动。西北地区身处内陆，干旱缺水，自然条件恶劣，经济发展落后，在跨省流动中，西北五省区大部分省份处于人口流出状态。2017 年统计数据推算显示，甘肃、青海、宁夏均处于人口微流出状态，陕西受人才新政影响，成为人口流动均衡省份，新疆呈现人口流入状态。在省内流动中，农村转移劳动力不断向城市迁移是各省区人口流动的主要方式。

人口流动除受经济发展水平影响外，人口政策也起到重要作用。20 世纪 90 年代城乡户籍制度的放松，城乡流动障碍的去除，打开了人口流动的阀门。近年来，各地为发展经济、活跃经济，出台了一系列人口政策，主要包括人口户籍政策、人才政策、流动人口服务管理政策等。户籍政策通过把控人口落户条件对人口发出推拉引力。人才政策通过人才引进奖补措施，吸引人才流动。流动人口服务管理政策通过推进公共服务均等化，提升流动人口生存发展条件，实现人口融合发展，间接推动人口流动。

当前西北地区促进人口流动成效最为突出的是人才政策。人是重要的生产要素，人才更是推动经济社会发展的核心要素，西北各省围绕高精端人才、高学历人才、技能型人才、创业创新型人才引进，出台了系列政策，以优厚的奖赏政策、生活补贴政策、社会保障政策等吸引高端人才落户。以优惠的创业政策及配套补贴政策吸引创业人员流动。放宽大中专毕业生、其他实用型人才在省会城市的落户条件，以吸引大中专毕业生、其他实用型人才向本省流动。在成效上，2017 年西安市出台的人才新政堪称政策导向人口流动典型。2017 年陕西省西安市出台了以《关于深化人才发展体制机制改革打造"一带一路"人才高地若干政策措施》为核心的人才新政，以全面放宽大中专毕业生以及其他实用型人才落户为核心的"户籍新政"，以吸引创新创业者为核心的创新优惠政策，系列新政以其碾压周边省份的空前力度，吸引了大量人口流向西安。统计数据显示，截至 2017 年底，西安通过 5531 高层次人才引进计划，引进国内顶尖人才 13 名，国家级领军人才 42 名，地方领军人才 64 名，创业人员和实用性技能人才 4000 余人，极大地充实了陕西高层次人才队伍。截至 2018 年 5 月 30 日，户籍新政吸引了 80 万人口落户西安，西安的发展得到了巨大的人才外援，陕西从人口净流出省转瞬变成人口流动均衡省份。甘肃、宁夏、青海、新疆四省区根据经济社会发展需求也出台了不同的人口政策。如甘肃出台《甘肃省引进高层次人才（团队）项目扶持办法（试行）》、《甘肃省引进高层次人才财税金融扶持办法（试行）》等人才引进政策，《甘肃省人民政府关于进一步推进户籍制度改革的实施意见》等调整人口合理流动的户籍政策。青海省出台《青海省柔性引才引智实施办法》、《青海省"高端创新人才千人计划"实施方案》等。宁夏银川市出台了《关于激发人才活力服务创新驱动发展的若干意见》和《高精尖缺人才优厚待遇实施办法》，以及《创新型大学生宜居工程实施办法》等，各省区的人口政策均取得了不同的成效，对人口流动产生了重要影响。

（二）人口流动概况与影响

西北地区流动人口总规模约为 1600 多万人。分地区看，陕西、甘肃、新疆地区人口流动规模较大，均在 400 万以上，青海和宁夏流动人口规模较小，不足百万。2016 年陕西省流动人口规模约为 576 万人，根据 2017 年、2018 年农村转移劳动力人口的回流趋势，以及考虑西安市一系列人才新政、户籍新政、创新创业新政影响，预估 2018 年陕西省流动人口在 600 万以上，人口增量主要来自人才新政吸引的外省流入人口。2017 年青海省流动人口规模约为 82.06 万人；2016 年宁夏流动人口规模约为40① 万人。2015 年新疆流动人口规模约为 437.44② 万人。2017 年甘肃省流动人口规模约为 529③ 万人。除宁夏外，陕西、甘肃、青海和新疆流动人口规模占常住人口的比重均在 14% 以上。在人口分布特征上，流动人口以青壮年为主，新生代人口已成为流动人口的主体，流动人口平均年龄在 28.3 岁 ~30.2 岁之间。文化程度以高中以下学历者为主，高中以下学历者平均比例在 88%④。高层次技能人才比重小，大专及以上学历者比重在 7% ~10% 之间。流动人口主要在第三产业就业，从业人口比重在 80% 以上，第二产业居次，比重约在 20% 以下，第一产业比重最低，在 2% 以下。大部分流动人口就业集中在批发零售、建筑、住宿餐饮、居民服务、修理和其他服务业，比重在 65% 以上，从业类型以个体工商户和私营企业为主，两者比重在 60% 以上。

大规模的流动人口对经济社会发展产生了深刻的影响。推动城镇化快速发展。以农村转移人口向城市聚集为主的流动方式，推动了西北地区的快速城镇化，统计数据显示，西北各省区城镇化水平均已超过 50%。西北地区社会结构由乡村型向城镇型逐步转变，经济社会结构不断优化。人口流动推动城乡发展不平衡差距的逐步缩小。大量农村转移人口向城市的流动，提升了生存发展水平，缩小了城乡差距，尤其是在家庭化迁移与长久化迁移成为趋势的当前。加速了产业结构优化，人口流动推动劳动力由第一产业向二、三产业的转移，尤其是向第三产业的转移，推动了经济结构由工业主导型向服务业主导型转变，优化了产业结构。人才的流动为西北地区经济发展注入活力。当前全国经济由高速增长阶段进入高质量发展阶段，经济进入创新发展驱动阶段，各类人才向西北地区的流动，提升了西北地区创新创业活力，为西北地区经济结构转型奠定了基础。但流动人口受教育水平普遍偏低，在

---

① 2016 年宁夏流动人口监测报告。
② 2015 年 1% 人口抽样数据。
③ 《2017 年甘肃省经济与社会统计公报》。
④ 小学文化程度者在 20% 左右，初中文化者在 45% 左右，高中文化者在 20% 左右，文盲比例在 6.8% 以下。

当前西北经济结构转型升级期，对经济发展产生制约作用，大量低端劳动力无法满足新业态新技术产生的岗位需求，难以支撑技术产业发展，反而带来就业等社会问题。

（三）人口流向与经济社会影响

在人口流动方向上，陕西、甘肃和宁夏以省区内流动为主，城乡之间的劳动力人口转移是主要方式。三省区内流动人口比重均在60%以上，陕西高达70.3%。西北地区人口流动主要以城乡之间的劳动力人口转移为主。新疆和青海以跨省区流动为主，跨省区流动比例占流动人口比重的一半以上，其中新疆地区达到68.3%①。在省区内流动范围中，除陕西外，其他四省区均以省区内跨市流动为主，市内跨县流动为辅，只有陕西恰恰相反，以市内跨县流动为主，这可能与陕西县域经济发展较快相关（具体详情见表1）。

表1　2017年西北地区人口流动范围分布状况表

单位：%

地区	跨省区流动	省区内流动	省区内跨市	市内跨县
陕西	29.2	70.8	26.9	43.3
甘肃	33.2	66.8	44.2	22.6
宁夏	39.5	60.5	45.6	14.9
青海	53.1	46.9	36.1	10.3
新疆	68.1	32.9	24.1	7.9

资料来源：《2017年中国流动人口分省发展报告》。

在人口流动方向上，总体来看，人口流入地以各省省会城市和周边经济发达地区为主，跨省区流动人口来源地以临近省份以及河南、四川等人口大省为主，省内流出人口以临近省份和东部沿海地区为目的地。2017年陕西省内流出人口以安康、汉中、商洛、咸阳、宝鸡、渭南等六市为主，六市占到流出人口的70%以上。省内流入目的地以西安市为主，80%以上的流动

---

① 资料来源为2017年中国流动人口发展分省报告。

人口聚集在西安。宁夏区内流入地以银川三区（兴庆区、金凤区、西夏区）和工业较为发达的中宁县为主，外省流入人口以甘肃、陕西以及河南为主。甘肃省内流出人口以临夏州、定西、天水、平凉、庆阳等五地为主，省内流入地主要以经济发展水平较好的兰州、白银、平凉和庆阳四市为主。青海省内流入地以西宁、海西州、海东地区等经济发达地区为主。新疆区内流入地以乌鲁木齐、新疆兵团为主。省外流入人口以甘肃、四川、河南等地人口为主，省外①流出地以陕西、甘肃、青海、北京等地为主。

流动人口虽然为城市的发展提供了动力，但人口流入城市，以及主要流入省会城市的模式，极大地增加了省会城市的自然、社会承载力。西北五省区省会城市的自然、生态承载压力高于省区内平均水平。城市环境污染、交通拥挤、能源短缺、城市建设用地紧张等问题突出。2016年陕西统计年鉴显示，西安市车辆拥有量占到全省的一半，西安市人均绿地面积、空气日报优良率低于全省平均水平，日用水量占到全省的一半，用气量占到全省的2/3。西安市的自然、生态承载压力大于全省平均水平。社会承载力随着公共服务投入的增加，虽有缓解趋势，但压力依然较大。省会城市的人均住房面积、每千人拥有医疗机构床位数、每万人拥有医生数、每万人拥有大学生、每千人拥有养老床位数较低，供需矛盾突出，上学、就医、养老、住房等问题较为突出。

（四）人口流动趋势

总体来看，西北地区人口流动主要呈现四个趋势：一是人口流动趋缓，流动人口总量下降。与第六次人口普查数据相比，陕西流动人口由2010年的589万下降到2015年576万，甘肃省由545万人下降到2017年的529万人，青海省由99.3万人下降到2017年的88.2万人，新疆由609万人下降到2015年的437万人。分析流动人口规模下降的原因，主要可归为两点：

---

① 以上人口流入流出地资料，陕西、甘肃来自2017年流动人口监测数据，宁夏、青海、新疆来自2017年流动人口分省报告。

一方面随着各地城镇落户政策的不断宽松，部分流动人口转变成了户籍人口。另一方面源于农村转移人口返乡。受西北地区农村建设加快，经济结构调整等多因素影响，流动人口返乡趋势增强。二是跨省区流动人口比重逐年下降，省区内跨市跨县流动人口比重逐年上升。与2010年监测数据相比，陕西、甘肃和宁夏跨省区流动人口平均下降了3.8%，省区内流动人口上升了3.2%，省区内跨市流动人口增长了5.21%，市内跨县增长了3.67%；青海和新疆以跨省区流动为主，与2011年相比，跨省区流动人口规模下降了3.42%。省区内跨市流动人口增加了4.2%，市内跨县增长了2.7%。流动人口平均居留年限为4.5年，流动人口稳定性增强。三是新生代流动人口比重不断上升，2016年西北地区新生代流动人口平均比重达到64.3%，成为流动人口的主力军。劳动年龄人口中，80后流动人口由2011年的52%上升到2016年的54%，90后则上升了2个百分点。四是人口流动的家庭化趋势明显，家庭户平均人口规模保持在2.5人以上，2人以上家庭户比重约为79%。0~14岁随迁子女以及60岁以上老年人口比重较2011年明显上升。

二 人口流动造成的问题

人口流动有力地推动了西北地区的经济发展，但也给流出地和流入地带来了一系列问题。对流出地而言，加剧了农村地区的乡村建设、农业发展和养老问题；对流入地而言，增加了城市管理、公共服务供给压力，以及经济结构转型升级障碍。

（一）人口流动给流出地带来的问题

1. 农村老龄化问题加剧，养老问题凸显

对西北五省区人口流动类型的分析可知，西北五省区以城乡流动为主，农业户口流动人口比重占到流动人口比重的80%以上，主要表现为农村劳动力不断向城镇转移。农村青壮年的大量流出，使当地老龄化程度加速发展，西北五省区农村地区老龄化程度远远高于城市。农村不断加剧的老龄化

程度，不仅使农村抚养负担居高不下，而且对农村养老造成巨大冲击。青壮年的大量流出使传统的家庭养老方式难以为继，大量空巢老人，留守老人出现。研究显示，外出青壮年并未对老人给予预期的经济支持，甚至将子女留在老人身边，加剧老人的经济身体负担。农村较低的医疗与养老保障水平，简陋的基础养老服务设施，以及流于形式的养老服务组织建设，难以形成有效的养老支撑，西北地区农村养老问题凸显。

2. 农业发展出现瓶颈

人口从农业领域的大量迁出是经济社会发展的必然规律，在此背景下，农业将走向规模化生产和现代化生产。但西北地区受经济社会发展水平限制，农业产业化缺乏科技支持和利益联结机制，大部分地方农业规模化生产程度较低，现代规模化农业生产并未出现。同时受农产品附加值较低影响，土地撂荒现象大量出现，农业发展滞后于经济发展。

3. 乡村发展陷入困境

农村青壮年的大量流出，使农村发展从多个方面陷入困境。首先，与个体生存紧密相关的自我保障能力弱化。主要表现为养老功能弱化、养育功能弱化、单个家庭抗风险能力弱化、传统互助基础弱化。其次，在乡村基层组织建设方面，农村精英人才的流出，使部分地区的农村两委处于半瘫痪状态，两委成员难以保障，组织工作难以开展，即使勉强开展的也是艰难维持。最后，在民主建设方面，流于形式。农村社会支撑的主体，青壮年劳力以及男性群体常年在外，难以参与村级事务的决策，以老幼妇孺为主体的代表决策能力"准确性"与"代表性"值得怀疑。

4. 人口红利加速消失

西北五省区的流动人口监测数据显示，整体来看，西北五省区流出人口多于流入人口，在我国整体人口红利消失的背景下，人口流出将加速人口红利的消失。以陕西省为例，陕西省人力资源市场统计数据显示，陕西省求人倍率为1.13，2018年一季度求人倍率为1.19，求人倍率是岗位需求人数与求职人数的比值，求人倍率高于1，说明劳动力供给少于岗位需求，劳动力不能满足用工需求。2017年陕西省就业调查报告显示，陕西省结构性就业问题凸显，表现为"就业难"与"招工难"，"就业难"本质为高质量就业难，而"招工难"是第三产业普遍存在的现象，具体表现在三个方面：一是部分艰苦行业难以招到人；二是就业人员流动频繁；三是服务业从业者，尤其是农村转移人口就业的主要领域，如建筑、批发零售、住宿和餐饮、批发零售、交通运输等，以40岁以上的劳动者为主。这三个现象说明，西北地区的劳动力供给已经从无限走向有限，青壮年劳动力呈紧俏态势，人员的频繁流动体现了劳动力因供不应求而呈现的买方优势。

（二）人口流动对流入地带来的问题

1. 社会管理难度增加

城市流动人口的急剧增加在给公共服务带来压力的同时也增加了社会管理的难度。具体表现在以下几个方面：一是社会治安管理难度增加。城市流动人口管理系统整体略显滞后，数据显示，西北地区流动人口登记比例不足50%，这使流动人口的社会治安管理面临困境。二是社会管理压力增加。流动人口与户籍人口差别化的社会待遇增加了流动人口的不公平感。对公共服务均等化的要求，使城市负担更重，压力更大。基于城市承载力而制定的非人才型流动人口落户限制，阻碍了流入地城市化的进程。三是社会保障制度二元化。城乡区别的社会保障制度使农村流入人口难以享受到与城市居民相同水平的社保待遇，流动人口的市民化发展受限。四是社会融合问题凸显。在城市化进程中，农村转移人口与城市人口的社会分化进一步加剧，不同户籍人口差异化的待遇享受水平与生存处境，使二元分化的城乡矛盾转移到城市内部，人口融合问题如果无法得到妥善解决，社会问题将进一步凸显。

2. 流动人口加剧了流入地就业结构性矛盾，制约产业结构升级

西北地区流动人口监测数据显示，60%以上的流动人口以初中文化水平为主，平均受教育年限不足10年，文化水平低，接受政府相关部门培训数量少、质量低，从事职业普遍技术含量低。当前西北五省区处于经济结构转型中，新旧动能处于转换期，新技术新技能需要高水平的人力资源与之相匹配，当前流动人口的文化结构难以对新产业形成支撑。同时新技能的应用也

在不断的替代人工，比如人工智能对从事简单劳动力人工的替代，这使流入地就业结构性矛盾加剧。一方面高技能含量的劳动力供给不足，另一方面技术水平含量低的劳动力供给过剩。

三 加强流动人口管理的对策建议

人口流动已经成为社会经济发展的常态，要高度重视人口流动带来的各种经济社会问题，以统筹流出地、流入地经济社会协调发展为原则，设计城乡社会发展规划，完善社会发展服务管理机制，具体而言，可从以下几个方面着手改善。

（一）加强西北地区农村养老服务建设

针对当前西北地区农村普遍存在的养老支撑不足问题，各地政府应加强农村养老服务建设投入，在加强硬件设施建设的同时，更要注重软件建设，保证养老服务机构、组织的有效运营。加强农村老年社会组织建设，使社会组织真正运做起来，发挥实效。以互助为理念，加强老年群体之间的互助协做。增强农村地区养老服务机构的福利性，养老资源应向农村地区多倾斜。农村地区经济基础条件差，老年群体的经济状况更是令人担忧，老年贫困普遍存在，只有增强养老服务的福利性，才能使农村老年群体真正获益。鼓励西北各地根据本地实际探索特色养老模式，如青海地区形成的"代养服务"，依托本省省情，较为有效地解决了部分老人的养老问题。

（二）推进农业规模化、现代化发展

农业滞后于经济发展的状况不仅出现在西北地区，整个西部地区都存在类似情况，该问题的解决是一个长期过程，需要有步骤有战略的谋划解决。依据国家宏观战略，西北地区应对本地农业现代化、规模化发展制定规划：一是有计划做好农业规模化、现代化发展的准备工作，比如有序推进农业耕地的确权登记，配套改革农业集体土地承包制度。二形成职业农民培养方案、路径、计划，为农业现代化、规模化发展提供必要的人力支撑。三是出台各类资本进入农业生产的进入退出制度，鼓励社会资本投身现代农业发展。四是建设农业产业化培育工程，出台优惠鼓励政策、金融扶持政策等，引导市场力量进入农业发展。五是结合城镇化建设过程，将现代化农业发展与城镇化相结合，走特色农业发展道路。

（三）建设壮大县、镇经济圈，振兴乡村

针对农村青壮年人口大量外流，乡村发展陷入困境的状况，西北五省区应优先在经济发展条件好的地区，建设都市圈，即日常通勤生活圈。将城市资源与农村资源链接，让人口居住在农村，工作在城市。建设都市圈首先应优先发展县、镇经济，吸引人口就近就地就业；其次，统筹规划交通基础设施，使城乡便捷的通勤圈成为可能，比如合理的公交线路；再次，按照都市圈合理布局公共服务空间与社会消费空间，使城乡生活资源、生活方式、生活理念实现互联互通；又次，建设统一的城乡就业市场和房地产市场，增强城乡居民转换工作、生活的自由度。最后，将特色小镇、农业综合体、田园公园等与都市圈相结合，通过资源整合的方式，推动都市圈形成的速度。西北地区部分省份发展质量较好的特色小镇可视为都市圈的雏形。

（四）创新流动人口管理服务机制，建构多元主体参与的治理模式

面对流动人口管理服务中出现的问题，西北五省区应创新改革流动人口管理服务机制，建设多元主体共同参与的治理模式。首先，有力推进居住证制度，加强流动人口登记宣传，提升流动人口登记率。完善流动人口信息采集机制，整合优化流动人口信息数据库，建设流动人口管理服务平台，提高流动人口信息覆盖率、准确性与开放性，推动建立机构、部门、地区以及西北五省区之间的流动人口信息共享机制。其次，明确界定政府在流动人口管理与服务中的职责，发挥服务功能不缺位，发挥管理职能不越位，推动部门间、地区间协调制度的制度话语常态化。最后，鼓励扶持流动人口社会组织

建设。社会组织能有效发挥第三方协调矛盾、化解纷争、提供福利服务的作用。鼓励流动人口依托业缘、地缘建立社会组织，如工会、同乡会等，提高流动人口的组织化程度，引导流动人口以合理的方式表达诉求，发表意见、协调冲突。

（五）加强人口职业技能培训，提高流动人口的就业能力

要实现产业结构转型升级，人的因素是首位，应把对人的投资放在更加重要的地位，具体而言：一是加强对职业教育、技能培训的投入，继续实施积极的就业培训政策，对新生劳动力、特殊困难就业群体实施免费的就业培训，对有培训意愿的其他劳动力提供优惠的培训政策。二是通过有效的鼓励优惠政策，激发企业对员工培训的积极性，树立企业是培训主体的理念，建立企业培训激励机制。三是建全劳动者技能评定体系，完善技能人才培育、认定制度系统，逐渐形成技能水平与工资、与社会地位相挂钩的社会就业氛围，引导流动人口不断提升自身就业技能，匹配就业要求。通过以上方式，加强流动人口的技能培训，使劳动力素质不断与产业结构升级需求相匹配，使流动人口就业与产业发展相协调。

参考文献

国家卫生和计划生育委员会流动人口司编《中国流动人口发展报告（2017）》，中国人口出版社，2018。

国家卫生和计划生育委员会流动人口司编《中国流动人口分省发展报告》，中国人口出版社，2018。

黄匡时、王书慧：《从社会排斥到社会融合：北京市流动人口政策演变》，《南京人口管理干部学院学报》2009年第3期。

刘洁、苏杨、魏方欣：《基于区域人口承载力的超大城市人口规模调控研究》，《中国软科学》2013年第10期。

李巾：《2015年陕西省流动人口发展报告》，载《2015年陕西社会发展报告》，社科文献出版社，2015。

区域特色篇

Provincial Characteristic Chapters

B.17
陕西建设关中平原城市群研究

裴成荣　顾　菁*

摘　要：《关中平原城市群发展规划》提出打造内陆改革开放新高地，发挥关中平原城市群对西北地区的核心引领作用和我国向西开放的战略支撑作用。基于这一目标定位，本文在研究陕西关中平原城市群发展现状的基础上，深入剖析了陕西关中平原城市群建设面临的突出问题，提出陕西建设关中平原城市群要以建设西安国家中心城市为龙头，促进关中平原城市群协同发展；以新发展理念为引领，打造关中平原城市群新增长极；以"三个经济"为抓手，培育关中平原城市群协同发展新动力；以自贸区建设为依托，建设关中平原城市群内陆改革开放新高地等对策建议。

---

* 裴成荣，陕西省社会科学院学术委员会副主任、经济研究所所长、二级研究员；顾菁，博士，陕西省社会科学院经济研究所助理研究员。

关键词： 陕西　关中平原　城市群

2018 年 2 月 17 日国务院批复的《关中平原城市群发展规划》提出，要全面贯彻党的十九大精神，以习近平新时代中国特色社会主义思想为指导，统筹推进"五位一体"总体布局和协调推进"四个全面"战略布局，牢固树立和贯彻落实新发展理念，以供给侧结构性改革为主线，加快培育发展新动能，拓展发展新空间，以建设具有国际影响力的国家级城市群为目标，以深度融入"一带一路"建设为统领，以创新驱动发展、军民融合发展为动力，以延续中华文脉、体现中国元素的风貌塑造为特色，加快高端要素和现代产业集聚发展，提升人口和经济集聚水平，打造内陆改革开放新高地，充分发挥关中平原城市群对西北地区发展的核心引领作用和我国向西开放的战略支撑作用。站在新的历史起点上，审视关中平原城市群的定位与发展目标，陕西建设关中平原城市群，既需要抓住时代赋予关中平原城市群的历史机遇，也需要从实际出发，进一步明晰关中平原城市群发展面临的问题，围绕定位和目标，进行精准施策。

一　明晰陕西建设关中平原城市群面临的新问题

（一）陕西关中平原城市群发展现状

陕西关中平原城市群拥有西安 1 个特大型城市，宝鸡 1 个大城市，咸阳、铜川、渭南 3 个中等城市，1 个国家级示范区杨凌①。其中西安是西北地区唯一的特大综合型城市，咸阳、宝鸡、韩城、铜川是城市群中的次级枢纽，华阴、兴平、彬州市等县域中心城市是城市群县域经济强有力的增长

---

① 薛东前、姚士谋、张红：《关中城市群的功能联系与结构优化》，《经济地理》2000 年第 6 期。

点。这些共同构成了关中平原城市群城市体系的重要组成部分。

从关中平原城市群产业结构看，第二产业占据主导地位，以装备制造业及传统的资源型产业为主，逐步形成包括航空航天、电子机械、汽车制造等一大批特色产业部门。随着第三产业所占比重不断上升，产业结构由"二、三、一"逐步向"三、二、一"倾斜。关中平原城市群拥有西北唯一的内陆型自由贸易试验区，还拥有一批国家级产业园区，承担着改革创新试验，探索军民深度融合新路径等一系列国家重大改革创新任务。

从关中平原城市群内部要素禀赋看，高校和科研院所的富集为城市群提供了丰富的技术与人才资源，平均每万人 R&D 人员数 8.36 人，R&D 机构数 111 个，高校数量排名全国第三，人才创新创业基地众多，是全国重要的高层人才基地、西北地区最主要的人才集聚中心，在技术研发和科技创新等方面具有明显的先发优势。

从城市群内文化联系看，关中平原城市群历史悠久，灿烂辉煌的历史文化瑰宝，为关中平原城市群的发展奠定了厚重的文化基础。西安作为十三朝古都，与关中平原城市群内各城市文化同源、人缘相亲、民俗相近，成为城市建设和拉动其他产业发展的引擎。

（二）建设关中平原城市群面临的突出问题

一是城市群内部面临着较大的体制机制制约。复杂的行政分割是大西安建设面临的首要问题，西安市、咸阳市、西咸新区"三足鼎立"，片区之间各自为政，西安、咸阳之间存在恶性竞争，争夺项目、政策及用地等资源，协调发展效果不明显，极大影响了西咸一体化进程。西咸新区虽然从 2017年 1 月由西安代管，但管理中仍然面临很多障碍。同时，关中平原城市群内各类园区数量日益增多，但却各自为政，各开发区之间存在同质化竞争及产业定位模糊的问题，在不同行政单元的开发区存在产业同构、无序竞争等问题，导致产业间关联度较低且竞争性明显。比较极端的如西咸新区，就有包括空港综合保税区、临空产业园区等 7 大省级园区，在经济新常态的现状下协同整合困难，整体产业空间布局呈现碎片化，片区间缺乏衔接，导致板块经济特征明显。

二是结构性矛盾固化，经济发展迟滞。关中平原城市群内部产业结构优化提升速度缓慢，与全国其他城市群相比较处于中游水平，结构层次偏低，产业结构优化任务艰巨。目前产业发展以制造业为主，相对集中在航天、军工领域。高端产业主要集中在投资主导、自上而下的大企业；自下而上的创新较少，这使得城市群内部创新动力不足。实际外商直接投资额与周边成渝城市群、中原城市群具有较大差距，外向型经济发展滞后。企业转型升级困难，尤其是民营经济产业规模偏小，发展缓慢，比重较低，一定程度上也制约了地区经济发展活力。

三是城市群经济实力不强，核心城市竞争力不高，城市间职能分工协作不够。关中平原城市群发展时间短、城市数量少、经济规模总量相对较小。截至2017年底，关中平原城市群10市1区占地16.20万平方公里，常住人口总量4243.17万人，地区生产总值仅占陕西总量的19.84%、甘肃的41.75%、山西的43.14%。与其他城市群相比，关中平原城市群属于中小型城市群，城市群经济与人口的整体集中度与首位联系度均较高，核心城市西安一城独秀，其余均为人口规模100万左右的中等城市且发展动力不足，大中小城市之间缺乏协作，空间呈现出单中心集聚的结构特点，这种跳跃型结构不利于核心城市（西安）发挥其辐射作用，推动城市群的协同发展。

四是产业同质化严重，区域内部分工没有形成。关中平原城市群未能充分发挥市场、企业在科技成果转化应用方面的优势，存在较为明显的"经济与科技两张皮"现象，市场运行体制有待完善。科技产品转化能力不足，专利多，产品少，利润低，市场化程度不高，制约了区域经济发展活力。城市群内部产业结构同质化严重，产业分工不明显，产业关联程度有限，面临着较为明显的区域竞争，在一定程度上阻碍了区域分工的形成，城市群内难以形成区域内有效合作。

五是资源环境约束趋强，生态超载严重。关中平原城市群生态压力日趋加大，资源环境对城市群发展的约束主要表现为：（1）水环境污染排放大。污水处理跟不上工业废水及生活污水的排废增长，水污染的叠加效应导致地表及地下水均受污严重，特别是渭河中下游段干流与支流水域。同时，地下水严重超采，沿渭河城市地下水超采现象突出，局部地区形成区域降落漏斗。（2）大气污染加剧。工业污染、扬尘污染、机动车污染、生物质燃烧污染是当期主要污染源，雾霾或污染天数占30%以上，自从建立了污染联防联控机制，空气质量有所好转但有害气体排放量仍然很大。（3）森林覆盖率较低、崩滑流地质问题灾害成群、湿陷性黄土影响基础设施建设、水土流失较为严重，渭北台塬及河流沿岸水土流失问题突出。（4）工业固体废弃物的利用率和生活垃圾处理率虽有部分提升，但是跟不上固体废弃物增加的速度，急需提升对生活垃圾无害化的处理率。（5）城市环境遭到破坏，而城市群人口的剧增、城市群建筑的密集，城市绿色带的缺乏加剧了各个城市的气候变暖效应，热岛效应显著。

二　以建设西安国家中心城市为龙头，促进关中平原城市群协同发展

建设"品质"西安，强化西安的辐射功能，全面提升其产业集聚、对外交往、文化互联、科技创新、综合服务等功能，将西安打造成为带动大关中、引领大西北、具有国际竞争力的国家中心城市，积极服务"一带一路"、亚欧合作交流。

（一）提升关中平原城市群核心城市的能级

西安作为关中平原城市群中心城市，城市经济体量快速增加，城市能级呈上升趋势。要充分发挥其示范功能、服务功能和支撑功能，积极打造"三中心两高地一枢纽"，建设"3+1"万亿级产业集群，提升西安在"一带一路"建设中的作用。这些经济增长辐射、科技创新引导、文化交流枢纽、对外开放门户等支撑功能不仅能为西安补齐短板，还能发挥其经济结构优势，增强城市辐射力，使其赢得更广泛的市场认可和价值认同，发挥区域核心影响力。

（二）推进区域设施通达和环境友好建设

将西安打造成为以辐射关中平原城市群为目标，以深度参与"一带一路"建设为重点的国际性综合交通枢纽。一是打通西安对咸阳、铜川、渭南、商洛等地区的大通道，完善西安与周边地区多层次、网络化的高速公路、快速干道、地铁、轻轨等城市交通服务体系。二是提高西安交通的可靠性和便捷性，增强骨干通道客运枢纽，物流中心的快速衔接和集散能力。三是依托西安物流大数据中心建设加快实施智慧物流工程，推动信息技术与现代化物流服务的模式融合、技术融合、市场融合，实现不同运输组织方式的联运衔接。四是推进大气污染的"绿色"联防工程，充分利用信息技术，网络化、系统化的协同推进移动源、生活源、农业源等综合排放源治理。五是以《渭河流域水污染防治巩固提高三年行动方案》为指导，结合联防成果逐步修复河流生态系统，形成水污染治理常态化机制。

（三）共建协作高效的关中平原城市群现代产业体系

以自主创新示范区的建设为载体，以全面创新为手段，为现代化产业体系的发展注入新动能，推动创新链产业链双向互动，构建以技术密集型，知识密集型为核心的现代产业体系。发挥西安军工基地多、陇海通道沿线军工企业密集的特点，推进硬科技领域企业龙头引进和本地培育双轮驱动，打造一批军民融合创新示范产业园，形成以西安为核心，横贯关中平原城市群的新型军民融合产业带。强化政策扶植的精准性，加强产业配套，优化簇群经济的发展环境，建立相对完整的创新生态圈，健全帮扶企业的工作联动机制，形成以市场为主体的创新企业孵化平台。

（四）推动资源跨区域高质量合作

国家八部委联合支持的"飞地经济"对西安打破行政区划界限，创新区域合作模式提供了有力支撑。西安需要坚持合作共建，构建一批产业联盟，以"跨区域资源整合"、"跨区域产业链垂直整合"、"贴牌生产区级代工"等模式，尝试"飞地园区"的建设，加强城市群内产业园区在产业链和空间布局等层面的衔接。借鉴"富阎产业合作园"的共建经验，推动西安与咸阳、铜川、渭南等地的府际合作，以"互换区域代管""区域共建"等模式，消除管理壁垒，优化市场环境，打造成熟高效的产业园区。

（五）以推进共建共享公共服务为目标

加强西安与城市群其他地区的"软件"对接，通过推进城市群内部公共服务的共建共享，实现社会资源的优化配置和公共服务的均等化。一是依托丰厚的文化资源，打造特色关中文化产业联盟，重点培育关中产业文化精品，由西安牵头打造文化会展平台，加快文化产品对外营销网络建设，建设国家级对外文化贸易基地，提升文化产业的经济效益。二是积极发挥教育资源优势，探索建立关中平原城市群教育资源的共享体制机制，通过教学"讲学团"等形式，为教育资源薄弱地区进行教学示范，"送经上门"，同时积极搭建共享型科研实验室和实训基地，加强西安名校资源对周边地区的辐射带动。三是立足西安医疗资源优势，发挥对周边地区的辐射引领作用，推动群内医疗资源的畅通流转，加速医疗联合体的建设。

三 以新发展理念为引领，打造关中平原城市群新增长极

结合新一轮省域城镇体系规划编制，进一步优化关中平原城市群规模等级和结构，做大做强核心板块西安市，做大地级城市，做强小城市，做优小城镇，促进大中小城市优势互补与协同发展，加快培育发展轴带和增长极点，提高各类空间发展效能。

（一）构建与资源环境承载能力相适应的空间格局

以"一轴一环三走廊"城镇空间规划为依据，优化城市群区块结构。

"一圈"即大西安都市圈，要深化西咸新区管理体制调整，理顺开发区职能，加速西安—咸阳的一体化进程，推动阎良、临潼、兴平等外围组团功能，打造现代化城市群。"一轴"是指陇海—连霍主轴，西联甘肃、青海、新疆等省区和部分丝路沿线国家（地区），东接中原和沿海地区，要充分发挥西安的枢纽及门户地位，强化宝鸡、渭南、杨凌等地区的聚集吸附效能，通过强化城市群内的城间分工，形成布局合理，功能互补的现代化产业城镇带。"三带"为包茂发展带、京昆发展带及福银发展带，推动韩城－河津、彬县－长武－旬邑一体化发展，形成包茂联通西南西北、京昆对接京津冀、福银对接长江经济带和宁夏等省区的发展格局。

（二）做大节点城市

积极贯彻"一市一策"，提升宝鸡、咸阳、铜川、渭南、商洛、杨凌、韩城等城市的城市规模，培养城市的综合服务能力、提升管理水平，增加城市的承载力，加强对城市群发展的战略支撑作用①。充分发挥特色资源优势，推动专业人才、资金和科学技术向现代农业、先进制造业、航空航天、现代服务业等产业集中，优化产业布局。支持宝鸡建成关中平原城市群副中心城市。加强经济协作，推动富平－阎良、杨凌－武功－周至、韩城－河津－万荣经济一体化发展，打造次区域增长极。

（三）培育发展新增长点

结合县域资源禀赋，持续做强县域经济。扶持骨干龙头企业，主动对接国内外大型企业，形成"引进一个、带动一批"的集聚效应。支持依托国家（省）级园（开发）区或大型企业集团对县域产业园区实施托管运营，激励园区提升投资水平，盘活闲置资产。规划韩城—临汾—运城城际铁路，强化产业协作，共建产业联盟，培育沿黄生态城镇带新极点。提升兴平、华阴等城市基础设施和公共服务水平，增强人口集聚能力。积极推进行政区划

---

① 彭勃阳、李卉、苏青：《把西安建成国际性综合交通枢纽》，《新西部》2017 年第 27 期。

调整，加快彬县、蒲城、凤翔等撤县设市改区步伐。发挥陕西县域经济发展和城镇建设专项资金作用，创新城镇化投融资机制。

（四）加快发展特色小（城）镇

推动特大镇扩权赋能和设市工作，持续推进省级重点示范镇和文化旅游名镇建设，打造县域副中心和宜居宜游特色镇。按照产业特色鲜明、市场环境完善、政府引导明晰的模式，重点在文化旅游、新兴产业、现代农业等方面创建省级特色小镇。

（五）促进城乡融合发展

抓好特色产业设施化推进、现代农业要素聚集、产业扶贫精准脱贫攻坚等七大行动，创新农业经营体系，重点打造杨凌、洛川国家级现代农业产业园。统一社会保障制度、完善就业帮扶制度，整合城乡间资源要素的流动通道提升流通效率，优化公共资源配置。大力实施通村组公路建设和通村公路"油返砂"整治，稳步提升农村自来水普及率和集中供水覆盖率，加快"气化农村"工程步伐，推进新一轮农村电网改造升级，建设"宽带乡村"示范工程，推动城乡市场一体化建设，实现基础设施的互联互通，完善公共服务一体化进程，健全利益协调机制。

（六）推进生态共建环境共治

树立节约、利用保护土地和水资源的观念，采取有效措施，重点建设秦岭、黄河生态环保工程项目。南起秦巴山地生态屏障，北至黄土高原生态屏障，中贯渭河沿岸生态带，构建关中地区"Y"字形生态安全战略主体骨架。将黄河、渭河、泾河等列为重点水产种质资源保护区，以湿地滩涂等重要生态板块为补充，建设绿色生态廊道。完善重点污染源的监控体系，提高对整体环境质量的综合分析能力，加强环境污染跨区域联合执法，提标改造污染物处理设施，提升污染物无害化处置水平。

四　以"三个经济"为抓手，培育关中平原城市群协同发展新动力

大力发展"三个经济"，促进人才、资金、信息等资源在陕西的汇聚涌流，形成陆海内外联动、东西双向互济的开放格局①，推进陕西关中平原城市群与"一带一路"沿线国家经济合作和人文交流新模式。

（一）构建交通、商贸、物流枢纽

关中平原城市群要建设成具有国际影响力的城市群，从国家战略高度，迫切需要国家在口岸体系建设及临空产业园区建设方面予以大力支持，希望在国家政策的支持下，把西安国际港务区打造成亚欧合作的桥梁，全国最大的陆港，将西安咸阳机场建设成为国际对外门户，国际航空枢纽，推动区域化大通关合作，努力创造国际商贸流通的便利条件。加快以西安为中心的高铁网络、综合交通枢纽建设。把西安建设成新亚欧大陆桥经济走廊的物流集散新中心，亚欧合作的重要基地。

（二）强调国际产能合作

陕西需要积极发展门户经济，参与国际产能合作、适应国际与国内不同的市场环境，发挥不同的资源优势，通过资源整合实现产业耦合，同俄罗斯、吉尔吉斯斯坦、哈萨克斯坦、韩国等多个国家合作建设国际产业合作专业园区，涉及电子信息、汽车、现代农业、新能源、新医药、航空制造等多个领域。下一步，陕西还需联合其他城市合力推动海外区块合作，推动在建项目的同时，建立创业投资合作机制，在海外开展设计、采购、施工、承包和联合体项目，为国际产能合作开辟新道路。

---

① 杨国彪：《加强党的集中统一领导开启中国特色大国外交新征程》，《求知》2017年第12期。

（三）建设科技创新中心

陕西具有显著的科技创新优势和扎实的科技创新基础，拥有科技在职人员 110 万人，高等院校 108 所，其高校密度和高等受教育人数名列前茅。陕西要充分发挥科研优势，鼓励高校、科研机关、企业积极参与"一带一路"沿线国家与地区的合作项目，完善科技创新合作机制，融入国际创新体系。一方面加强科技项目合作，围绕产业方向提升对外科技创新合作水平，推动联合技术攻关项目的立项与实施。另一方面开展人才联合培养，利用好"新丝绸之路大学联盟"、人文交流服务平台、丝路国际教育交流中心，探索国际化创新人才培养的新路径。

（四）打造国际旅游枢纽

将陕西打造为国际旅游枢纽，不断完善各地旅游的软件和硬件设施，统筹协调客流、旅游资金、旅游人才、旅游信息等资源，加大对历史文化资源的深度开发，打造丝路起点旅游项目、秦岭山水人文生态项目、红色旅游项目、周秦汉唐系列文化遗址旅游等众多世界级旅游品牌。加快配套现代化服务业的发展，推进关中地区的城镇化进程，在关中平原城市群打造即具有明显地方特色和文化历史底蕴，又拥有良好现代化服务环境的国际旅游中心。

（五）建设国际金融创新合作中心

多层次的现代化金融体系已在陕西扎根，众多国内外知名金融机构的西部总部在陕落户运营。未来几年，还需进一步扩大在金融领域的互动与合作，推动离岸金融和跨境双向人民币资金池业务，打造丝绸之路经济带能源交易和结算平台，推动丝绸之路经济带国家文化金融创新示范区建设，搭建"丝路经济带"金融信息服务体系，提升跨国金融服务的便捷性和时效性[①]。深化"一带一路"金融服务，推动跨境投融资、跨境结算、贸易金融等产

---

① 胡和平：《立足优势打造"五大中心"》，《人民周刊》2016 年第 16 期。

品和服务创新。扩大金融改革对外开放，发展新金融，构建新金融产业生态圈。

五 以自贸区建设为依托，建设关中平原城市群内陆改革开放新高地

对接国际化准则，推动开放机制体制创新，积极探索投资自由化，构建更高层次开放型经济体系，加快培育国际经济合作和竞争新优势，使陕西成为向西开放、向东集散、辐射全国的新型开放门户，提升国际合作水平。

（一）加快自贸区建设

为积极融入经济全球化，陕西要充分利用"一带一路"提供的历史性机遇，不断激发外向型经济新活力。陕西自贸区是西北地区唯一一个自贸区，是陕西贯彻"五新"战略，在关中平原城市群发挥增长极功能以及辐射功能的重要支点，是西部内陆开发开放新格局的重要门户。陕西要紧紧抓住自贸区建设提供的重大机遇，推动开放机制体制创新，大幅提升贸易便利化，积极探索投资自由化，以自贸区作为全面深化改革、激活开放活力的重要切入点，构建更高层次开放型经济体系。

（二）提升国际合作水平

推动哈萨克斯坦纺织工业园、吉尔吉斯斯坦石油炼化园、中白工业园、中美农业科技产业园、中哈现代农业示范园等境外合作园区建设，打造"一带一路"示范项目。支持陕西重点优势企业"走出去"，构建境外研发生产中心，提升企业在全球配置资源能力。积极培育外贸综合服务企业，支持企业在哈萨克斯坦、德国、匈牙利等设立"海外仓"和国际营销服务网点，在重点边境口岸设立陕西品牌展示中心，带动优势产品出口。

（三）推进西咸新区空港新城综合保税区建设

陕西近几年对外开放步伐不断加快，进出口贸易增速在全国排在前列。海关特殊监管区、加工区，无论是从面积还是数量在西部地区都是第一，彰显了内陆地区建设综合保税区的良好基础。西咸新区空港新城是陕西对外开放的重要门户，目前引进的东航—赛峰飞机起落架深度维修项目、法国梅里众城生物疫苗项目，以及正在洽谈的 UPS 和中兴通讯等项目都迫切需要综合保税区功能支持。加快启动陕西西咸综合保税区的建设，积极推动西咸保税物流中心的转型升级，对于加快陕西优化营商环境，构筑内陆开放新门户具有重要意义。

（四）加快口岸体系建设

口岸是对外开放的门户和经贸合作的桥梁。关中平原城市群的口岸产业链不完善，基础设施的滞后成为口岸建设的首要问题，口岸运行普遍存在通关时间较长、航空口岸开放不足、对口人才紧缺、口岸协会发挥作用有限等一系列问题。全方位提升投资贸易便利化水平，进一步优化完善口岸布局，促进口岸开放平台互联互通，推广电子口岸形成与"一带一路"沿线主要口岸群紧密合作、辐射西部、联结东部主要经济体的口岸开放新格局，努力把陕西口岸打造成关中平原城市群对外开放的主要"门户"，城市群外向经济发展的新引擎。

B.18
甘肃省城乡一体化
水平评价及其对策建议

何苑　张博文*

摘　要： 近年来，甘肃省大力破解城乡二元结构，积极推动经济社会发展向全面、协调、可持续方向推进，城乡一体化发展取得了明显成效。但与全国相比，甘肃城乡一体化进程仍处于较低水平，在破解城乡二元经济结构、弥补农村基础设施建设、缩小城乡收入差距等方面还需下大力气解决。因此，要通过建立健全城乡利益平等交换机制、强化规划对城乡统筹发展的引导、有效发挥城镇对城乡区域带动作用、推动农村一二三产业融合发展、补齐城乡公共服务短板等措施统筹推进城乡建设，逐步实现城乡之间在经济、社会、文化、生态等方面的协调发展。

关键词： 城乡一体化　水平评价　策略研究　甘肃

城乡一体化发展就是要通过城乡统筹、推动资源配置优化，进而促进城乡经济社会全面协调可持续发展的过程。近年来，甘肃大力推进城乡一体化建设，全力促进城乡的规划建设、产业发展、生态环境保护、社会事业发展等方面的一体化，城乡二元结构得到有效改善，新农村建设与新型城镇化协

---

* 何苑，甘肃省社会科学院资源环境与城乡规划所所长，研究员，研究方向：区域经济、城市经济；张博文，甘肃省社会科学院资源环境与城乡规划所助理研究员，研究方向：产业经济、城市经济。

调推进，城乡差别逐渐缩小。为了更为客观、科学地分析城乡一体化的发展现状，本文通过建立量化评价模型，客观评估甘肃城乡一体化发展的基本现状和特点，分析存在的问题和制约因素，在此基础上，提出甘肃城乡协调发展的对策和建议。

一　城乡一体化的内涵

进入 21 世纪，随着工业化、市场化、城市化的迅猛发展，城乡二元结构体制造成的城乡发展不协调的问题越来越突出，城乡建设缺乏统筹规划、城乡基础设施互补衔接不够，城乡居民收入差距大、城乡公共服务不均等等，成为实现全面小康和现代化的掣肘。党和国家高度重视和积极推动城乡统筹协调发展，在党的十六大第一次提出统筹城乡发展的基础上，党的十七届三中全会明确提出建立城乡发展一体化的体制机制。党的十八大将城乡一体化发展上升到战略层面，指出城乡一体化是解决"三农"问题的根本途径，提出要从规划、产业发展、市场体制、基础设施、公共服务、管理体制等六个方面推进城乡一体化，形成以工促农、以城带乡、工农互惠、城乡一体的新型工农、城乡关系。

城乡一体化这一理论是在二元经济结构理论基础上，为了缩小农村与城市之间的发展差距、消除城乡对立，随着中国改革的深入而逐步形成和不断成熟的一种理论和政策，为近年来中国的城乡发展提供了重要指导。城乡一体化发展坚持以城乡统筹为抓手，要求将工业化、城市化与新阶段新农村建设有机结合起来，通过全面深化改革、统筹规划，破除城乡二元结构，促进资源和生产要素在城乡之间的有效互动；通过产业的合理布局和融合互动发展，以城带乡，城乡互动，使农民向中心城镇集中，工业向园区集中，耕地向规模经营集中，实现城乡产业优势互补，三次产业共同实现现代化；积极推动公共设施由城市向农村延伸，公共财政由城市向农村倾斜，现代文明由城市向农村传播，大力补齐农村基础设施建设和公共服务短板，从而使整个城乡经济、社会全面、协调、统筹、一体化可持续发展。

二 甘肃城乡一体化发展取得的主要进展

近年来,甘肃省多措并举,加快构建城乡融合、工农协调、成果共享的城乡发展新格局,城乡一体化发展取得了明显成效,主要表现在以下几个方面。

(一)城乡居民收入差距不断缩小,农民生活水平明显改善

2012~2017年,全省农民人均纯收入从4507元增长到8029元,年均增长12.37%,比同期城镇居民人均可支配收入年均增速高2.27个百分点。相对收入差距方面,城乡居民人均可支配收入比从3.81:1缩小到3.44:1。受收入增速影响,农村居民消费支出增长也相对较快,城乡居民消费支出比相对差距也呈逐年缩小态势,二者比例从3.10:1缩小到2.57:1。同时,由于收入水平的提高,农村居民消费结构也发生了显著变化,恩格尔系数从39.76%下降到30.36%,文化消费、医疗卫生消费比重显著提高,购买手机、电脑及汽车消费等方面的支出增幅最快。仅2016年一年,农村居民家庭平均每百户家用汽车拥有量达到18台,较上年增加8台(增长80%);空调拥有量达到5.7台,较上年增加5台(增长714.29%);电脑达39.9台,较上年增加25.68台(增长180.85%)。

表1 甘肃城乡居民生活情况对比

年份	人均可支配收入(元)		人均消费支出(元)		恩格尔系数(%)		人均居住面积(平方米)	
	城镇	农村	城镇	农村	城镇	农村	城镇	农村
2012	17157	4507	12847	4146	35.82	39.76	28.45	24.08
2013	18965	5108	14021	4850	36.82	37.08	29.82	24.66
2014	20804	5736	15507	5272	36.83	37.56	30.60	28.60
2015	23767	6936	17451	6830	30.63	32.86	34.00	29.30
2016	25693	7457	19539	7487	29.60	31.29	33.69	30.36
2017	27763	8076	20659	8029	29.20	30.36	—	—

资料来源:《甘肃统计年鉴》(2013~2016),《甘肃经济社会发展统计公报(2017年)》。

（二）现代农业建设取得积极进展，农产品供求关系得到极大改善

一是农业装备水平不断提高。农业机械装备总动力由 2012 年的 2279.1 万千瓦增加到 2015 年的 2684.95 万千瓦，增加了 17.82%；2016 年农业机械装备总动力为 1903.9 万千瓦[①]，农业机械装备中，联合收割机、大中型农用拖拉机等大型农用机械拥有量显著增加。二是农业生产条件得到有效改善。积极推进高标准农田建设，机耕地面积增加 69.56 万公顷，机耕地面积占耕地面积比重从 58.56% 提高到 76.5%；有效灌溉面积增加到 4.78 万公顷，占耕地面积比重提高 1.1 个百分点；农村生产用电量从 304386 万千瓦时增加到 329639.6 万千瓦时。三是农业科技利用率持续上升。持续加强农业科技研发力度，推出了一大批农作物新品种、农业新技术，并加强农艺农机融合和示范推广，主要农作物良种基本实现全覆盖，主要农作物机械化作业程度大幅度提升，戈壁生态农业渐成规模，特色优势产业总面积达到 3313 万亩。四是积极推动土地流转和规模集约化经营，大力发展农业产业化经营主体，加强新型职业农民队伍建设，为发展现代农业创造了制度和人力资本条件。甘肃省农业新型经营主体数量和规模不断扩大，2017 年全省共有各类家庭农场 8230 个；工商登记注册农民合作社总数达 8.48 万家，居全国第 11 位，带动农户 268 万多户，占全省总农户数的一半以上；龙头企业达到 3104 个。五是农业劳动效率有较大幅度提高，工农业劳动生产率差距缩小。农业劳动生产率从 2012 年的 8656.16 元提高到 2016 年的 11346.76 元，工农业劳动生产率之比从 12.62 下降到 8.99。

（三）大力加强农村基础设施建设，有效缓解城乡差距

近年来，甘肃省积极扩大公共财政覆盖农村的范围，调动各方面投入的

---

① 根据 2016 年新修订的《全国农业机械化管理统计报表制度》，农业机械总动力指标统计中删除了农用运输车、三轮汽车和低速载货汽车，因此 2016 年甘肃省农业机械总动力指标修正后为 1903.9 万千瓦。

积极性，加强城乡基础设施统筹规划，大力加强农村基础设施建设，农村生产生活条件明显改善。一是加强小型水利设施建设，积极推进泵站更新改造、"五小水利"工程建设及末级渠系改造，确保群众生产生活用水需求。二是加大农村水电路网建设力度，所有县城通二级以上公路，所有乡镇和具备条件的建制村通沥青或水泥路；农村自来水普及率达到87%，农村居民饮水安全问题得到有效解决；行政村动力电实现全覆盖。三是加大农村人居环境建设力度，全省行政村基本都组建了保洁队伍，示范村基本建成了垃圾收集、转运、外置运转体系，有效解决了农村环境"脏、乱、差"的问题，人居环境明显改善。四是农村社会事业有了较快发展，农村文化进一步繁荣，农民基本文化权益得到更好落实，农村人人享有接受良好教育的机会，农村基本生活保障、基本医疗卫生制度更加健全，农村公共服务水平有了明显提高。

三　甘肃城乡一体化发展水平测度分析

（一）城乡一体化发展程度的综合评价指标体系的构建

本文参考国内学者关于城乡一体化评价选取的主要指标，并考虑评价体系的系统性、动态性、可比性及指标的代表性、数据的可取得性等因素，从经济、人民生活、生态环境与公共服务、人口融合等四个方面构建了评价指标（见表2）。

（二）评价指数的计算方法

城乡一体化发展程度评价的目的在于考评城乡发展均衡度、共同度的实现程度。"一体"的对立面是"分异"或"差异"，城乡之间的分异或差异，主要表现在发展的差距上。城乡二元结构的存在、城乡之间发展的差异程度可以逆向地反映出城乡一体化实现的程度。因此，我们可以用城乡各个量化数据的差异系数作为考察城乡一体化程度的指标，并运用相关计量方

表2 城乡一体化程度评价指标体系

目标	一级指标	二级指标
城乡一体化程度指数 （F）	城乡经济（A）	城乡固定资产投资比（A1） 工农业产值比（A2） 二元对比系数（A3） 城乡剪刀差（A4）
	居民生活（B）	收入差距（B1） 恩格尔系数（B2）[1] 人均居住支出（B3） 百户家庭空调拥有量（B4） 百户家庭计算机拥有量（B5）
	生态环境与公共服务（C）	用水普及率（C1） 生活污水处理率（C2） 垃圾处理率（C3） 人均道路面积（C4） 绿化覆盖率（C5）
	人口融合（D）	城镇化率（D1）[2] 城镇就业人口占总就业人口比（D2）[2] 城乡工资性收入占总收入比重（D3）

注1：恩格尔系数属于逆向系数，系数值越大，表征发展特征的水平值越低。因此对其进行正向化处理，B2 =（1 - 农村家庭居民恩格尔系数）/（1 - 城镇家庭居民恩格尔系数），这样该指标就有了正向比较意义。

注2：因考虑到城镇化率、城镇就业人口占总就业人口比重即可反映该指标在城乡之间的差异，因而这两个指标计算用值使用原始值，数值越大城乡差异越小，反之差异越大。

法，构建反映城乡一体化发展程度的综合评价模型，形成测度城乡一体化程度的指数。

1. 二级指标计算方法

本文假设城市与农村的绝对融合度为1，某个指标的城乡差异系数为该指标原始数据在城乡之间的较小值与较大值之比。计算公式为：

$$z_i = Min(x_i, y_i)/Max(x_i, y_i)$$

其中：x_i、y_i 分别代表指标 i 在城市与农村的原始值，z_i 为指标 i 的计算用分值。z_i 的取值范围为 0 ~ 1，越接近于 1，城乡差异越小，一体化程度越高。

2. 城乡一体化程度指数（F）

城乡一体化程度评价是一个多指标的综合评判，适合采用综合指数分析法进行评价计算方法为：指数等于各评价指标加权得分之和，即各具体指标无量纲化效益值与其相应权重的加总之和。公式表达式为：

$$F_j = \sum_{i=1}^{n} z_{ij} * w_i * 100\%$$

式中，F_j 为第 j 年城乡一体化程度指数，w_i 为第 i 项指标的权重，z_{ij} 为第 j 年第 i 项指标的标准化值。

城乡一体化程度指数满足 $0 \leq F_j \leq 1$，即最优值为 1，最劣值为 0。如分析结果随年份增长呈现逐年增加趋势，则代表该地区城乡一体化程度在加深，反之代表城乡差距在拉大。

本文采用基于算术平均法的线性权重法确定指标权重，即对每一级的下设指标进行权重均等化赋权。

（三）评估结论

本文数据资料来源于《中国统计年鉴》（2008～2017）、《中国城乡建设年鉴》（2007～2016）和《甘肃年鉴》（2008～2017）。运用以上评价指标体系可以测算出 2007～2016 年全国及甘肃省的城乡一体化程度指数。

1. 甘肃城乡一体化程度指数

近 10 年来，甘肃和全国的城乡一体化总体水平都呈逐年提高态势。甘肃城乡一体化程度指数从 32.13% 提高到 45.89%，累计提高 13.76 个百分点；而同期全国从 39.99% 提高到 50.08%，累计提高 10.08 个百分点。总体上看，甘肃的城乡一体化程度低于全国平均水平，2016 年甘肃城乡一体化程度指数比全国低 4.19 个百分点。

2. 各类别指数变化趋势

城乡经济方面：2007～2016 年，甘肃城乡经济一体化程度指数高于全国平均水平。其中，甘肃城乡经济一体化程度指数从 37.97% 提高到 41.99%，累计提高了 4.02 个百分点；而同期全国从 36.55% 提高到

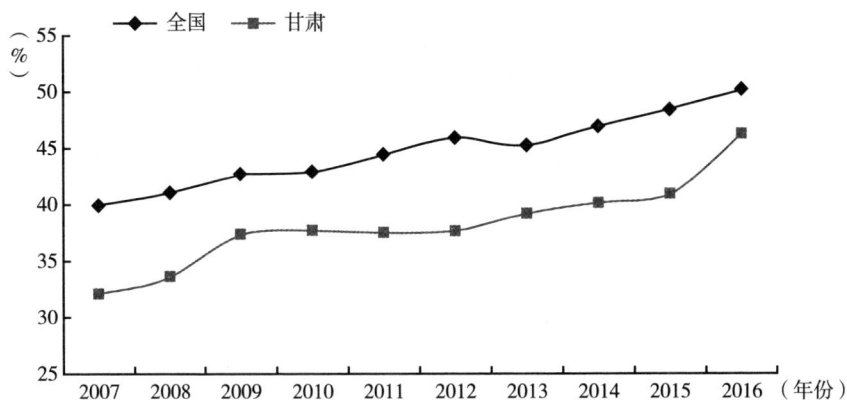

图1 2007~2016年甘肃与全国城乡一体化程度指数对比

资料来源：《中国城乡发展年鉴》（2008~2017），中国计划出版社。

37.05%，累计提高了0.5个百分点。但值得注意的是，甘肃城乡经济发展差距的缩小是基于低水平、低层次的，例如2016年甘肃工农业差异系数比全国高31.86个百分点，但从工农业在全国的比重来看，甘肃农业增加值仅为全国的1.49%，工业增加值仅为全国的0.71%。

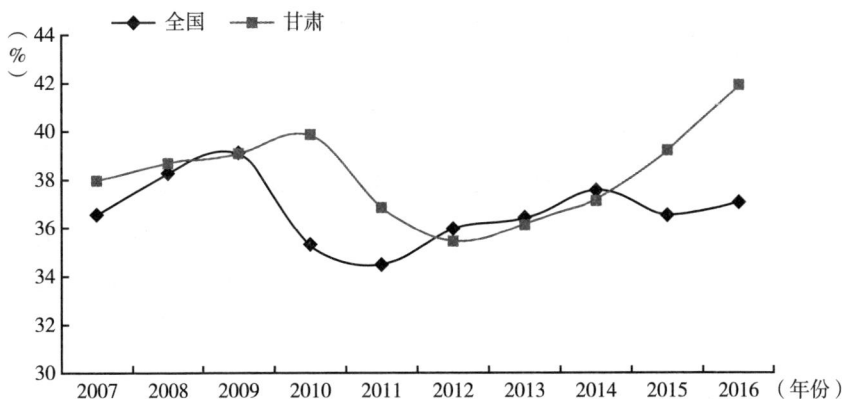

图2 2007~2016年甘肃与全国城乡经济一体化指数对比

城乡居民生活方面：2007~2016年，甘肃城乡居民生活一体化程度指数从31.17%提高到53.73%，累计提高了22.56个百分点；而同期全国从

38.71% 提高到49.59%，累计提高了10.87个百分点。从趋势来看，除个别年份外，甘肃城乡居民生活一体化程度是低于全国平均水平的。

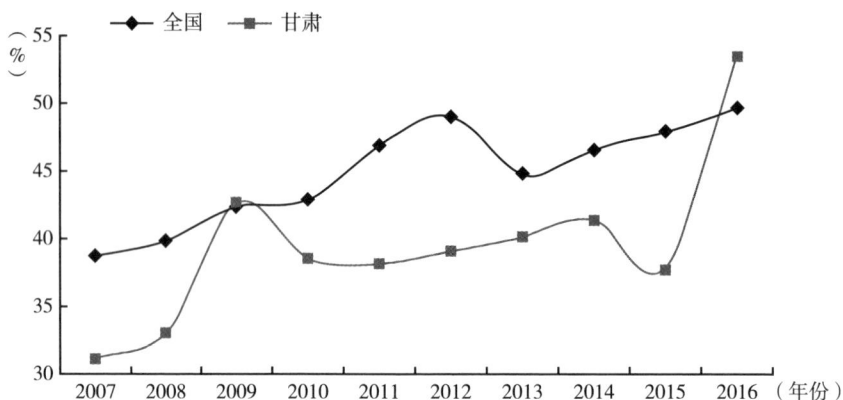

图3　2007～2016年甘肃与全国城乡居民生活一体化指数对比

城乡生态环境与公共服务方面：2007～2016年，甘肃城乡生态环境与公共服务一体化程度指数从30.08%提高到45.64%，累计提高了15.57个百分点；而同期全国从36.97%提高到54.72%，累计提高了17.7个百分点，甘肃城乡生态环境与公共服务一体化程度与全国的差距呈逐渐拉大趋势。

城乡人口融合方面：2007～2016年，甘肃城乡人口融合度指数从29.31%提高到42.18%，累计提高了12.87个百分点；而同期全国从47.71%提高到58.93%，累计提高了11.22个百分点。从趋势上看，甘肃城乡人口融合度与全国仍存在较大差距，但差距呈逐渐缩小趋势。

3. 影响甘肃城乡一体化发展的主要因素

按类别分，对甘肃2007～2016年的经济、生活、生态建设与公共服务、人口等4个方面的指数求取平均值，发现城乡居民生活一体化程度对全省城乡一体化总指数的贡献最大，其次为生态建设与公共服务一体化程度，第三为经济一体化程度，第四为城乡融合度。可以看到，近10年甘肃在缩小城

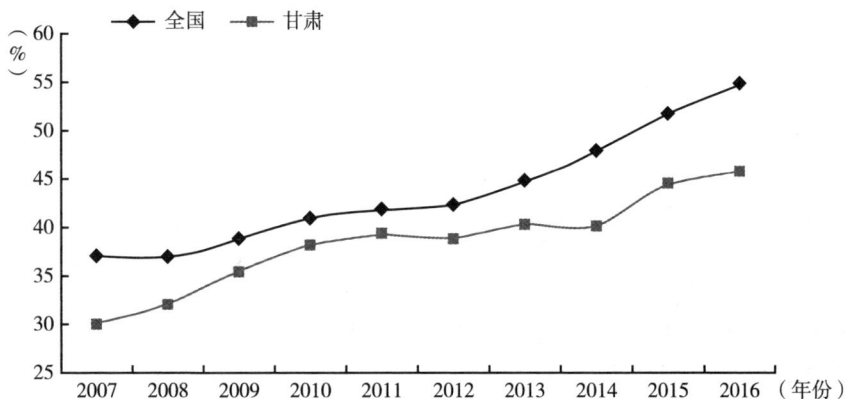

图 4　2007～2016 年甘肃与全国城乡生态环境与公共服务一体化指数对比

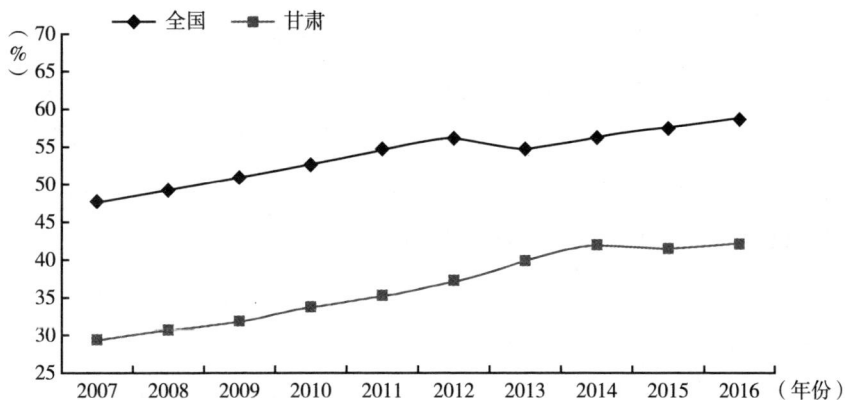

图 5　2007～2016 年甘肃与全国城乡人口融合度指数对比

乡居民收入差距、推进基础设施一体化及公共服务均等化等方面取得了重大进展，有力地促进了城乡一体化的发展。

按指标得分的高低排序，2016 年居最后 5 位的指标分别为城乡固定资产投资比、生活污水处理率、二元对比系数、绿化覆盖率、城乡收入比。因此，当前甘肃在破解城乡二元经济结构、进一步加强农村基础设施建设、缩小城乡收入差距等方面仍存在薄弱环节，需要加大力度加以解决。

四 对策建议

近年来,甘肃城乡一体化发展迅速,但也存在诸多问题,如城乡教育医疗卫生等公共服务仍存在差距,农村公用事业发展滞后;城乡产业发展不平衡,农业现代化和产业化发展水平低;城乡居民收入差距仍较大,生活方式有待进一步融合等。甘肃城乡一体发展任重而道远,不能一蹴而就,要分阶段分地区全面推进。

(一)强化规划对城乡统筹发展的引导

一是注重城乡统筹的规划体系建设。目前甘肃城乡规划还存在二元分治问题,规划的公共政策功能没能充分发挥,阻碍了全省以城促乡、城乡互动、共同繁荣的城乡一体化发展战略的实现。因此,必须建立完善城乡规划管理运行机制。首先要科学规划。建立民主、科学、依法的规划决策机制,提高规划的科学性和民主性。其次强化规划的执行。为协调区域发展,建议建立城镇规划建设管理联席会议制度,形成规划决策体系和运行机制。二是强化规划对城乡发展建设的引导作用。以规划促进城乡建设的统筹发展和相互融合。促进城乡"多规合一",促进城镇合理布局,县、乡镇和村庄协调发展。重点解决甘肃省农村基础设施建设落后的问题,通过统筹城乡基础设施建设的规划,强化城乡基础设施的衔接互补,实现全省基础设施城乡共建、共享。在乡镇土地规划方面,应总体控制乡镇土地利用,科学划定乡村建设用地、住宅用地、生态用地,探索编制各村庄土地利用规划。

(二)建立健全城乡要素平等交换机制

十八大报告提出,"加快完善城乡发展一体化体制机制,促进城乡要素平等交换和公共资源均衡配置"。城乡间要素的平等自由交换是统筹城乡协调发展的关键环节。目前土地、劳动力、农村产权等要素的主要载体在乡村，而资本、技术、信息等要素的主要载体在城镇。工业化和城镇化进程中，农村生产要素大规模向城市转移，但城市生产要素向农村流动的制度机制尚不具备，城乡间生产要素流向呈现不平衡格局。推进城乡统筹发展，需要构建城乡之间平等的利益交换机制，打通城乡间要素自由流动的双向通道，切实改变城市依靠优势地位不断吸纳农村低廉要素资源的状况，推动资源要素在工农之间、城乡之间自由平等交换。

一是逐步实行城乡统一的户籍登记制度。应逐步消除人口在城乡间流动的限制。逐步剥离附着在户籍制度上的基本公共服务差别，为城乡人口转移打通身份通道。二是加快农村土地流转，实现城乡地权平等交易。构建城乡统一的产业发展建设用地市场，农村宅基地在按照标准确权后有条件地进入要素市场，推动农村土地资源向资本转换。在对农地、林地、草场、养殖用地等农业用地进行确权的前提下，开展农业用地在城乡全域人口间的流转探索。三是进一步清理针对农民工就业的歧视性政策，促进城乡劳动者平等就业。深入推进户籍管理制度改革，完善城市新市民的相关配套政策，让稳定就业和居住的农民工尤其是新生代农民工转为市民。

（三）强化城镇对城乡区域带动作用

坚持以人口城镇化为核心，增强兰州作为甘肃中心城市和辐射带动功能，发展一批区域中心城市，强化区域服务功能，加快培育中小城市和特色小城镇，推动城乡一体化发展。一是加快城市群建设发展，增强中心城市辐射带动作用。加强全省区域中心城市与周边城镇基础设施的连接和公共服务的共享，推进中心城区功能向 1 小时交通圈地区扩散，促进兰白都市圈、酒嘉都市圈公共服务一体化，带动周边区域共同发展。二是培育发展中小城市和特色小城镇。推动全省优质公共服务资源向中小城市和小城镇配置，提升其人口承载能力。在远离中心城市的小城镇和林场、农场等，要完善基础设施和公共服务，因地制宜发展特色鲜明、产城融合、服务农村、带动周边的特色小城镇，使其充分发挥统筹城乡的载体作用。

（四）推动农村一二三产业融合发展

推进农村产业融合发展，是中国农业现代化的必然要求，也是实现城乡协调发展共同繁荣的战略举措。建立以工促农、以城带乡、以企帮村的有效机制，推进农村一二三产业加快融合发展，是促进农民收入持续增长的基本选择，一是高度重视建立紧密的利益联结机制。鼓励农业企业与农户建立风险共担的利益共同体，相关支持政策要与农户利益联结机制挂钩，确保农民受益。二是引导产业集聚发展。在有条件的村镇，推进农业产业化示范基地的建设，完善产业化的相关配套服务体系，支持条件成熟的乡镇建设农产品集散中心和物流配送中心。支持农村龙头企业发展，扶持一批商业模式新、带动力强的农村龙头企业，带动农民增收致富；不断提升农产品的品质，支持乡镇培育当地乡村手工艺品和农村土特产品品牌。三是推进农村田园共同体建设，发展乡村旅游、健康养老等产业。甘肃自然条件复杂多样，很多地区农业收益较低，在田园共同体的建设中，因地制宜向生态化、农庄化的方向发展。农村的青山绿水能够满足城市市民养生和休闲的需求。同时，发挥甘肃深厚的文化民族资源，建设一批具有浓郁民族特点和乡土文化特色的乡村旅游示范村，发展独具特色的乡村旅游。

（五）强化农村社会事业发展，补齐城乡公共服务短板

甘肃受自然条件和发展的基础条件等制约，农村的生产生活条件仍较落后，基础设施和公共服务的城乡差距仍然较大，补齐乡村建设的短板是城乡一体化发展的关键所在。一是强力推进村庄环境整治。结合全省农村人居环境三年整治行动，按照"村容村貌整洁、生态环境优美"的总要求，以村容村貌改造整治为突破，以农村环境整治、垃圾污水处理和人畜、柴草分离等为重点，加快整治村庄公共空间，积极推行"户分类、村收集、乡（镇）转运、县处理"等有效模式，实现垃圾统一收集、污水有序排放，全面改善农牧村人居环境。二是构建农村社区长效管理机制。建立完善县乡财政补助、村级集体补贴、住户适量付费相结合的村庄环境管护保障制度，健全有

制度、有资金、有人员的长效管理机制，逐步形成"户集、社收、村运"生活垃圾处理和农户门前"三包"、庭院"三包"、环卫"户轮流值班"等卫生管理模式，自来水管理、道路养护、污水收集处理、矛盾纠纷化解等公共设施管护运行长效机制。积极引导群众自觉参与村庄卫生整治和环境保护，共同创造干净整洁的村庄人居环境。三是推进农村公共服务进一步改善。以完善村庄功能、改善公共服务作为重点，全面加快乡村基本公共服务供给，加快建设以"三馆一站"、"乡村舞台"、"文化集市"和电子信息等为重点的乡村文化设施，建立健全全省农村"三留守"人口关爱服务体系。

（六）强化农村信息化建设，促进城乡信息一体化

农村信息化发展，对提高农民的生产能力、生活水平和增收致富的机会都有着十分重要的意义。一是甘肃应继续推进农村网络和4G基站覆盖的建设，实现"网络村村通"。有条件的乡村，可向村民免费提供无线网络服务。二是发展"互联网+现代农业"，借助网络推进新技术应用于农业生产、经营、管理和服务。逐步健全省、市农业信息监测预警体系，改进监测统计、分析预警、信息发布等手段。扶持发展农产品电子商务，发挥甘肃省特色农产品如小杂粮、中药材等优势，完善农村配送及综合服务网络。三是在偏远农村开展信息技术培训工作。开办针对农民的信息技术培训班，向农民普及现代信息技术，如手机的上网功能、互联网知识等技能。支持在省内组织农业科研人员和信息技术人员联合研究开发农产品信息发布等软件。

参考文献

倪鹏飞、蔡书凯、王雨飞：《中国城乡一体化进程研究与评估》，《城市观察》2016年第1期。

范恒山：《新形势下推进城乡统筹发展的再思考》，《全球化》2017年第9期。

修春亮、许大明、祝翔凌：《东北地区城乡一体化进程评估》，《经济地理》2004年第3期。

刘伟、张士运、孙久文：《我国四个直辖市城乡一体化进程比较与评价》，《北京社会科学》2010 年第 4 期。

袁方成、李增元：《武汉市统筹城乡一体化发展研究》，《城市观察》2010 年第 5 期。

常纪坡、马萍：《拉萨市城乡一体化评估指标体系探讨》，《时代经贸》2008 年第 3 期。

顾益康、许勇军：《城乡一体化评估指标体系研究》，《浙江社会科学》2004 年第 6 期。

徐颂、黄伟雄：《珠江三角洲城乡一体化区域差异的定量分析》，《热带地理》2002。

汪宇明、刘高、施加仓、蔡萌：《中国城乡一体化水平的省区分异》，《中国人口·资源与环境》2012 年第 4 期。

李红玉：《构建城乡要素平等交换双向流动机制》，《中国社会科学报》（社科院专刊）第 242 期，2014 年第 4 期。

国务院办公厅关于推进农村一二三产业融合发展的指导意见，国办发〔2015〕93号。

B.19
宁夏创建国家全域旅游示范区研究

鲁忠慧*

摘　要：　本文首先梳理了宁夏创建全域旅游示范（省）区的发展历程，明确了创建全域旅游示范区是宁夏旅游业转型升级的重要契机与路径，其次简述了宁夏自被国家确立为全域旅游示范（省）区以来的推进、实践的成效，最后，笔者立足于分析、研究全域旅游示范区创建现状的基础上，就宁夏加快全域旅游示范区创建给予了加快旅游商品资源的资本化速度，提高旅游购物在旅游收入中的比重、以提升旅游综合体、集聚化的发展水平改变旅游门票经济的现状等六点对策性的建议。

关键词：　宁夏　全域旅游　示范区　旅游综合体

　　全域旅游是"指在一定区域内，以旅游业为优势产业，通过对区域内经济社会资源尤其是旅游资源、相关产业、生态环境、公共服务、体制机制、政策法规、文明素质等进行全方位、系统化的优化提升，实现区域资源有机整合、产业融合发展、社会共建共享，以旅游业带动和促进经济社会协调发展的一种新的区域协调发展理念和模式"①。我国提出以全域旅游推动

---

　　* 鲁忠慧，宁夏社科院文化所所长，研究员，研究方向为文化产业、文化事业、旅游业及中国传统文化等。
　　① 李金早：《全域旅游的价值和途径》，《人民日报》2016 年 3 月 4 日。

旅游发展的思路是以 2016 年初全国旅游工作会议召开为标志的，之后，全域旅游的发展思路就上升为我国发展新时期旅游业的国家战略，成为现阶段我国旅游业转型升级的发展战略，成为进一步推动我国旅游业可持续发展，实现旅游业带动全产业链共同发展和经济增长的新引擎。推进全域旅游是我国新阶段旅游发展战略的再定位，是旅游业一场具有深远意义的变革，是为实现我国旅游从景点旅游模式走向全域旅游模式，实现从小旅游格局向大旅游格局的转变，从高速发展阶段迈向优质发展阶段，实现我国旅游业从旅游大国向旅游强国的转变。

一　全域旅游示范（省）区的确立成为宁夏旅游业转型升级的新引擎

2015 年，国家首次提出全面推动全域旅游发展，随后国家旅游局下发《关于开展"国家全域旅游示范区"创建工作的通知》，2016 年初，全国旅游工作会议将全域旅游作为旅游业的整体战略，2016 年 3 月，为进一步发挥旅游业的作用，实现旅游业与其他行业产业的深度融合，积极构建全域旅游发展格局，国家旅游局下发了《关于开展"国家全域旅游示范区"创建工作的通知》，并确立了首批创建国家全域旅游示范区 262 家（县市区级）。

2015 年自治区政府工作报告提出"把宁夏作为一个城市规划布局"，这与全域旅游的理念不谋而合。在国家明确提出"全域旅游"概念之后，自治区党委、政府把握大势，站在全局性、战略性高度重视全域旅游的发展模式，2016 年自治区政府工作报告明确提出了"全景""全时""全民""全业"全域旅游的发展模式。从党委、政府层面提出"全域旅游"发展战略，宁夏是继海南国际旅游岛之后，率先发声的内陆省区，同时也是继海南省之后被国家确立为第二个创建全域旅游的示范（省）区。2016 年 7 月，习近平总书记在宁夏视察时对全域旅游发展理念和模式给予了"发展全域旅游，路子是对的，要坚持走下去"的高度肯定，至此之后，全域旅游就成为宁夏旅游业发展的战略定位以及促进宁夏旅游业转型升级的着力点和切入点。

把宁夏当作一座城、一个景区来打造，通过发展旅游业带动其他产业发展，这是宁夏发展全域旅游的新理念和新目标。2016年7月，自治区制定出台了《宁夏全域旅游发展三年行动计划》，提出"产业围绕旅游转、产品围绕旅游造、结构围绕旅游调、功能围绕旅游配、民生围绕旅游兴的全域旅游发展思路"。按照《宁夏全域旅游发展三年行动计划》规划期限，创建将2016年定为"筹备启动期"，2017年定为"持续推动期"，2018年定为"全面创建期"，分三年三个阶段实施。全面推进中卫市、泾源县、平罗县、青铜峡市、永宁县、西夏区作为国家全域旅游示范区的创建试点，以点带面、梯次推进，引领带动其他市县逐步分批创建，最终实现全区全域旅游示范区的创建目标。2017年3月，自治区又出台了《宁夏"十三五"全域旅游发展规划》，提出"围绕全域化、国际化、智慧化、品牌化、生态化发展战略，着力构建'一核两带三廊七板块'全域旅游空间发展新格局"。至此，全域旅游就成为迎接大众旅游时代、推动宁夏旅游业可持续健康发展的重要选择，同时也成为推动宁夏旅游业发展繁荣的关键因素和强大推动力。

2018年是我国改革开放40周年、宁夏成立60周年的大庆之年，也是全面落实全域旅游示范区创建目标的关键之年。为更好更快地推进宁夏旅游业向全域旅游的转变，促进旅游业转型升级向更高层次迈进，在创建全域旅游示范区的进程中，自治区旅游业以"七大工程"为核心，将优化全域空间、提高产业联动性、提升市场开拓度、优化全域服务为路径，持续推动全域旅游目标的不断实现。

二 宁夏创建国家全域旅游示范区的实践成效

自2016年宁夏创建国家全域旅游示范区以来，自治区党委、政府立足"四全"全域旅游新模式，着力于宁夏全域旅游发展三年行动方案确定的十大主要任务、100项重点工作，宁夏创建全域旅游示范区取得了阶段性成果，以点带面、以线连片、南北呼应、一体发展的全域旅游新格局正在构建，初步探索形成了一套宁夏发展全域旅游的经验和模式，其经验与模式即反映在"把旅游业融入经济社会发展的全局"、"全景全业全时全民"的"四全"等发展模式的首倡提出与实践，率先提出以省为单位"打造宁夏大景区"，率先制定出台全国首个省级《"十三五"全域旅游发展规划》，"五有一无"旅游厕所发展模式、提升旅游服务质量的"十百千万"工程的首倡实施，旅游市场秩序正面评价排名宁夏连续两年全国第一，以及199元省级旅游惠民卡的首创推出，有了此卡，自治区百姓可享全年任意畅游区内42个景区。

（一）创建国家全域旅游示范区近两年来，宁夏旅游经济成效显著

2016年，"全区国内旅游和入境旅游发展平稳有序，主要旅游经济指标实现稳步增长。全区接待国内外旅游者总人数达2159.95万人次，比上年增长17.42%，实现旅游总收入210.02亿元，比上年增长30.20%。其中，接待国内游客2149.55万人次，比上年增长17.09%，实现国内旅游收入207.33亿元，比上年增长29.57%。接待出入境旅客20.72万人次，比上年增长97%"①。2016年，全区接待游客总人数首次突破2000万人次，旅游总收入首次突破200亿元，旅游出入境人数突破20万人次，并成为全国旅游人次同比增长最快的5个省区市之一。2017年，"全区接待国内外旅游者总人数3103.16万人次，按可比口径比上年增长21.73%；实现旅游总收入277.72亿元，按可比口径比上年增长20.41%。其中，接待国内游客3078.52万人次，按可比口径比上年增长21.61%；实现国内旅游收入275.22亿元，按可比口径比上年增长20.39%；实现入境旅游收入2.50亿元，比上年增长30.06%。接待出入境旅客24.64万人次，比上年增长18.93%"②。2017年，"接待游客总人次和旅游总收入10年内首次双双实现

---

① 《2016年宁夏旅游经济发展统计公报》，自治区旅游发展委员会宁夏旅游政务网，2017年1月13日，http://www.nxta.gov.cn/tjgb/9738.jhtml。
② 《夯实全域旅游基础 迈向优质旅游新时代》，自治区旅游发展委员会宁夏旅游政务网，2018年1月26日，http://www.nxta.gov.cn/tjgb/9738.jhtml。

20%以上增长。2018 年全区旅游主要预期目标为：接待游客 3400 万人次，旅游总收入突破 300 亿元，接待人次和旅游收入均增长 10%以上"①。2018 年"上半年全区接待国内外游客 1699.51 万人次，实现旅游总收入 138.69 亿元"②。

（二）旅游管理体制机制不断健全、快速理顺

自全域旅游示范区创建以来，自治区积极推进旅游体制机制改革，取得了阶段性成效。一是旅游发展改革委员会行政体系的建立。为推动宁夏全域旅游发展，统筹协调全区旅游改革发展的重大问题，2016 年 7 月自治区成立了旅游发展委员会，随后，五市旅游发展委也相继挂牌成立。二是 2016 年，固原市泾源县成立了宁夏第一支旅游警察大队、旅游综合执法大队和泾源县人民法院旅游速裁庭；之后，中卫市成立了旅游警察分局、旅游行业综合法律服务中心、中卫市沙坡头区人民法院迎水桥法庭旅游速裁庭。三是建立区市县三级旅游综合监管联席会议平台，充分发挥旅游市场综合监管机制。

（三）旅游政策体系不断完善，进一步提升了全域旅游发展的科学性、可持续性

2016 年以来，自治区政府以顶层设计、政策体系的不断完善，发挥着对全域旅游发展的积极引导作用。宁夏推进全域旅游的一个重要的探索实践，首先就是从顶层设计开始进行全局性战略统筹谋划和系统推进，通过一套从顶层到基层、从宏观到微观的规划、意见、计划、方案等，推动全域旅游的发展，开展全域旅游示范区的创建。2016 年以来，自治区先后制定出台了《关于全面提升旅游服务质量实施"十百千万"工程的若干意见》、

---

① 《2018 年宁夏旅游工作报告》，自治区旅游发展委员会宁夏旅游政务网，2018 年 1 月 16 日，http://www.nxta.gov.cn/tjgb/9738.jhtml。
② 《2018 年上半年全区旅游统计报告》，宁夏旅游发展委员会官方微信平台，2018 年 9 月 10 日，https://mp.weixin.qq.com/s/lvwGzllvh7Fhh57muMc4gg。

《全域旅游发展三年行动方案》、《关于加快全域旅游示范区建设的意见》、《宁夏"十三五"全域旅游发展规划》、《宁夏精品景区提升计划》、《促进乡村旅游发展提质升级行动方案（2018）》、《宁夏精品景区提升计划》、《宁夏全域旅游发展总体规划》、《宁夏东部环线旅游发展规划》、《宁夏全域旅游信息化项目建设方案》、《关于加强旅游市场综合监管的意见》、《宁夏回族自治区旅游条例》等，这一系列政策的出台，从目标的设定到实现目标的步骤、路径、方法等，形成了明确的路线图、时间表和落地分工，为全域旅游科学发展、持续发展提供了有力的政策体系保障。

（四）"旅游＋交通"融合发展取得实效

一是"旅游＋公路"：2016 年 9 月，依托 370 公里 S202 省道，宁夏开启了缓解宁夏旅游"西强东弱"短板的宁夏旅游"一号风景大道"的建设；依托 508 公里沿黄河景观大道，打造宁夏黄河旅游带；依托 110 国道，打造贺兰山东麓葡萄文化旅游长廊，将宁夏的 200 多个酒庄"串珠成线"形成独具特色的旅游线路；为了畅通旅游景区"最后一公里"，2016 年，宁夏 4 个 5A 级景区全部实现高速公路连接，16 家 4A 级景区全部实现干线公路和高速公路连接。二是"旅游＋铁路"：2016 年，为了借力国家的"一带一路"建设，宁夏探索"旅游＋铁路"模式，冠名了 5 对旅游品牌列车；借力 2018 年宁夏 60 大庆之年，中央给予宁夏城际高铁提前三年，即于 2019 年启动建设的大礼包；2018 年，银川至北京 K1178 次"六盘山号"列车开行。三是"旅游＋航空"：依托开通的 9 条国际航线，全力打造空中丝绸之路，开拓国际旅游市场。2016 年，正式开通了迪拜经停银川飞往郑州的航线，2016 年，银川河东国际机场年旅客吞吐量突破 600 万人次大关。

（五）全域旅游项目开工率稳步前行

2016 年，"全区开工建设旅游项目 172 个，完成投资 128.44 亿元，与上年同比分别增长 34.40% 和 36.99%；为全区 9 个旅游项目成功申请 2016 年前两批国家专项建设基金 3.22 亿元；已建成投入运营 15 个自驾车营地，正在建设的自驾车营地 41 个"①。2017 年，"全区开工建设旅游项目 234 个，完成投资 175 亿元，项目开工数和完成投资分别同比增长 36.1%、36.3%。全区财政性旅游投资 4.6 亿元，撬动社会投资 170 亿元"②。截至 2018 年上半年，"全区开工建设的旅游项目为 168 个，完成投资 46.95 亿元，项目开工数与完成投资分别同比增长 41.01% 和 36.87%"③。

截至目前，全区开工建设旅游项目 168 个，完成投资 46.95 亿元，项目开工数和完成投资分别同比增长 41.01%、36.87%，有力地带动了商贸、餐饮、住宿、运输等行业的发展。

（六）旅游宣传营销力度持续加大

宁夏在创建全域旅游示范省区的进程中，在旅游营销上补短板，在旅游营销关键环节上下功夫，创新思路、广辟渠道，持续加大旅游宣传营销的力度。一是旅游营销资金的加大。2018 年，"宁夏投入旅游营销宣传费用增加到 1 亿元，投入 3100 万元制作旅游标识标牌"④，新修改出台"引客入宁"奖励优惠政策，安排 1000 万元专项资金奖励"引客入宁"，激励区内外旅游企业宣传推广宁夏旅游。二是积极利用媒体力量，加大宣传声势。与同程、携程、京东、途牛等旅游线上平台积极对接，开展线上旅游营销，利用微博、微信、微电影等策划形式多样的微营销活动，强化"两微一网"宣传，加大在央视等主流媒体的宣传力度，使"冬天可以去海南，夏天一定来宁夏"、"让我们去宁夏，给心灵放个假"、"有一个景区叫宁夏"的旅游营销形象声入人心。三是组织开展大型旅游综合营销活动，使宁夏旅游走向大江南北。依托银川国际汽车摩托车旅游节、沙坡头大漠黄河国际旅游节、

① 《全域旅游激活大产业：2016 年宁夏旅游发展十大亮点》，《宁夏日报》2016 年 12 月 30 日。
② 徐晓平：《坚定不移走好全域旅游发展新路子奋力迈向优质旅游发展新时代——2018 年全区旅游工作报告》，自治区旅游发展委员会宁夏旅游政务网，2018 年 1 月 16 日，http：//www.nxta.gov.cn/tjgb/9738.jhtml。
③ 徐晓平：《2018 宁夏旅游：奋力开创全域旅游发展新局面》，中国网，2018 年 7 月 11 日，http：//travel.china.com.cn/txt/2018-07/11/content_56235030.htm。
④ 王涛：《宁夏：用全域旅游"金扁担"挑起幸福生活》，《中国旅游报》2018 年 1 月 1 日。

世界电子竞技大会、2016 中美旅游高层对话、第九届全国花卉博览会、2017 中阿旅行商大会（有 34 项合作协议落地实施）、"沙与海的对话"主题活动、宁夏－台湾旅游文创交流、"有个景区叫宁夏——2018 年景区推介及产品政策发布会"、赴国内 30 多个主要客源地开展 70 余场宣传促销活动，组织宁夏业界走出去赴港澳台、东南亚（2017 年东南亚入境游客增长 150% 以上）等客源市场开展宣传推广等系列活动，聚宁夏旅游之气。

（七）引导宁夏旅游商品的研发，促进旅游商品的丰富性和提档升级

宁夏在 2016 年举办的海峡两岸旅游文创产品大赛和 2016 年中国特色旅游商品大赛中，获得 3 个银奖和 4 个铜奖；2016 年依托宁夏有礼文化旅游产业有限公司，成立了宁夏旅游商品研发中心，同年，共研发完成 7 个系列近 50 余款旅游商品，其中"倾城"羊绒围巾产品、"匠心"宝石组合产品入围 2016 世界工业设计大会暨 2016 年中国优秀工业设计优秀作品奖；2016 年底，自治区旅游发展委员会对五市旅游商品研发成绩突出的 5 个旅游商品研发基地给予了资金支持；2016 年，宁夏先后举办了首届十大金牌旅游小吃暨金牌中国旅游小吃宁夏区评选活动。宁夏 7 道特色旅游小吃成为首届中国金牌旅游小吃。2017 年，为进一步引导旅游商品的研发、生产和销售，促进全区旅游商品的发展，制定出台了《关于促进宁夏旅游商品发展的实施意见》；通过举办"2017 宁夏旅游商品文创季"，在 2017 年首届宁夏旅游商品创意设计大赛上，从提交的 3100 余件作品中，最终评出 1 件金奖、1 件特别奖、7 件银奖、10 件铜奖。

（八）旅游市场主体力量加强

自治区为探索改革景区旅游资源一体化的管理，将国有旅游企业的景区所有权、管理权和经营权分离的改革作为加强旅游市场主体力量的突破口，实施国有旅游企业的改制。2016 年以来，宁夏旅游投资集团及五市旅游投资集团组建运营，有效解决了旅游发展多头管理、各自为政、政企不分等瓶颈问题，提高了国有旅游企业市场化运营程度。

（九）厕所革命初见成效

2013 年，自治区先后出台了《宁夏旅游"厕所革命"实施方案》和《宁夏旅游厕所管理办法（试行）》，启动了宁夏旅游厕所革命。"从自 2013 年到 2016 年，自治区和各市、县、区财政投入厕所革命专项资金 8688 万元，带动全社会投入厕所革命专项资金超过 3 亿元。全区新建改建标准化旅游厕所 401 座。其中旅游景区标准化厕所补贴 242 座，4A 级以上景区厕所达标率100%，3A 级以上景区厕所达标率90%以上，并明确提出 2017 年底，新建改造乡村旅游点厕所 135 座"①。2017 年，新建旅游厕所 194 座。2018 年底，全区 A 级旅游景区、四星级以上农家乐厕所全部达到国家 A 级标准。

（十）乡村旅游发展助力全域旅游

宁夏通过实施全域旅游战略，乡村旅游已经成为宁夏休闲旅游和假日消费的新亮点，我区乡村旅游正在从初级粗放式的农家乐向乡村旅游示范点、乡村旅游景区这样的更高阶段旅游模式转型升级。"近 3 年来，宁夏共安排专项资金 1.2 亿元用于乡村旅游公共服务设施提升和旅游扶贫富民项目。2017 年，宁夏乡村旅游共接待游客 712.4 万人次，实现经营收入 4.4 亿元，同比增长 23%与 13%"②。2018 年，为贯彻乡村振兴战略，进一步提升全域旅游发展水平，宁夏 14 个部门联合印发《促进乡村旅游发展提质升级行动方案（2018）》，该《行动方案》确立的行动目标是"争取 2018 年接待游客人数超过 860 万人次，乡村旅游总收入超过 5 亿元"。

三　对宁夏创建国家全域旅游示范区的思考

以加快全域旅游示范区建设为契机，实现旅游业的转型升级，满足人民

---

① 《宁夏深入持久开展厕所革命》，《中国旅游报》2017 年 8 月 4 日。
② 《宁夏：乡村旅游转型升级助推全域旅游发展》，《中国旅游报》2018 年 6 月 5 日。

对美好生活的需要，这是新时代赋予旅游业的新任务、新目标。《自治区"十三五"全域旅游发展规划》中提出，到 2020 年，要将宁夏创建成为国家全域旅游示范省区。笔者就如何借力全域旅游示范区创建，尽快实现不同阶段设定的全域旅游规划目标的切入点和突破点进行了如下的思考。

（一）加快旅游商品资源的资本化速度，提高旅游购物在旅游收入中的比重

旅游购物作为全域旅游发展的重要一环，不仅是满足游客购物需求、拉动旅游消费的重要途径，也是培育新的旅游经济增长点的重要途径。目前，我国旅游购物平均水平为 20%，旅游经济发达省份为 30% 以上。在旅游业发达的国家和地区中，旅游购物的比例一般占旅游总收入的 40% 以上。但旅游消费的购物环节，一直以来是宁夏旅游业发展的薄弱点，根据《2015年宁夏旅游经济发展统计公报》和《2016 年宁夏旅游经济发展统计公报》中公布的数据，国内游客在宁夏的旅游消费支出中，2015 年和 2016 年购物支出分别占 14.8% 和 14.62%。宁夏旅游商品资源非常丰富，如"宁夏酿酒葡萄种植面积达到 53 万亩，占全国的 1/4；宁夏枸杞种植面积达到 90 万亩，占全国枸杞种植面积的 45% 以上，枸杞干果总产量 8.8 万吨，约占全国总产量的 55%；中国 60% 羊绒来自宁夏……"[1]。虽然近年来，宁夏以实施"十百千万工程"为突破口，从突出地域特色、突出文化特色、突出大众参与特色三个方面，加大旅游商品研发、推广力度，并通过培育旅游商品研发基地、十大旅游商品精品店、十条旅游商品街、百名旅游商品开发带头人、千名旅游商品致富能手等方式，以期实现宁夏旅游商品发展的新突破，但成效并不显著。目前，"宁夏有旅游商品生产企业 200 余家，旅游商品销售企业 500 多家，旅游商品企业销售额每年以 10%～15% 的速度递增"[2]，但宁夏能为游客提供的旅游商品种类还比较单一、品质还亟待提升，游客购

---

① 王涛：《把旅游业融入全局在山水间种出财富》，《中国旅游报》2017 年 11 月 23 日。
② 《从"景点旅游"走向"全域旅游"——宁夏旅游业五年发展回顾》，《宁夏日报》2017 年 6 月 1 日。

买旅游商品的可选性不多，大多集中在枸杞，旅游商品仍然是宁夏发展全域旅游的"短板"。根据 2015 年和 2016 年宁夏旅游经济发展统计公报数据，2015 年和 2016 年游客在宁夏购买枸杞分别占 44.2% 和 42.14%，枸杞依然是游客最感兴趣的旅游商品。为了让这一薄弱点成长为宁夏未来旅游经济的增长点，必须尽快建立鼓励、激励旅游商品研发、创新的体制机制。坚持宁夏特色，把握市场定位，创新运营模式，广开销售渠道，为宁夏发现、培育、打造一批游客喜欢、有市场潜力、能代表宁夏文化特色的多元化、多样化的"必购"旅游商品，加快宁夏旅游商品提档升级，尽快提高旅游购物在旅游收入中的比重。

（二）宁夏亟待以提升旅游综合体、集聚化的发展水平改变旅游门票经济的现状

旅游由纯观光到综合休闲度假，景区由单一开发到综合开发，这是旅游发展到一定阶段特有的消费模式，这种旅游消费模式的转换推动了旅游综合体的出现。作为聚集综合旅游功能的特定空间，旅游综合体也是一个旅游产业聚集区。全域旅游实现从单一景点景区建设和管理到综合目的地统筹发展转变、从门票经济向产业经济转变的这一过程，其实就是从单一景区走向旅游综合体和产业集聚的过程。从我国目前旅游业发展现状看，旅游集聚化水平的高低也成为衡量旅游业发展水平高低的一个重要标杆。目前，我区旅游业门票收入占比高，多数景区还处于"门票经济"阶段，相关业务、增值服务的收入不多，休闲度假类产品、田园综合体项目还在形成过程中，旅游重大项目中休闲度假类产品仅占 20% 左右，观光旅游产品占主导的格局还未发生根本性转变。从宁夏整体旅游产业发展情势分析，产业综合体化、集聚化的低水平，直接影响着旅游业经济效益的产出。为推动旅游业的转型升级，宁夏在集聚、集群化发展方向上更需要进一步摸索和总结。一是应以吃、住、行、游、乐、购的旅游基本要素和商、养、学、闲、情、奇的旅游拓展要素作为旅游的基本发展要素，通过提升产业的集聚化水平，形成集聚企业群体之间纵横交错的网络关系和空间集聚体，有效降低企业的交易成

本，克服多层次组织的低效率弊端。二是在探索实践集聚化发展模式的过程中，应以龙头企业带动促进产业集聚化，以创新驱动促进产业高端化，推进旅游产业的转型升级。三是要努力培育集聚、集群化旅游品牌，树立整体旅游新形象，以推动全区旅游产业集聚、集群化发展。

（三）挖掘乡村旅游潜力，加快宁夏全域旅游示范区的建设

全民、全时、全业、全景以及共建共享是全域旅游全新的发展理念，通过发展乡村旅游、旅游扶贫可以改善宁夏旅游发展不充分不均衡、城乡二元结构的现状，实现乡村振兴的目标。"2017年1~9月份，全区乡村旅游累积接待游客560.74万人次（未去重，仅为简单加总），实现营业收入3.57亿元（不含住宿等其他消费），同比分别增长24.98%和21.07%，双双实现大幅增长"[1]。由此可以看出，宁夏乡村旅游市场潜力巨大，有待于通过全域旅游示范区的创建，快速推进。目前，宁夏乡村旅游正处于规划、布局以及基础设施建设的初级发展阶段，如自治区规划建设的重点旅游村镇、特色旅游小镇、农家乐、乡村民宿等都以效仿性、探索性方式在进行，为了更好地推动这些小镇、民宿、农家乐的发展，宁夏应重点以实施品牌战略为突破口。实施乡村旅游品牌战略可以有效解决乡村旅游产品同质化的趋向。如乡村旅游资源的开发、旅游商品的生产、旅游路线的设计等，通过乡村旅游品牌战略的实施，逐步由模仿复制转向精品化、品牌化，从而造就出只属于乡村的差异化个性化的旅游品牌。

（四）快速改善旅游交通体系中的短板，推进快进漫游的实现

提升人流的流动基数和加速人流的流动速度是推动旅游业快速发展的首要任务，旅游的发达程度与为游客提供一个便捷、舒适的交通系统息息相关。宁夏"铁、公、机"大交通格局日益优化，特别是公路和航空客运量

---

[1] 《2017年三季度全区旅游统计报告》，自治区旅游发展委员会宁夏旅游政务网，2017年10月10日，http://www.nxta.gov.cn/tjgb/9738.jhtml。

增长速度以及客运周转量都明显高于铁路，但宁夏铁路建设发展明显滞后，高铁尚未建成，普通铁路虽然冠名特色上有所突破，但侧重于营销宣传，这些线路速度慢、运行周期长，严重影响了远程客源到宁夏旅游愿望的实现，在很大程度上影响了人流的流动基数和流动的速度，已经成为制约宁夏旅游发展和快进漫游发展理念的关键因素。宁夏铁路外联应以提速、缩短远程游客的路途时间为突破点，推动快进漫游的实现。

（五）大力开拓入境游市场，以旅游经济国际化推动全域旅游示范区建设

从旅游收入和旅游人次看旅游市场，宁夏旅游市场虽然整体持续稳步发展，旅游总收入和旅游人数持续稳定增长，但旅游客源市场结构不均衡，国内旅游市场无论是从收入还是人次上，所占旅游业的比重超大，是拉动宁夏旅游业的主体市场，出境游和入境游只是旅游市场的点缀，对旅游业的贡献率极低，特别是境外游客比重仅为 0.2%，远低于全国平均水平 0.3%。入境旅游市场是一个国家或地区旅游国际化程度的重要判断依据。"十二五"以来，宁夏入境游市场如表 1 所示，虽然旅游外汇收入和海外游人数呈逐年上升趋势，但在旅游总收入和旅游总人次中的占比明显偏弱。目前入境游市场正处于转型升级的关键期，需要大力开拓。一是目前入境游市场较过去散客更多，团队更小，单项服务增多（如签证），入境自由行游客增多，需求碎片化，定制游有所增加，面对入境游游客消费需求的新变化，应以境外签证中心、境外旅行社为依托，实现销售前移，为入境游客提供菜单式的旅游服务。二是借力国家"一带一路"旅游合作、中阿旅行商大会等，逐步消除发展的制约因素，加大新兴市场的开发力度；三是线上旅游已经成为现阶段人们进行旅游消费的主要渠道，因此，加大线上旅游平台的建设投入，用不断完善的入境旅游电子商务平台，并融合线下资源，全面提升入境游市场；四是在锁定目标市场并做了深入研究的基础上，以针对性的创新产品，开展目标市场的营销和宣传推广力度，拓展海外营销渠道，提高在国际上的知名度与影响力。

表1 宁夏"十二五"以来入境游数据一览

年度	旅游总收入 （亿元）	旅游外汇收入 （万美元）	游客总人数 （万人次）	入境游客人数 （人次）
2011	84.21	619.57	1169.61	19479
2012	103.39	545.1	1340.89	18994
2013	127.30	1208.31	1820.42	25357
2014	142.70	1848.23	1674.99	33657
2015	161.30	2083.86	1839.48	37315
2016	210.02	4058.24	2159.95	104000
2017	277.12	3103.16	123600	
2018 年上半年	138.69	2315.23	1699.51	37900

资料来源：根据宁夏旅游经济发展统计公报（2011~2016年）及2017年、2018上半年全区旅游统计报告整理而成。

（六）寻找旅游用地的创新驱动之策，加快全域旅游示范区的创建

随着宁夏依托十大工程100个支点推进全域旅游示范区创建，这100个支点中有很多方面都会涉及旅游用地的事项，如基础设施建设、旅游项目建设与生态保护等，以及乡村旅游、农业休闲旅游等，各种类型的旅游用地需求急剧增长，旅游用地供需方面存在的问题将会日趋凸显，解决好旅游用地问题，明确全域旅游发展中旅游用地的路径和方向，这是关系宁夏旅游业自身持续健康发展和全域旅游示范区创建成功的重大问题。近年来，国家出台了一系列支持旅游业发展用地的政策性文件，特别是2015年出台的《关于支持旅游业发展用地政策的意见》（以下简称《意见》），进一步明确了旅游用地的操作层面的问题。在新形势新常态背景下，旅游用地面临着一些实践层面的操作问题，这需要针对旅游用地政策的系统化、配套化及落地路径等进行系统思考和改革创新探索。自治区政府应在准确把握旅游业相关用地政策的主要内容和精神实质的基础上，以创新驱动的开拓精神，用好这些政策，将国家这套指导性政策，细化成地方可操作性政策。要敢用、会用、善

用该《意见》，将《意见》精神贯彻落实到实践层面，关注全域旅游示范区创建中的旅游用地上的创新实践，并积极协调各市县在旅游用地中遇到的各种问题，真正将旅游用地政策的优化与宁夏区域旅游业发展的诉求真正匹配起来，切实解决好旅游用地供需矛盾、集约节约使用土地等问题。一是要避免旅游用地规划与土地、城建、林业、环保、文物等相关规划不衔接的问题；二是要解决好旅游用地计划指标问题、用地审批问题、创新旅游扶贫用地政策等；三是自治区在制定旅游规划以及招商引资中，应避免旅游用地政策和用地供给方面产生的信息不对称，提高引资落地率；四是结合旅游发展实际需要将改革方向在操作层面上予以落地，如主动选择旅游区域进行一些旅游用地改革创新试点或是在其他领域的土地改革试点中满足旅游业发展的特定需求；五是用好用足国家支持乡村旅游发展的土地政策，深化和出台切实可行的具体措施，盘活农村土地政策，使土地成为促进乡村旅游发展的现实活跃因素，保障农民在土地流转价格和长期收益等方面的核心利益。

B.20

青海省加快推进向生态大省
生态强省转变：意义、路径及展望

苏海红　张明霞　李婧梅*

摘　要：　青海坚持生态保护优先，推动高质量发展、创造高品质生活
　　　　　的部署，既是从青海是我国重要的生态安全屏障角度出发，
　　　　　也是新时代特色社会主义背景下，青海生态文明建设迫切的
　　　　　形势下，向生态大省、生态强省转变，建设美丽新青海的必
　　　　　由之路。因此，要在生态系统保持动态平衡的基础上，促进
　　　　　绿色发展，强化政府责任、培育生态文化，实现青海绿色崛
　　　　　起。

关键词：　青海省　生态文明　生态强省

　　"青海最大的价值在生态、最大的责任在生态、最大的潜力也在生态"，
对于青海而言，生态保护和经济发展一脉相承。从全国经济总量占比、产业
规模和人均收入水平等经济指标比较，青海是经济小省。但是，青海独特的
地理位置、丰富的自然资源和重要的生态功能，又决定了它是全国重要的生
态大省。加快推进从经济小省向生态大省、生态强省转变是青海人民做出的

---

* 苏海红，博士，青海生态环境研究中心特聘专家，研究方向：区域经济、生态经济，研究员；
张明霞，青海省社会科学院生态环境研究所，博士，研究方向：生态环境、生态经济，副研
究员；李婧梅，硕士，青海省社会科学院生态环境研究所，研究方向：生态环境、生态经济，
助理研究员。

对历史、对民族负责任的战略选择。青海省委十三届四次全体会议做出"一优两高"战略部署，就是要以习近平新时代中国特色社会主义思想为指导，以生态文明理念统领青海省经济社会发展全局，坚定不移地走高质量发展和高品质生活之路。

一 青海建设生态大省、生态强省的战略意义

青海战略地位独特，是我国重要的高原生态安全屏障。青海省委做出"一优两高"的战略部署，加快推进青海由经济小省向生态大省、生态强省转变将打破困局，促进青海积极走生产发展、生活富裕、生态良好的文明发展道路。

（一）加强生态大省、生态强省战略是筑牢我国生态安全屏障的紧迫要求

青海雄踞世界屋脊，是中华水塔、三江之源，是我国生态安全的重要屏障，其生态文明建设不仅关系青海自身发展，还关系着全国的可持续发展和中华民族的长远发展，乃至全球的生态安全。保护好生态环境是青海对国家和中华民族的重要责任、重大贡献。探索处理好保护与发展的关系，努力以最小的生态环境资源代价支撑更长期和更高质量的发展，是筑牢我国生态安全屏障的紧迫要求；不断完善好生态保护体系，夯实青藏高原生态安全屏障基础，有利于巩固和扩大生态保护建设成果。

（二）向生态大省、生态强省转变战略是加快转变发展方式的现实途径

随着全球经济的深度调整和我国经济进入转型期，迫切需要青海加快转变发展方式，以生态文明理念统领经济社会建设。青海把推进绿色循环低碳发展作为实现发展方式转变的途径，在更大范围、更广领域、更高层次的深入实施资源转换战略，发挥比较优势，提升产业水平，调整经济结构，转变

发展方式，切实提高发展的质量和效益。加快推进从经济小省向生态大省、生态强省转变，把生态文明建设放在更加突出的战略位置，以生态文明的理念统领经济社会发展全局，探索实施资源转换战略，大力发展循环经济，既提高青海地区的现代经济竞争力，又避免走传统经济发展方式导致生态环境恶化的老路，切实提高发展的质量和效益。

（三）加强生态大省、生态强省助推富裕文明和谐美丽新青海战略目标的实现

加快从经济小省向生态大省、生态强省转变，着力点在加快转变上，加强生态大省、生态强省建设。随着经济社会发展，人民群众对提高生活质量、改善生态环境提出了更高要求。生态文明建设事关人民群众切身利益，影响社会和谐稳定。加强生态大省、生态强省是一项重要的民生工程和民心工程，应本着对保障人民群众生存权和发展权高度负责的态度，践行以人为本的发展理念，促进生态环境持续改善，为人民创造良好的生产生活环境，有利于增强群众对党和政府的信任与支持、增强群众之间的团结和中华民族的凝聚力，进而推动在新的起点上开创富裕文明和谐美丽新青海建设新局面。

二 青海向生态大省、生态强省转变的 SWOT 分析

随着国家生态文明战略的深入推进，青海率先在全国探索出以生态保护优先理念统领经济社会全局，以绿色生态、可持续发展为导向走循环经济、现代农牧业发展道路，坚持保护中发展、发展中保护。同时，要建设生态大省、生态强省，青海仍需面对脆弱的生态环境、人口与资源矛盾尖锐等一系列问题。

（一）优势分析

1.生态文明的典型性和示范性优势
青海要坚持生态保护优先，推动高质量发展、创造高品质生活，就要把

生态文明建设体现在经济社会发展的方方面面，并以此增进人民福祉，满足人民日益增长的美好生活需要。而生态文明是人类从狩猎文明到农业文明、从农业文明到工业文明转型后的第三次转型。实践证明，从工业文明向生态文明转型远比农业文明向工业文明转型要困难得多，不仅要减少对自然生态环境的消耗强度，还要把自然生态环境作为市场要素纳入资本核算，对其利用要进行补偿，从而面临诸多市场阻力。而青海经济总量小，工业化发展程度较低，不少牧业区还没有进入工业化阶段，跨越发达国家、发达省市走过的工业文明道路，迈向生态文明，对推动高质量发展、创造高品质生活，阻力将更小，更便捷。

2. 生态环境友好、资源节约集约的绿色发展方式逐步形成

青海相继实施三江源自然保护区生态保护、三江源生态保护综合试验区生态保护、祁连山流域综合治理、退牧还草等草原重大生态工程，草原生态保护补奖机制全面建立并深入落实，重点区域草原生态逐步好转，将全面推动生态步入良性循环，筑牢国家生态安全屏障，成为全国优质生态产品的核心供应地区。多年的生态保护和建设工作，使青海生态环境逐渐变优变美。湿地面积跃居全国第一位，三江源头重现千湖美景，青海湖水域面积17年来最大，裸鲤资源量约为保护初期的30倍，长江、黄河干流、澜沧江、黑河出省断面水质持续稳定在Ⅱ类以上，湟水河出省断面Ⅳ类水质达标率为100%，全省地表水优良比例达94.7%。全省空气质量优良天数比例达到92.4%，西宁南北山森林覆盖率达到79%，[1] 城市生活污水处理率、生活垃圾无害化处理率分别达到78.02%和96.69%，节能减排成效明显。

目前，以循环经济、新能源、特色产业为引领的绿色发展模式已初具规模，绿色发展水平不断提高[2]。在国家循环经济发展先行区建设背景下，绿色产业格局初步形成，产业链条不断延伸，循环工业增加值占比达60%。"四梁八柱"生态文明制度不断完善。1200个高原美丽乡村建成，西宁市成

① 青海省人民政府：《2018年青海省政府工作报告》。
② 国务院新闻办公室：《青藏高原生态文明建设状况》白皮书，2018年7月18日。

为国家森林城市。人民群众绿色发展、生态文明意识越来越强，人民群众享受到了"生态红利"，"绿色获得感"更是逐步提升，使得青海生态文明建设布局不断完善，为青海推动高质量发展、创造高品质生活提供持续的支撑和动力。

（二）劣势分析

1. 资源环境约束，生态保护任务十分艰巨

青海地势高寒，气候恶劣，自然条件严酷，植被稀疏，是我国生态环境最为脆弱的地区之一，生态系统自我修复能力弱、自然恢复时间长，决定生态保护和恢复的艰巨性和长期性。全省近90%的国土面积属于禁止开发和限制开发区。农产品主产区中低产田面积大，高标准农田占比低，耕地质量水平总体不高，产量低而不稳，水土流失严重。重点生态功能区草地生态局部好转，但整体恶化的趋势尚未根本扭转，保护和建设草原生态的任务艰巨。农作物生长期长，工程施工期短，生产降效严重，导致各类生产经营成本高。生态主体功能区基本公共服务均等化水平低，贫困面广、量大、程度深，农牧民转产转业和增收难度大，加快发展和保护环境的矛盾突出。农业面源污染问题凸显，化肥、农药、农膜、畜禽排泄物和农牧业废弃物污染尚未得到全面有效治理。受自然条件和运行经费制约，农牧区生活垃圾和生活污水收集与无害化处理，仍是影响农村牧区环境面貌改善的主要因素。

2. 自身投入能力有限，生产要素创新力不足

青海近一半地域因生态保护和建设重任不考核GDP，绝大多数区域以农牧业为主，工业相对落后，经济发展基础薄弱且水平较低，财政自给率较低，全省地方财政80%来自转移支付。受自然环境和发展基础薄弱等的制约，人才、资金、技术、信息等作为重要的生产要素，在青海都较为匮乏。加之对技术和管理没有展开充分的利用，人才和资金的潜力作用尚未完全挖掘，在科技、研发、信息等方面投入不足。发展基础薄弱、生产要素创新力不足，不仅是青海经济社会发展的短板，与全国同步进入小康社会变得较为艰巨。

（三）机遇分析

1. 向生态大省、生态强省转变的政策支持程度较高

一直以来，党和国家高度重视生态文明建设，党的十八大要求将生态文明放在突出地位，融入经济建设、政治建设、文化建设、社会建设各方面。全国要在优化发展格局、节约资源能源、保护生态环境、应对气候变化上实现突破，明确了建设方向和工作重点。党的十九大做出中国特色社会主义进入新时代的科学论断，开启全面建设社会主义现代化国家新征程，提出实施区域协调发展、可持续发展、乡村振兴等重大战略，做出推进西部大开发形成新格局等重大部署，将更加注重生态建设和环境保护，更加注重产业结构调整和自主创新，这些都着力提升西部地区发展保障能力、可持续发展能力、自我发展能力，将对青海省的生态大省、生态强省转变给予更多支持。

2. 生态保护优先理念日益明朗

从生态立省、"四个发展""三区建设""以生态文明的思想统领经济社会发展全局""以生态保护优先理念协调推进经济社会发展"到"四个扎扎实实""四个转变"等重大战略思想在青海的确立，再到省十三届四次全委会的"一优两高"，青海发展思路日益明朗，为人民谋福祉的道路不断优化，为青海生态文明建设实践，建设生态大省、生态强省提供了思想武器和行动指南，更为高质量发展创造高品质生活创新了条件。目前，生态保护优先理念在青海得到了广泛推行，并在青海规划编制、项目审批、工程建设、民众生活和政府监管等方面严格执行，成为指导青海经济社会发展的基本遵循。

3. 国家级综合试验区的建立为青海向生态大省、生态强省转变创造了条件

三江源国家生态保护综合试验区的建立，目的是在黄河、长江、澜沧江三条江河的源头地区，形成符合当地功能定位的保护发展模式和科学方法手段，形成生态保护、民生改善和经济社会统筹发展的政策措施和体制机制，实现三江源区生态系统良性循环、人与自然和谐，构建高原生态安全屏障，加快生态文明建设，促进全国社会持续发展。柴达木循环经济试验区、西宁

经济技术开发区作为国家循环经济示范试点园区，经过多年的发展，产业布局趋于合理，基础设施不断完善，不仅逐步成为青海省发展循环经济新的增长极，更是在资源节约集约利用方面起到了示范带动作用。这些试验区的设立使青海在生态建设、环境保护、应对气候、绿色经济、制度建设等方面实现先行先试具备了基础和条件，标志着青海省从经济小省向生态大省、生态强省转变的一些重要领域已纳入国家发展战略。

（四）面临的挑战

1. 制度体系尚未建立，机制亟待创新完善

目前青海发展主要依靠国家投入，投资渠道单一，缺乏多元化、长效的投融资机制和市场投入机制。制度建设很不完善，主体功能区规划尚未全面落实，资源节约集约使用、自然资源监管、生态补偿等制度尚未建立，生态大省、生态强省建设方面还面临诸多体制和制度障碍。科技研发水平还较低，缺乏高层次人才，支撑能力难以满足生态文明建设的需要。制定生态文明建设考核目标体系和绿色发展指标体系推广时间短，效果尚未显现。加之如何建立生态补偿机制、如何建立生态环境产权维护机制、如何考核生态环保和社会事业指标等难题的破解，迫切需要实施制度创新，真正建立完善制度体系。

2. 绿色发展任重道远，可持续发展能力不高

绿色发展是生态文明建设的重要内容。面对不可代替的生态地位、生态功能，青海依托柴达木和西宁市两个国家级循环经济试验区的发展，大力推进转型发展，创新发展模式，积极发展循环经济，尽管绿色发展方面走在了西部前列，但由于青海正处于起步阶段，长期以来产业结构的不合理，传统生产方式、生活习惯和消费观念短期内改变难度大，发展不足和保护不够的问题同时并存，可持续发展能力不足，要实现全面的生态转型任重道远。

3. 工业园区环境基础设施薄弱，环境污染管控滞后

截至 2017 年 12 月，中央环保督查结束时，全省 16 个省级以上工业园区中，只建成 7 家污水处理厂，且仅有 3 家投运。甘河工业园区一些企业大

气污染防治设施不健全，企业无除尘设施、脱硫系统腐蚀严重，二氧化硫长期超标排放；一些企业未按要求建成燃煤锅炉脱硝设施。民和、乐都工业园区普遍存在浇铸环节未按要求建设烟气集中收集设施，无组织排放严重等问题。同时，部分企业环境管理水平低、治理能力弱，柴达木工业园区部分企业，2017年以前二氧化硫等污染物长期严重超标排放，超标率高达90%以上；还有部分企业烟粉尘无组织排放严重，蒸氨废水未经处理直接用于熄焦，生态环境治理任务艰巨。

三　青海从经济小省向生态大省、生态强省转变的路径

青海作为经济社会发展较为滞后的地区，在生态保护、循环经济发展、应对气候变化、制度建设改革等方面有后发优势，是通过生态保护推动高质量发展、创造高品质生活较为优化的路径。

（一）保证各自然生态系统功能稳定发挥

1. 维持生态系统动态平衡

保持生态良好是青海向生态大省、生态强省转变的重要基础，更是青海对国家生态文明建设大局的最大贡献和重要职责。要保持生态系统的动态平衡是建设生态大省、生态强省的基石，从这个角度来说，不论林业、水利行业，还是环保、建设部门，要形成一个共识，即维持生态平衡是建设生态强省的基线，各行各业要在生态系统可承载的范围内生产活动，在生态系统可支撑的极限内消耗资源。划定并保护好饮用水源地，重视山体形貌维护、植被修复养护，慎砍树、禁挖山、不填湖、少拆房，不人为取直道路，不盲目改变河道流向。

2. 统筹推进"山水林田湖草"系统治理

山水林田湖草是一个生命共同体，通过青海省重大生态保护工程：三江源、祁连山、青海湖、柴达木和河湟地区五大"生态板块"内重要生态系统保护和修复重大项目，着力构建"一屏两带"的生态安全屏障格局，将

全省的生态建设重点转向优化生态系统结构、提高生态环境承载力和生态产品供给能力，实现生态功能稳定发挥、资源节约集约利用、环境治理质量提升、国土绿化率不断增高、生态制度构建的目标。继续实施重点生态保护和建设工程，同时，以三江源、祁连山国家公园体制机制改革试点为抓手，完善自然资源管控制度，健全河流湖泊、森林草原、湿地耕地休养生息制度，不断改善生态环境质量，提升生态服务功能输出的稳定性。组织实施好青海祁连山山水林田湖草生态环境保护试点，统筹自然与经济社会协调发展、统筹水域与陆域生态系统保护与修复、统筹城镇与乡村突出环境问题解决，大力实施生态安全维护、生态功能提升、国土整治优化等工程。

（二）促进绿色发展

1. 积极推进产业转型升级和结构调整

从严落实国家和青海主体功能区规划，根据五大生态功能板块要求，建立产业准入负面清单，严把项目准入关，严守资源消耗上限、环境质量底线、生态保护红线，严控高能耗、高排放以及产能过剩行业发展和低水平重复建设，从源头上控制环境污染和生态破坏。三江源、祁连山及环青海湖地区在进一步加强生态环境保护和建设，实现生态环境明显改善的基础上，积极推进生态有机畜牧业、生态旅游业以及高原民族特色文化产业。河湟地区以全面改善环境质量，着力改善人居环境为目标，继续实施环境综合治理，推进服务于全省经济社会发展的新兴产业发展；柴达木地区以水资源安全保障和荒漠化生态环境保护为前提，以资源科学有效开发为基础，积极发展盐湖资源、油气化工、新能源、新型材料、特色生物等互为融合的循环产业，以及旅游文化等绿色产业，推进绿色低碳循环产业发展。

2. 构建绿色发展体系

青海作为我国后发展地区，不能走先污染，再治理的老路，也不能放弃经济发展，而应该走绿色发展的道路，使生态环境保护、经济发展、民生改善相互促进，破解生态与发展问题、推动经济高质量发展。作为全球最洁净的地区之一，目前青海转变发展方式不仅要减少资源消耗，更要注重生产效率，使目前发展方向向生态经济、绿色经济、生态产业、清洁生产、循环利用转型。财政、金融、税收、投资、土地、环保、工业、农牧业、能源、基础设施等要素都应向生态经济、生态文化、生态保护等方面倾斜。走绿色发展的道路，在绿色生产、绿色消费、绿色环境、绿色民生和绿色政策等五个方面的构建生态大省、生态强省的脉络，使生产生活和消费方式绿色化、生态化，同时在政府、企业甚至全社会生产、生活各个层面都要推行绿色发展。制定绿色发展的制度安排和路线图，涵盖经济增长、环境保护、社会和谐等可持续发展的关键因子，有规划、有步骤、分阶段实施。

（三）强化政府改善生态环境的责任

1. 推动经济社会发展顶层设计向建设生态大省、生态强省的转变

青海从经济小省向生态大省、生态强省转变，不仅是对青海生态保护重点区域的传统思想一次质变，而且是对青海产业结构、生产模式和消费模式等的一次挑战，客观上要求启动相应的改革措施。要彻底改变长期形成的重经济指标、轻生态环保，投入与经济建设的格局还需要一定时间和实践检验。对此，要尽快将制度建设与实施纳入各级政府议事日程，为青海省向生态大省、生态强省转变提供理论支撑。强化政府改善生态环境的责任，充分运用价格、税收、财政、信贷、收费、保险等经济手段，调节或影响市场主体的行为，实现经济发展与环境保护的协调发展。

2. 把资源消耗、环境损害、生态效益纳入经济社会发展评价体系和政绩考核体系

一是探索设立多元考核主体，建立体现生态文明要求的目标体系、考核办法、奖惩机制，将政府考核、公众考核以及专家考核结合起来，将自上而下的考核和自下而上的考核结合起来，逐步建立健全一套政府主导、公众参与以及过程透明的民主协商机制，充分发挥民间组织、大众传媒以及人民群众的作用。二是根据生态建设具有投入多、见效慢、效果难以量化的特点，参照国际生态建设指标体系，合理设置生态文明创建指标，探索生态文明追

踪考核制度，解决政绩考核周期与生态考核周期错位问题，有力撬动各级政府创建生态文明的主动性和能动性。

3. 建立环境保护督察常态化机制

不断完善省级环境保护督察制度，运用督察、交办、巡查、约谈、专项督察"五步法"，对地方党委、政府及负有环境保护责任的重点部门开展专项督察，重点督察各地、各部门贯彻落实党中央、国务院和省委、省政府决策部署，推动问题整改得到切实解决。

（四）大力支持培育全社会生态文化的形成和发展

千百年来，在青海这片神奇的高原上，草原文化、农耕文化与民族文化相互包容和促进，是尊重自然、顺应自然、保护自然的生态文明理念的基石。对此，汲取中华文化和全人类文明成果中人与自然和谐共生的生态智慧和生态哲学思想，发扬青海农耕文化、草原文化、昆仑文化、民族文化的原生态性、共生性，深度挖掘和传承特色文化，建立多元的生态文化体系，有机互补生态文化与高原文化中对建设生态大省、生态强省有益的部分，拓宽生态文化外延，突出地域与民族特色，丰富文化内涵。以培育和践行社会主义核心价值观为根本，强化人民的生态忧患意识和环境保护意识，引领人们尊重自然、敬畏自然，负起对自然环境的道德责任，提高生态素养，确立生态伦理道德观，推广绿色低碳消费模式，发扬勤俭节约的优良传统，倡导绿色生活方式。

四　展望

青海"一优两高"全面贯彻"四个扎扎实实"重大要求，坚持新发展理念，紧扣我国社会主要矛盾转化在青海的具体体现，深入实施"五四战略"，以生态文明理念统领经济社会发展全局，走高质量发展和高品质生活之路。面对机遇和挑战，青海有发展基础，就是要凝聚和团结一切智慧与力量，建设更加文明富裕和谐美丽的新青海。

（一）新青海建设取得重大进展

青海实施从经济小省向生态大省、生态强省转变后，建成生态文明先行区，各类资源消耗强度显著下降，实现减量化、循环永续利用，经济活动和社会消费回归到生态环境承载范围内，物质流、能量流在自然资源系统与社会经济系统之间建立起有序的反馈和代谢机制。

（二）主体功能区布局基本形成

形成以三江源草原草甸湿地生态功能区为屏障，以祁连山冰川与水源涵养生态带、青海湖草原湿地生态带为骨架和禁止开发区域为重要组成部分的"一屏两带"为主体的生态安全格局。建成"三大区域"的"六大区域"农牧业发展格局。即以东部农业区、柴达木绿洲农业区、青海湖周边农业区为主的种植业"三大区域"和以青南地区、环青海湖地区、东部地区为主的畜牧业区域。形成以兰青和青藏铁路线为主轴；以西宁为中心、海东为重要组成的东部城市群；以格尔木和德令哈为重心的柴达木城乡一体化地区；以玉树、海晏和玛沁等城镇为重要节点的"一轴两群（区）"城镇化工业化格局。

（三）生态安全屏障进一步巩固

"五大生态板块"：三江源、青海湖流域、祁连山、柴达木盆地、湟水流域和黄河谷地，通过结合自然修复和工程建设打造完成，青海省生态保护建设取得明显成效，生态安全屏障进一步巩固；草原、森林和湿地生态系统稳定持续地提供优质生态产品；生态监测预警体系趋于完善，夯实了生态保护和建设的基础，生态环境整体退化趋势得到根本遏制，"中华水塔"坚固丰沛。

（四）生态产品生产能力大幅提升

青海省生态环境保护和建设力度不断加大，各项活动逐步回归到生态系统可承受范围内，人为导致的气象灾害、植被退化、土壤沙化、荒漠化、冰川和水环境变化等现象得到有效遏制，水源涵养以及调节气候的作用持续发挥，生态系统自身调节能力增强，生态环境稳定。

（五）循环经济发展成为主导模式

在生态系统承载力范围内，青海生态资源优势得到充分发挥，经济发展方式转变步伐加快。按照循环经济理念建立起低投入、低排放、高效益的生态产业体系，产业链条延长，产业之间实现共生耦合，减小资源能源投入而增大生态经济与产出效益。社会普遍采用循环经济和清洁生产模式，实现资源循环永续利用。

（六）人居环境明显改善

青海省按照全方位、多层次和高起点的人居环境发展原则，实施科学、合理、有序的城乡建设规划，优化居民生产生活空间布局，在保留原生态自然特色风貌与人文遗存基础上，通过绿色城镇化等改善城乡人居环境。依照生态学和美学等原理，针对居住区实际情况和居民需求，打造出既能反映传统人居文化思想又能满足现代人生活需要的现代居住区，实现城镇、社区、牧户、村庄、交通沿线等生态环境的恢复和重建，促进居住环境与生态环境的高度和谐。

（七）生态文明制度先行先试取得重大成果

形成具有地域特征、可推广可示范的系统实施生态保护与修复的治理模式，在生态监测网络建设、生态红线划定、自然资产负债表、自然资源价格评估和绿色考核等生态文明制度落地方面，探索出具有引领意义的工作机制和制度体系。在通过重点领域方面的改革带动生态文明制度体系整体协调推进，成为全国生态文明制度建设的典范。

（八）全民生态文明理念得到普及

青海省悠久的游牧文化与农耕文化交融，民族风俗中敬畏自然、保护草木、珍爱生灵等传统文化中的生态理念与善待自然、人与自然和谐共生的现代生态文化理念交融，已成为全社会的主流思想和价值取向。绿色、环保等生态理念融入社会发展与居民生活方式中，成为人们的行为准则和道德规范，社会文明程度进一步提升。生态环境保护和建设方面的法律法规进一步完善，人们的法律意识显著增强，全民生态文明理念得到普及。

参考文献

陈寿朋主编《生态文明建设读本》，浙江人民出版社，2010。

戴鹏：《青海省绿色发展水平评价体系研究》，《青海社会科学》2015年第3期。

马洪波：《青海建设生态文明先行区的优势和途径》，《党的生活》2013年第6期。

人民论坛与青海省委党校联合课题组：《建设生态文明的"青海实践"》，《人民论坛》2014年12月下。

王全德：《努力实现"四个转变"的路径探讨》，《青海环境》2017年第6期。

苏海红、马生林：《加快青海全国生态文明先行区建设的实现路径及对策建议》，《青海社会科学》2013年第6期。

苏海红、毛江晖、李婧梅、王亚波：《习近平生态文明思想与青海生态建设实践》，《青海社会科学》2016年第5期。

苏海红、王成龙、李婧梅：《推动青海绿色崛起走向生态大省生态强省之路研究》，《青海社会科学》2017年第2期。

青海省人民政府：《青海省2018年政府工作报告》，2018。

青海日报社论：《奋力开启"一优两高"新征程　书写新时代新青海美好画卷》，2018年7月25日。

B.21
丝绸之路经济建设背景下的
霍尔果斯口岸发展研究

李　婷[*]

摘　要： 论文主要分析了中哈霍尔果斯边境合作中心物流机制的运行
　　　　 模式，并着重讨论边境合作中心作为整个丝绸之路经济带重
　　　　 要国际物流节点的可行性研究，最后提出边境合作中心物流
　　　　 活动的优化提升思路，为推进新疆对外开放、建设丝绸之路
　　　　 经济带核心区助力。

关键词： 新疆　霍尔果斯　边境合作　丝绸之路

　　2014 年 5 月，第二次中央新疆工作座谈会明确提出要把新疆打造成丝
绸之路经济带核心区，为新疆经济社会发展带来了全新的机遇。近年来，深
居亚欧大陆腹地的新疆发挥独特的区位优势和向西开放重要窗口作用，依托
新亚欧大陆桥，深化与中亚、南亚、西亚等国家物流合作，已成为丝绸之路
经济带上重要的中转集散地和物流大通道。

　　2017 年的新疆维吾尔自治区政府工作报告中对新疆加快丝绸之路经济
带核心区建设提出了专门要求，其中指出要加快推进商贸物流中心建设。新
疆维吾尔自治区发展和改革委员会和新疆维吾尔自治区商务厅联合编制的
《丝绸之路经济带核心区商贸物流中心建设规划（2016～2030 年）》指出：

---

　　* 李婷，新疆社会科学院农村发展研究所副研究员，研究方向：农村发展与农业经济。

要"强化霍尔果斯口岸通关能力，发挥经济开发区优势，加快霍尔果斯国门经济区、中哈霍尔果斯国际边境合作中心建设，大力发展国际商贸展销、国际中转和保税物流等业务，加快发展能源及装备物资、工程建材、工程机械、日用百货等商贸物流，创新物流金融等服务模式，打造我国向西开发开放国际商贸物流桥头堡"。伊犁哈萨克自治州党委、政府提出："举全州之力打响霍尔果斯品牌，进一步明确将霍尔果斯建设成为丝绸之路经济带核心支点排头兵和国际物流港、国际金融港、国际航空港、国际信息港和国际旅游谷先行区"。在新疆维吾尔自治区层面的商贸物流业发展规划中，霍尔果斯经济开发区物流发展问题，一直被给予重点关注，并处于突出的发展地位。在自治州发展层面，霍尔果斯开发区的物流业发展是整个州物流业发展的重要突破口和先行先试示范区。

一 中哈边境合作中心的设立与运行现状

霍尔果斯地处伊犁河谷，与哈萨克斯坦共和国接壤，位于亚欧大陆桥我国最西端和连霍高速公路我国的最西端，西承中亚五国，曾经是古丝绸之路北线上的重要驿站，有着130多年的通关历史，是我国最早向西开放的陆路口岸。

2014年6月26日，国务院正式批准设立霍尔果斯市，同年9月26日，霍尔果斯市正式挂牌，将兵团两个团场，61团、62团，霍城县的两个乡场，伊车嘎善、莫乎尔牧场规划到霍尔果斯市的范围内，规划面积按1908.55平方公里，人口8.5万人。"一带一路"倡议的提出，让有着区位优势的霍尔果斯重新迸发出活力，成为我国及周边国家经济发展与人文交流的重要节点，推动霍尔果斯成为丝绸之路经济带上的璀璨明珠。

（一）中哈边境合作中心建立情况

中哈霍尔果斯国际边境合作中心是我国与其他国家建立的首个跨境边境合作中心，也是上海合作组织框架下区域经贸合作的示范区。2006年3月，国务院下发国函〔2006〕15号文件,规定中哈合作中心总面积5.6平方公里(中方区域3.43平方公里,哈方区域2.17平方公里),并明确了合作中心的七大功能定位(贸易洽谈、商品展示和销售、仓储运输、宾馆饭店、商业服务设施、金融服务、举办各类区域性国际经贸洽谈会)和相关优惠政策。

为支持合作中心的发展,国务院批准设立9.73平方公里的合作中心配套区。2006年6月,合作中心正式开工建设,2012年,合作中心正式封关运营,国家、自治区和自治州政府,赋予了合作中心一系列配套的优惠政策,有效提升了霍尔果斯区域边境地区的内部集聚能力和对域外带动能力,使"口岸经济"得到了更深入的合作。

(二)合作中心中方区域发展情况

2012年4月18日,合作中心(其中建成区约1.5平方公里)正式运营。管委会对国家、自治区赋予开发区和合作中心的优惠政策,梳理出具体落实措施123项。围绕"一带一路"课题,研究制定外向型产业发展、跨境人民币创新、中亚经济社会发展、总部经济建设等政策。积极争取合作中心运营期政策、企业所得税优惠目录增补政策、入区查验简化流程政策。2015年1月21日,财政部和国家税务总局下发财税〔2015〕17号文件,明确合作中心入区货物退税政策。

2014年3月,中哈两国的18家银行等金融机构就人民币创新业务进行会商,达成合作意向。截至2015年4月30日,合作中心银行机构累计开立各类人民币账户192户;各类人民币账户资金余额28.07亿元,人民币贷款余额35.49亿元,人民币担保余额20.04亿元,名录备案企业达450余家。

边境合作中心大力发展会展经济,相继与哈方成功举办两届新丝绸之路商品展销会、丝绸之路·国际汽贸博览会、国际旅游购物节、中哈国际冰雪文化旅游节、中国边贸市场(西部)发展论坛、霍尔果斯经济开发区经济新格局与中亚五国金融环境高峰论坛、义乌汽贸博览会等活动。力促丝路明珠观光塔、国际会展中心、东方劲秀二期等 9 个投资超亿元项目开工建设，确保赵龙重工、和泰通汇进出口汽车展示等项目投入运营。

（三）中哈边境合作中心运营情况

2015 年 9 月 15 日，霍尔果斯发展外向型经济的重要平台——中哈霍尔果斯国际边境合作中心中方配套区（一期）顺利通过国务院联合验收组验收，为霍尔果斯稳定外贸增长、促进新兴贸易业态发展、建设霍尔果斯特色的产业集群创造更加有利的条件。中哈合作中心管委会将充分发挥好海关特殊监管区域的平台作用，积极复制推广上海自贸试验区海关监管创新制度，加快推进海关特殊监管区域整合优化和创新发展，不断扶持新兴业态，优化监管模式，提高通关效率，切实做好中方配套区的监管服务工作，创新加工贸易发展模式，引导加工贸易向海关特殊监管区域集中，力求为区域经济发展贡献力量。

二 中哈国际边境合作中心构筑"丝绸之路经济带"新坐标

（一）跨境自贸区惠及中哈两国商人

随着"一带一路"建设的深入推进，霍尔果斯口岸——这个位于中国内陆西北边疆的口岸知名度日益提高，外向型经济发展的内容越来越丰富充实。霍尔果斯海关 2018 年 4 月 18 日发布数据称，2018 年第一季度，霍尔果斯区域进出口货运量达 749 万吨，进出口贸易额实现 239 亿元人民币，较 2017 年同期分别增长 12% 和 9%。

在霍尔果斯口岸，中哈国际边境合作中心呈现稳步发展、日渐繁荣的景象。这一合作中心总面积 5.28 平方公里，其中中方区域 3.43 平方公里，哈方区域 1.85 平方公里。中方、哈方及第三国人员、货物、车辆在区域内可以自由通行。合作中心入驻了许多保税店，主营韩国商品和欧洲红酒的聚丰保税店就是其中一家。这类保税店全部开在中哈国际边境合作中心，保税店的营业额也会被纳入进出口统计数据。由于大部分中欧班列从霍尔果斯口岸开出，物流更方便了，运输时间的缩短，极大地提振了当地的进出口贸易。除了中哈霍尔果斯国际边境合作中心这张"黄金名片"，整车进口口岸的功能优势也在进一步凸显。2015 年 9 月，霍尔果斯整车进口口岸通过国家验收；2016 年 9 月 23 日，商务部等七部委正式批准霍尔果斯口岸开展平行进口汽车试点业务。整车直接从霍尔果斯口岸进口比从沿海地区进口运输路程短、时间快且成本低。这一优势吸引了一些汽车贸易公司在霍尔果斯口岸积极从事汽车贸易，将助推霍尔果斯成为新疆进口整车分拨中心，最终改变新疆乃至西北进口车市格局，降低传统渠道的过高溢价，惠及广大普通消费者。

（二）哈萨克斯坦"霍尔果斯东大门"经济特区的有序运营

为落实"工业化纲要"，哈萨克斯坦于 2011 年提出，欲建立 3 个具有行业倾向性的新经济特区。其中，"萨雷阿尔卡"经济特区，位于卡拉干达州，主要为发展冶金和金属加工；"霍尔果斯–东大门"经济特区，位于阿拉木图州，旨在发展运输物流业；"巴弗洛达尔"经济特区，位于巴弗洛达尔州，以发展化工和石化业为主。为保证以上 3 个新经济特区的运营，已成立相应的股份公司对其实施管理。并规定"霍尔果斯–东大门"经济特区由"国家运输物流发展中心"有限责任公司管理，哈萨克斯坦铁路总公司负责运营。2014 年底，哈萨克斯坦"霍尔果斯–东大门"经济特区陆港正式投入使用。哈方希望通过该特区陆港大幅提高哈萨克斯坦与中国之间的贸易额，并扩大中国与里海国家之间的贸易往来。哈铁股份公司 2015 年通过霍尔果斯东大门经济特区陆路口岸转运 4.7 万集装箱，同比增长 1 倍。2016年计划吞吐约 20 万集装箱，2020 年将达到 50 万箱。目前，经济特区第二阶段陆路口岸建设项目已经完成 80%，根据进度，将于 2016 年 5 月全部完工。目前哈萨克斯坦正制定在霍尔果斯东大门经济特区建成一座可容纳 10万居民的城市总建筑计划。目前建筑商正在着手于陆路港第二综合体项目的开发工作。项目开发的同时，在项目地正进行住房、配套设施的建设。霍尔果斯东大门经济特区有序运行以及建设拥有 10 万居民规模的边境城市必将进一步加强中哈两国之间的边境贸易联系，加快商贸物流业的蓬勃发展，也将进一步促进边境合作中心物流活动的转型升级。

（三）霍尔果斯助力"丝绸之路"与"光明之路"对接

"双西公路"也称"欧洲西部—中国西部"交通走廊，其建设项目简称为"双西工程"。2014 年 12 月 31 日连—霍高速公路全线通车，长度为 4395 公里；2016 年 3 月 22 日，国道 G218 线霍尔果斯口岸段公路建设工程正式开工建设，设计长度 10.2 公里。自此，由连霍高速段和霍尔果斯至哈萨克斯坦边境段组成的"双西公路"中国段全长约为 4405 公里，途经郑州、兰州、乌鲁木齐，出霍尔果斯口岸进入哈萨克斯坦境内，再经阿拉木图、塔拉兹、奇姆肯特、克孜勒奥尔达、阿克托别，在哈萨克斯坦北部边境城市马尔托克附近的哈—俄边境口岸"扎伊桑"与俄罗斯实现路网连接，最后在俄罗斯境内，经奥伦堡、喀山、莫斯科，抵达圣彼得堡，与欧洲公路网相连，总长度为 9425 公里。

"双西公路"对于沿线国家具有重要意义，该公路连接着经济蓬勃发展的亚太地区以及经济发达的西欧地区，这条大动脉将让沿途国家搭上亚太经济发展的"快车"，从而推动沿线地区的社会经济发展。目前，中国至欧洲的货物 98% 通过海路运输。"双西公路"开通后可使亚太国家货物拥有到达欧洲市场的最短运输路线，货物经连云港运往欧洲所需时间将从此前海运所需的 45 天缩短至 10 天，这将大大缩短亚欧国家之间的货运时间，节约运输成本，带动亚洲和欧洲货物运输的大幅增长。对中国而言，"双西公路"的开通正好契合了习近平主席 2013 年提出的"建设丝绸之路经济带"宏伟构想。这条交通走廊无疑将加快我国西部开发的步伐，促进西部地区产品升级和产业结构调整，拉动西部地区经济发展。

（四）一系列重大口岸建设的推进以及新国门的建设

近两年来，霍尔果斯开发区在一系列重大口岸建设层面取得了重大突破，势必对中哈两国之间的国际物流运行产生深刻的影响，其中包括：2015年9月15日，中哈霍尔果斯国际边境合作中心中方配套区（一期）通过国家验收；2015年10月15日，霍尔果斯铁路口岸通过自治区预验收，并于2016年通过国家正式验收；2015年8月中哈霍尔果斯国际边境合作中心自助查验通道建设项目经霍尔果斯公安边防总队实地考核，初步认为该项目各项工作已就绪，可迎接国家公安部验收；西气东输二线三线西段工程建设投产，伊宁－霍尔果斯煤制天然气外输管线建成竣工；霍尔果斯－阿腾科里国际旅客列车即将开通，打造霍尔果斯铁路客运新通道。这些重大口岸建设项目的有效推进，将进一步挖掘中哈两国之间的国际贸易和物流潜力，促进两国之间物流行业的结构性调整和优化。

三 提升边境合作中心物流活动的优化思路对策建议

（一）大力发展旅游购物物流，完善配套服务功能

1. 全力完善旅游购物物流模式

目前，合作中心有效运行的一个重要保障是免税购物基地，因此要大力发展霍尔果斯免税购物，这样对国内旅客的吸引力将更加增强，打造免税购物基地、国门品牌和跨境旅游等三大拉动平台，进一步扩大整个霍尔果斯区域的三产收入，提高霍尔果斯开发区消费人群流动频率，充分激活和释放区域经济增长活力。针对霍尔果斯旅游产业发展的上述工作思路，积极构建相应的、高效的、个性化的和多层次的物流服务体系，不断增强商贸物流业与旅游业的融合性发展，提高依托旅游业的物流服务效率，最终把霍尔果斯口岸建设成为丝绸之路经济带最耀眼的国际商贸物流中心。

2. 完善物流、人流便利化运行平台

目前，中方人员进入中哈国际边境合作中心需要办理进出境通行证，例如在旅游旺季的时候就需要排队2~3个小时，以至于大量人员拥挤。从边境合作中心当前的发展态势来看，旅客人员的规模化增长是不可阻挡的发展

趋势。对此，管委正在计划能否在边防检查站通道新建一个办证大厅，扩大办证量，使得来访人员通过安检的同时，能够实现现场办理出入境通行证的手续。同时，管委会可依托当前网络化发展的形势，充分利用技术平台条件，积极与公安管理部门协商和对接，争取实现旅客人员在网上办理进出入通行证手续。这样特别方便疆内和内地的旅客能够提前办理或者节假日期间正常办理进出境通行证手续，为旅游考察者提供最便利的条件。也可采取拉长通行证有效时间的应对措施，实现办理的通行证能够在30天之内有效，便于旅客能够提前办理或者代人办理等，提高办证的效率和旅客的通关时间效率。若将来能够实现居民可凭借身份证进出合作中心，则可大大强化旅客进出的便利性和通关效率，全面提升合作中心的运营效率。

此外，目前边境合作中心人员和商户及其从业人员也没有专门的通道进出境，进入中哈国际边境合作中心也必须要通过排队查验。对此，一方面要积极探索较为便捷的专项通行证的办理模式，另一方面要积极探索现有的人流通道的进一步优化问题。目前，管委会相关部门有意向将合作中心门口的三个车道，改建到合作中心的商贸物流区，将现有车辆通道改成全封闭的旅检大厅，游客从该通道进出，可大大缓解进出旅检时间和查验时间。这样在提高旅客进出境通关效率的同时，也可大大缓解工作人员和商户的出入境时间和速度压力。

目前中方霍尔果斯口岸签证业务已开通，哈方及第三国人员来华极为便利，但是中方人员赴哈无法享受口岸签证政策，对两国人员交流往来造成不便，为使中方商务人员及司机能享受更好的签证服务。因此，开发区管委会要积极争取自治区口岸办通过外事渠道提议哈方在中方霍尔果斯设立签证代办处。

3. 加快形成商贸物流型城市发展格局

2014年霍尔果斯设市之后，城市规划建设工作一直紧锣密鼓地进行。但是，关于基于开发区的边境城市定位、规划和城市发展模式的选择是霍尔果斯市委、市政府需要探索的重要课题。一种模式就是创建依托边境合作中心的商贸物流型城市发展格局。对此，要围绕边境合作中心免税购物基地和国门旅游平台，立足高起点规划、高标准建设、高水平管理、高效益开发、高指数幸福，建设高层次的城市服务体系，改造现有的城市发展体系，推动第三产业例如：餐饮、住宿、电商物流、信息服务和服务行业等的蓬勃发展，逐步完善相关的配套设施，进一步提升区域发展的竞争能力和环境品质。

（二）进一步创新物流信息化运作模式

1. 构建免税商品质量追溯体系

为了充分保障合作中心免税店产品的质量和切实维护旅客的消费权益，逐步对引入合作中心商品整体提出质量追溯体系要求，凡不具备质量追溯条件的商品一律不得进入合作中心进行销售。同时，积极衔接国外授权的免税机构入驻商城经营，从源头上确保免税商品的品质纯正。与第三方检测机构，为客户提供产品检测服务。通过提供这些规范的管理服务，为合作中心的免税店正本清源，让旅客对合作中心的免税店商家树立信心。

2. 依托合作中心免税购物基地，发展电商物流体系

积极探索建设跨境电子商务平台，发挥合作中心展销优势，试行区外展销业务，借力阿里巴巴等国际知名电商，挖掘消费市场潜力。O2O 模式可实现不同商家的联盟，可以应对霍尔果斯每年人流量、气候等变化对商家的影响，再则可以通过电子商务平台将优质免税产品销售到国内市场，在满足国内市场需求的同时宣扬了霍尔果斯口岸，提升了现代服务业在国民经济中所占的比重。

（三）积极培育和发展综合保税物流体系

1. 依托合作中心加快推进自贸区建设

合作中心建设要紧抓建设丝绸之路经济带历史机遇，为认真贯彻和落实好《海关总署关于支持新疆丝绸之路经济带核心区建设的 19 条举措》的文件精神，充分借助丝绸之路经济带和"欧亚经济联盟"的战略平台，主动融入"一带一路"国家战略。在保障中方建设施工需要的同时，全力做好

哈方建设项目的通关保障工作，为哈方建设进度和业态拓展助力，进一步丰富、优化合作中心服务功能。要充分发挥好海关特殊监管区域的平台作用，积极复制推广上海自贸试验区海关监管创新制度。充分发挥霍尔果斯在丝绸之路经济带建设中的区位、政策和资源优势，加快推进人民币国际化进程。参照英属维尔京、开曼群岛等离岸中心管理模式，争取批准中哈霍尔果斯国际边境合作中心成为离岸金融中心，扩大离岸人民币市场规模，建设成为丝绸之路经济带上的人民币离岸金融中心。

2. 加快配套区保税物流体系建设

加强合作中心配套区综合保税区建设，积极发展保税物流。着力开辟国际物流新通道，建立适应全球化运作、多元化发展需求的新型保税物流体系。发挥保税物流在组织化水平和集约化程度、转变对外贸易增长方式、调整产业结构和促进经济发展等方面的积极作用。加快推进海关特殊监管区域整合优化和创新发展，不断扶持新兴业态，优化监管模式，提高通关效率，切实做好合作中心配套区的监管服务工作，创新加工贸易发展模式，引导加工贸易向海关特殊监管区域集中，积极拓展保税物流发展潜力。

参考文献

国务院：《国务院关于进一步促进新疆经济社会发展的若干意见》，国发〔2007〕32号文件。

自治区发改委：新疆物流园区发展规划调研报告，2011 年 2 月 28 日。

自治区经信委：新疆维吾尔自治区物流业"十二五"发展规划，新发改经贸〔2017〕133 号。

自治区交通厅：新疆道路运输发展现代物流的政策和措施，2015 年 2 月。

自治区商务厅：新疆维吾尔自治区服务贸易发展"十二五"规划，2012 年 7 月。

中哈国际边境合作中心："一带一路"上的梦想中心，《人民日报》2018 年 4 月 15日。

阿布都伟力·买合普拉：《中哈霍尔果斯国际边境合作中心流业运行模式研究》，《中国流通经济》2017 年第 10 期。

权威报告·一手数据·特色资源

皮书数据库
ANNUAL REPORT(YEARBOOK)
DATABASE

当代中国经济与社会发展高端智库平台

所获荣誉

● 2016年，入选"'十三五'国家重点电子出版物出版规划骨干工程"

● 2015年，荣获"搜索中国正能量 点赞2015""创新中国科技创新奖"

● 2013年，荣获"中国出版政府奖·网络出版物奖"提名奖

● 连续多年荣获中国数字出版博览会"数字出版·优秀品牌"奖

成为会员

通过网址www.pishu.com.cn访问皮书数据库网站或下载皮书数据库APP，进行手机号码验证或邮箱验证即可成为皮书数据库会员。

会员福利

● 已注册用户购书后可免费获赠100元皮书数据库充值卡。刮开充值卡涂层获取充值密码，登录并进入"会员中心"—"在线充值"—"充值卡充值"，充值成功即可购买和查看数据库内容。

● 会员福利最终解释权归社会科学文献出版社所有。

卡号：267941242347
密码：

数据库服务热线：400-008-6695
数据库服务QQ：2475522410
数据库服务邮箱：database@ssap.cn
图书销售热线：010-59367070/7028
图书服务QQ：1265056568
图书服务邮箱：duzhe@ssap.cn

法律声明

　　"皮书系列"（含蓝皮书、绿皮书、黄皮书）之品牌由社会科学文献出版社最早使用并持续至今，现已被中国图书市场所熟知。"皮书系列"的相关商标已在中华人民共和国国家工商行政管理总局商标局注册，如LOGO（ ）、皮书、Pishu、经济蓝皮书、社会蓝皮书等。"皮书系列"图书的注册商标专用权及封面设计、版式设计的著作权均为社会科学文献出版社所有。未经社会科学文献出版社书面授权许可，任何使用与"皮书系列"图书注册商标、封面设计、版式设计相同或者近似的文字、图形或其组合的行为均系侵权行为。

　　经作者授权，本书的专有出版权及信息网络传播权等为社会科学文献出版社享有。未经社会科学文献出版社书面授权许可，任何就本书内容的复制、发行或以数字形式进行网络传播的行为均系侵权行为。

　　社会科学文献出版社将通过法律途径追究上述侵权行为的法律责任，维护自身合法权益。

　　欢迎社会各界人士对侵犯社会科学文献出版社上述权利的侵权行为进行举报。电话：010-59367121，电子邮箱：fawubu@ssap.cn。

社会科学文献出版社

S 基本子库
UB DATABASE

中国社会发展数据库（下设 12 个子库）

全面整合国内外中国社会发展研究成果，汇聚独家统计数据、深度分析报告，涉及社会、人口、政治、教育、法律等 12 个领域，为了解中国社会发展动态、跟踪社会核心热点、分析社会发展趋势提供一站式资源搜索和数据分析与挖掘服务。

中国经济发展数据库（下设 12 个子库）

基于"皮书系列"中涉及中国经济发展的研究资料构建，内容涵盖宏观经济、农业经济、工业经济、产业经济等 12 个重点经济领域，为实时掌控经济运行态势、把握经济发展规律、洞察经济形势、进行经济决策提供参考和依据。

中国行业发展数据库（下设 17 个子库）

以中国国民经济行业分类为依据，覆盖金融业、旅游、医疗卫生、交通运输、能源矿产等 100 多个行业，跟踪分析国民经济相关行业市场运行状况和政策导向，汇集行业发展前沿资讯，为投资、从业及各种经济决策提供理论基础和实践指导。

中国区域发展数据库（下设 6 个子库）

对中国特定区域内的经济、社会、文化等领域现状与发展情况进行深度分析和预测，研究层级至县及县以下行政区，涉及地区、区域经济体、城市、农村等不同维度。为地方经济社会宏观态势研究、发展经验研究、案例分析提供数据服务。

中国文化传媒数据库（下设 18 个子库）

汇聚文化传媒领域专家观点、热点资讯，梳理国内外中国文化发展相关学术研究成果、一手统计数据，涵盖文化产业、新闻传播、电影娱乐、文学艺术、群众文化等 18 个重点研究领域。为文化传媒研究提供相关数据、研究报告和综合分析服务。

世界经济与国际关系数据库（下设 6 个子库）

立足"皮书系列"世界经济、国际关系相关学术资源，整合世界经济、国际政治、世界文化与科技、全球性问题、国际组织与国际法、区域研究 6 大领域研究成果，为世界经济与国际关系研究提供全方位数据分析，为决策和形势研判提供参考。